CRÍTICA
DA RAZÃO
NEGRA

CRÍTICA DA RAZÃO NEGRA
título original: *Critique de la raison nègre*
Achille Mbembe

© Éditions La Découverte, Paris, 2013, 2015
© n-1 edições, 2018

Embora adote a maioria dos usos editoriais do âmbito brasileiro, a n-1 edições não segue necessariamente as convenções das instituições normativas, pois considera a edição um trabalho de criação que deve interagir com a pluralidade de linguagens e a especificidade de cada obra publicada.

COORDENAÇÃO EDITORIAL Peter Pál Pelbart e Ricardo Muniz Fernandes
ASSISTENTE EDITORIAL Inês Mendonça
PROJETO GRÁFICO Érico Peretta
TRADUÇÃO Sebastião Nascimento
PREPARAÇÃO Tadeu Breda

Este livro, publicado no âmbito do Programa de Apoio à Publicação ano 2018 Carlos Drummond de Andrade do Instituto Francês do Brasil, contou com o apoio do Ministério francês da Europa e das Relações Exteriores | *Cet ouvrage, publié dans le cadre du Programme d'Aide à la Publication année 2018 Carlos Drummond de Andrade de l'Institut Français du Brésil, bénéficie du soutien du Ministère de l'Europe et des Affaires étrangères.*

Este livro contou com o apoio à publicação do Institut Français | *Cet ouvrage a bénéficié du soutien des Programmes d'aides à la publication de l'Institut Français*

A presente edição contou com o apoio de Flávia Lacerda.

A reprodução parcial sem fins lucrativos deste livro, para uso privado ou coletivo, em qualquer meio, está autorizada, desde que citada a fonte. Se for necessária a reprodução na íntegra, solicita-se entrar em contato com os editores.

2ª edição | reimpressão setembro 2024

Achille Mbembe

CRÍTICA DA RAZÃO NEGRA

TRADUÇÃO Sebastião Nascimento

Para Sarah, Léa e Aniel,
e também para Jolyon e Jean (†)

...estas cabeças humanas, estas colheitas de
orelhas, estas casas queimadas, estas invasões
góticas, este sangue que fumega, estas cidades
que se evaporam à lâmina do gládio, não é a tão
baixo preço que nos desembaraçaremos delas.

Aimé Césaire, *Discurso sobre o colonialismo*

Introdução

11 **O devir-negro do mundo**
Vertiginoso conjunto
A raça no futuro

Capítulo 1

27 **O sujeito racial**
Fabulação e clausura do espírito
Recalibragem
O substantivo "negro"
Aparências, verdade e simulacros
A lógica do curral

Capítulo 2

79 **O poço dos fantasmas**
Uma humanidade sustada
Atribuição, interiorização e inversão
O negro de branco e o branco de negro
Paradoxos do nome
O *kolossós* do mundo
Partilha do mundo
O nacional-colonialismo
Frivolidade e exotismo
Autocegamento
Limites da amizade

Capítulo 3

143 **Diferença e autodeterminação**
Liberalismo e pessimismo racial
Um homem como os outros?
O universal e o particular
Tradição, memória e criação
A circulação dos mundos

Capítulo 4

185 O pequeno segredo
Histórias do potentado
O espelho enigmático
Erótica da mercadoria
O tempo negro
Corpos, estátuas e efígies

Capítulo 5

229 Réquiem para o escravo
Multiplicidade e excedente
O farrapo humano
Do escravo e do espectro
Da vida e do trabalho

Capítulo 6

263 Clínica do sujeito
O senhor e o seu negro
Luta de raças e autodeterminação
A elevação em humanidade
O grande estrondo
A violência emancipadora do colonizado
A nuvem de glória
Democracia e poética da raça

Epílogo

309 Existe um só mundo

Introdução

O DEVIR-NEGRO DO MUNDO

Queríamos escrever este livro à semelhança de um rio com múltiplos afluentes, neste preciso momento em que a História e as coisas se voltam para nós, e em que a Europa deixou de ser o centro de gravidade do mundo. Efetivamente, esse é o grande acontecimento ou, melhor diríamos, a experiência fundamental da nossa época. Em se tratando, porém, de medir as implicações e avaliar todas as consequências dessa reviravolta, estamos ainda nos primeiros passos.[1] De resto, se tal revelação nos é graciosamente concedida, se ela suscita perplexidade ou se, em vez disso, mergulha-nos num tormento, uma coisa é certa: esse desmantelamento, também ele carregado de perigos, abre novas possibilidades para o pensamento crítico, e isso é parte do que tentaremos examinar neste ensaio.

Para apreender com mais exatidão a dimensão desses perigos e possibilidades, não é demais recordar que, de uma à outra ponta de sua história, o pensamento europeu sempre tendeu a abordar a identidade não em termos de pertencimento mútuo (copertencimento) a um mesmo mundo, mas antes na relação do mesmo com o mesmo, do surgimento do ser e da sua manifestação em seu ser primeiro ou, ainda,

---

1. Dipesh Chakrabarty, *Provincializing Europe. Postcolonial Thought and Historical Difference*, Princeton University Press, Princeton, 2000; Jean Comaroff e John L. Comaroff, *Theory from the South or, How Euro-America is Evolving toward Africa*, Paradigm Publishers, Londres, 2012, em particular a introdução; Arjun Appadurai, *The Future as Cultural Fat. Essays on the Global Condition*, Verso, Londres, 2013; e Kuan-Hsing Chen, *Asia as Method. Toward Deimperialization*, Duke University Press, Durham, 2010; e Walter D. Mignolo, *The Darker Side of Western Modernity*. Global Futures, Decolonial Options, Duke University Press, Durham, 2011.

em seu próprio espelho.[2] Em contrapartida, interessa compreender que, como consequência direta dessa lógica de autoficção, de autocontemplação e até mesmo de enclausuramento, o negro e a raça têm sido sinônimos, no imaginário das sociedades europeias.[3] Designações primárias, pesadas, perturbadoras e desequilibradas, símbolos de intensidade crua e de repulsa, a aparição de um e de outra no saber e no discurso modernos sobre o homem (e, por consequência, sobre o "humanismo" e a "humanidade") foi, se não simultâneo, pelo menos paralelo; e, desde o início do século XVIII, constituíram ambos o subsolo (inconfesso e muitas vezes negado), ou melhor, o complexo nuclear a partir do qual se difundiu o projeto moderno de conhecimento — mas também de governo.[4] Ambos representam figuras gêmeas do delírio que a modernidade produziu (capítulos 1 e 2).

A que se deve então esse delírio e quais as suas manifestações mais elementares? Primeiro, deve-se ao fato de o negro ser este (ou então aquele) que vemos quando nada se vê, quando nada compreendemos e, sobretudo, quando nada queremos compreender. Onde quer que apareça, o negro

---

2. Sobre a complexidade e as tensões inerentes a esse gesto, ver Srinivas Aravamudan, *Enlightenment Orientalism. Revisiting the Rise of the Novel*, University of Chicago Press, Chicago, 2012.

3. Ver François Bernier, "Nouvelle division de la Terre, par différentes espèces ou races d'hommes qui l'habitent", *Journal des Savants*, 24 de abril de 1684, p. 133-141; e Sue Peabody e Tyler Stovall, *The Color of Liberty. Histories of Race in France*, Duke University Press, Durham, 2003, p. 11-27. Ver também Charles W. Mills, *The Racial Contract*, Cornell University Press, Ithaca, 1977.

4. William Max Nelson, "Making Men: Enlightenment Ideas of Racial Engineering", *American Historical Review*, vol. 115, nº 2, 2010, p. 1364-1394; James Delbourgo, "The Newtonian Slave Body: Racial Enlightenment in the Atlantic World", *Atlantic Studies*, vol. 9, nº 2, 2012, p. 185-207; e Nicholas Hudson, "From Nation to Race: The Origins of Racial Classification in Eighteenth-Century Thought", *Eighteenth-Century Studies*, vol. 29, nº 3, 1996, p. 247-264.

desencadeia dinâmicas passionais e provoca uma exuberância irracional que invariavelmente abala o próprio sistema racional. Em seguida, deve-se ao fato de que ninguém — nem aqueles que o inventaram e nem os que foram englobados nesse nome — gostaria de ser um negro ou, na prática, de ser tratado como tal. Além do mais, como explicou Gilles Deleuze, "há sempre um negro, um judeu, um chinês, um grão-mogol, um ariano no delírio", pois aquilo que faz fermentar o delírio são, entre outras coisas, as raças.[5] Ao reduzir o corpo e o ser vivo a uma questão de aparência, de pele e de cor, outorgando à pele e à cor o estatuto de uma ficção de cariz biológico, os mundos euro-americanos em particular fizeram do negro e da raça duas versões de uma única e mesma figura: a da loucura codificada.[6] Funcionando simultaneamente como categoria originária, material e fantasmática, a raça esteve, no decorrer dos séculos precedentes, na origem de inúmeras catástrofes, tendo sido a causa de devastações psíquicas assombrosas e de incalculáveis crimes e massacres.[7]

Vertiginoso conjunto

Três momentos marcaram a biografia deste vertiginoso conjunto. O primeiro é o da espoliação organizada, quando, em proveito do tráfico atlântico (do século XV ao XIX), homens e mulheres originários da África foram transformados em

---

5. Gilles Deleuze, *Dois regimes de loucos, Textos e entrevistas, 1975-1995,* edição preparada por David Lapoujade e traduzida por Guilherme Ivo, Ed. 34, São Paulo, 2016, p. 30.
6. Miriam Eliav-Feldon, Benjamin Isaac e Joseph Ziegler, *The Origins of Racism in the West,* Cambridge University Press, Cambridge, 2009.
7. Frantz Fanon, *Peau noire, masques blancs,* in *Oeuvres,* La Découverte, Paris, 2011 [1952] [*Pele negra, máscaras brancas,* tradução de Renato da Silveira, EDUFBA, Salvador, 2008]; William Bloke Modisane, *Blame Me on History,* Dutton, Nova York, 1963.

homens-objeto, homens-mercadoria e homens-moeda.[8] Aprisionados no calabouço das aparências, passaram a pertencer a outros, hostilmente predispostos contra eles, deixando assim de ter nome ou língua própria. Apesar de a sua vida e o seu trabalho serem a partir de então a vida e o trabalho dos outros, com quem estavam condenados a viver, porém proibidos de manter relações como co-humanos, nem por isso deixariam de ser sujeitos ativos.[9] O segundo momento corresponde ao nascimento da escrita e tem início no final do século XVIII, quando, por meio de seus próprios traços, os negros, esses *seres capturados por outros*, conseguiram articular uma linguagem própria, reivindicando o estatuto de sujeitos plenos do mundo vivo.[10] Pontuado por inúmeras revoltas de escravos, pela independência do Haiti em 1804, por combates pela abolição do tráfico, pelas descolonizações africanas e pelas lutas pelos direitos civis nos Estados Unidos, esse período se consumou com o desmantelamento do *apartheid* nos últimos anos

8. Walter Johnson, *Soul by Soul. Life Inside the Antebellum Slave Market*, Harvard University Press, Cambridge, 1999; e Ian Baucom, *Specters of the Atlantic. Finance Capital, Slavery, and the Philosophy of History*, Duke University Press, Durham, 2005.
9. Sobre esses debates, ver John W. Blassingame, *The Slave Community. Plantation Life in the Antebellum South*, Oxford University Press, Nova York, 1972; Eugene D. Genovese, *Roll, Jordan, Roll. The World the Slaves Made*, Pantheon Books, Nova York, 1974.
10. Dorothy Porter, *Early Negro Writing, 1760-1837*, Black Classic Press, Baltimore, 1995. E sobretudo John Ernest, *Liberation Historiography. African American Writers and the Challenge of History, 1794-1861*, University of North Carolina Press, Chapel Hill, 2004, e Stephen G. Hall, *A Faithful Account of the Race. African American Historical Writing in Nineteenth-Century America*, University of North Carolina Press, Chapel Hill, 2009. Tratando especificamente das Antilhas, ver Patrick Chamoiseau e Raphaël Confiant, *Lettres créoles, tracées antillaises et continentales, 1635-1975*, Hatier, Paris, 1991. No mundo africano de língua inglesa, essa entrada se efetua, como no Haiti, no decorrer do século XIX. Ver, por exemplo, S. E. K. Mqhayi, *Abantu Besizwe. Historical and Biographical Writings, 1902-1944*, Wits University Press, Joanesburgo, 2009. Ela ocorre um pouco mais tarde no mundo francófono. Sobre isso, ver Alain Ricard, *Naissance du roman africain: Félix Couchouro (1900-1968)*, Présence africaine, Paris, 1987.

do século XX. O terceiro momento (início do século XXI) é o da globalização dos mercados, da privatização do mundo sob a égide do neoliberalismo e da crescente complexificação da economia financeira, do complexo militar pós-imperial e das tecnologias eletrônicas e digitais. Por neoliberalismo, entenda-se uma fase da história da humanidade dominada pelas indústrias do silício e pelas tecnologias digitais.

O neoliberalismo é a época ao longo da qual o tempo curto se presta a ser convertido em força reprodutiva da forma-dinheiro. Tendo o capital atingido o seu ponto de fuga máximo, engrenou-se um movimento de escalada, baseado na visão segundo a qual "a todos os acontecimentos e todas as situações do mundo da vida (pode) ser atribuído um valor no mercado".[11] Esse movimento também se caracteriza tanto pela produção da indiferença, a paranoica codificação da vida social em normas, categorias e números, quanto por diversas operações de abstração que pretendem racionalizar o mundo a partir de lógicas empresariais.[12] Assombrado por uma dupla desgraça, o capital, sobretudo financeiro, define-se agora como ilimitado, não só do ponto de vista dos seus fins como também dos seus meios.[13] Já não dita apenas o seu próprio regime de tempo. Uma vez que se encarregou da "fabricação de todas as relações de filiação", procura multiplicar-se "por si mesmo" numa série infinita de dívidas estruturalmente insolvíveis.[14]

Já não há trabalhadores propriamente ditos. Só existem nômades do trabalho. Se, ontem, o drama do sujeito era ser explorado pelo capital, a tragédia da multidão hoje é já não

11. Joseph Vogl, *Le spectre du capital*, Diaphanes, Paris, 2013, p. 152.
12. Ver Béatrice Hibou, *La bureaucratisation du monde à l'ère néolibérale*, La Découverte, Paris, 2012.
13. Ver Joseph Vogl, *op. cit.*, p. 166 e ss.
14. *Ibid.*, p. 183 e 170.

poder ser explorada de modo nenhum, é ser relegada a uma "humanidade supérflua", entregue ao abandono, sem qualquer utilidade para o funcionamento do capital. Tem surgido uma forma inédita de vida psíquica, apoiada na memória artificial e digital e em modelos cognitivos provenientes das neurociências e da neuroeconomia. Sendo que os automatismos psíquicos e tecnológicos não passam de duas faces da mesma moeda, vem se consolidando a ficção de um novo sujeito humano, "empreendedor de si mesmo", moldável e convocado a se reconfigurar permanentemente em função dos artefatos que a época oferece.[15]

Esse novo homem, sujeito do mercado e da dívida, vê-se a si mesmo como um mero produto do acaso. Essa espécie de "forma abstrata já pronta", como diz Hegel, capaz de se vestir de todos os conteúdos, é típica da civilização da imagem e das novas relações que ela estabelece entre os fatos e as ficções.[16] Apenas mais um animal entre os outros, não possui nenhuma essência própria a proteger ou salvaguardar. Não existe, *a priori,* nenhum limite para a modificação da sua estrutura biológica e genética.[17] Distingue-se em vários aspectos do sujeito trágico e alienado da primeira industrialização. De saída, é um indivíduo aprisionado em seu desejo. O seu gozo depende quase inteiramente da capacidade de reconstruir publicamente sua vida íntima e de oferecê-la no mercado como uma mercadoria passível de troca. Sujeito

15. Ver Roland Gori e Marie-José Del Volgo, *Exilés de l'intime. La médecine et la psychiatrie au service du nouvel ordre économique*, Paris, Denoël, 2008.

16. Ver, desse ponto de vista, Francesco Masci, *L'Ordre règne à Berlin*, Éditions Allia, Paris, 2013.

17. Ver Pierre Dardot e Christian Laval, *A Nova Razão do Mundo, Ensaio sobre a sociedade neoliberal*, São Paulo, Boitempo, 2017. Ver também Roland Gori, "Les dispositifs de réification de l'humain (entretien avec Philippe Schepens)", *Semen. Revue de sémio-linguistique des textes et discours*, nº 30, 2011, p. 57-70.

neuroeconômico absorvido por uma dupla inquietação, decorrente de sua animalidade (a reprodução biológica de sua vida) e de sua coisidade (a fruição dos bens deste mundo), esse *homem-coisa, homem-máquina, homem-código* e *homem-fluxo* procura antes de mais nada regular a sua conduta em função de normas do mercado, sem nem sequer hesitar em se autoinstrumentalizar e instrumentalizar os outros para otimizar a sua parcela de fruição. Condenado à aprendizagem por toda a vida, à flexibilidade, ao reino do curto-prazo, deve abraçar sua condição de sujeito solúvel e fungível, a fim de atender à injunção que lhe é constantemente feita — tornar-se um outro.

Some-se a isso o fato de o neoliberalismo representar a época na qual o capitalismo e o animismo, durante muito tempo obrigados a se manterem afastados, tendem finalmente a se fundir. Agora que o ciclo do capital caminha de imagem em imagem, esta se tornou um fator de aceleração das energias pulsionais. Da fusão potencial entre o capitalismo e o animismo resultam algumas consequências determinantes para a nossa futura compreensão da raça e do racismo. Desde logo, os riscos sistemáticos aos quais os escravos negros foram expostos durante o primeiro capitalismo constituem agora, se não a norma, pelo menos o quinhão de todas as humanidades subalternas. Em seguida, essa tendência à universalização da condição negra é simultânea ao surgimento de práticas imperiais inéditas, tributárias tanto das lógicas escravagistas de captura e predação como das lógicas coloniais de ocupação e exploração, incluindo as guerras civis ou razias de épocas passadas.[18] As guerras de ocupação e as guerras anti-insurre-

---

18. Ler Françoise Verges, *L'Homme prédateur. Ce que nous enseigne l'esclavage sur notre temps*, Albin Michel, Paris, 2011.

cionais visam não apenas capturar e liquidar o inimigo, mas também operar uma divisão do tempo e uma atomização do espaço. Uma parte do trabalho consiste agora em transformar o real em ficção e a ficção em real; as intervenções militares aéreas, a destruição da infraestrutura, as agressões e os ferimentos passam pela mobilização total através das imagens,[19] que agora fazem parte dos dispositivos de uma violência que se desejava pura.

Aliás, captura, predação, exploração e guerras assimétricas seguem lado a lado com a rebalcanização do mundo e a intensificação de práticas de zoneamento — evidenciando uma cumplicidade inédita da economia com a biologia, que se traduz, em termos concretos, na militarização das fronteiras, na fragmentação e repartição de territórios, bem como na criação, no interior dos Estados existentes, de espaços mais ou menos autônomos, por vezes subtraídos de qualquer forma de soberania nacional, mas operando sob a lei informal de uma infinidade de autoridades fragmentadas e de poderes privados armados, ou sob a tutela de entidades internacionais, sob o pretexto de razões humanitárias, ou, simplesmente, de exércitos estrangeiros.[20] Estas práticas de

19. Ver os trabalhos de Stephen Graham, *Cities under Siege. The New Military Urbanism*, Verso, Londres, 2010; Derek Gregory, "From a View to a Kill. Drones and Late Modern War", *Theory, Culture & Society*, vol. 28, nº 7-8, 2011, p. 188-215; Ben Anderson, "Facing the Future Enemy. US Counterinsurgency Doctrine and the Pre-Insurgent", *Theory, Culture & Society*, vol. 28, nº 7, 2011, p. 216-240; e Eyal Weizman, *Hollow Land. Israel's Architecture of Occupation*, Verso, Londres, 2011.

20. Alain Badiou, "La Grèce, les nouvelles pratiques impériales et la ré-invention de la politique", *Lignes*, outubro de 2012, p. 39-47. Ver ainda Achille Mbembe, *Necropolítica*, São Paulo: n-1 edições, 2018; Naomi Klein, *La stratégie du choc. La montée d'un capitalisme du désastre*, Actes Sud, Arles, 2008 [2007]; Adi Ophir, Michal Givoni, Sari Hanafi (eds.), *The Power of Inclusive Exclusion. Anatomy of Israeli Rule in the Occupied Palestinian Territories*, Zone Books, Nova York, 2009; e Eyal Weizman, *op.cit.*

zoneamento vêm geralmente acompanhadas por toda uma malha transnacional de repressão: esquadrinhamento ideológico das populações, emprego de mercenários afeitos à luta contra guerrilhas locais, formação de "comandos de caça", recurso sistemático a prisões em massa, tortura e execuções extrajudiciais.[21] Graças às práticas de zoneamento, um "imperialismo da desorganização" fabrica desastres e multiplica um pouco por toda a parte as condições de exceção, alimentando-se da anarquia.

À custa de contratos de reconstrução e sob o pretexto de combater a insegurança e a desordem, empresas estrangeiras, grandes potências e classes dominantes autóctones açambarcam as riquezas e as reservas dos países assim avassalados. Transferências massivas de fortunas para interesses privados, despossessão de uma parte crescente das riquezas que lutas passadas tinham arrancado ao capital, pagamento indefinido de dívidas acumuladas, a violência do capital aflige agora inclusive a Europa, onde vem surgindo uma nova classe de homens e mulheres estruturalmente endividados.[22]

Ainda mais característica da fusão potencial entre o capitalismo e o animismo é a possibilidade, muito clara, de transformação dos seres humanos em coisas animadas, dados numéricos e códigos. Pela primeira vez na história humana, o substantivo negro deixa de remeter unicamente à condição atribuída aos povos de origem africana durante a época do

---

21. David H. Ucko, *The New Counterinsurgency Era. Transforming the us Military for Modern Wars*, Georgetown University Press, Washington, 2009; Jeremy Scahill, *Blackwater. The Rise of the World's Most Powerful Mercenary Army*, Nation Book, Nova York, 2007; John A. Nagl, *Learning to Eat Soup with a Knife. Counterinsurgency Lessons from Malaya and Vietnam*, Chicago University Press, Chicago, 2009; Grégoire Chamayou, *Théorie du drone*, La Fabrique, Paris, 2013.

22. Maurizio Lazzarato, *La fabrique de l'homme endetté*, Amsterdam, Paris, 2011.

primeiro capitalismo (predações de toda a espécie, destituição de qualquer possibilidade de autodeterminação e, acima de tudo, das duas matrizes do possível, que são o futuro e o tempo). A essa nova condição fungível e solúvel, à sua institucionalização enquanto padrão de vida e à sua generalização pelo mundo inteiro, chamamos o *devir-negro do mundo*.

A raça no futuro

Sendo o negro e a raça duas figuras centrais (ainda que negadas) do discurso euro-americano sobre o "homem", será possível pensar que o rebaixamento da Europa e a sua consequente relegação à categoria de mera província do mundo acarretarão a extinção do racismo? Ou deveremos considerar que, se a humanidade se tornar fungível, o racismo acabará por se reconfigurar nos interstícios de uma nova linguagem — arenosa, molecular e fragmentada — sobre a "espécie"? Se colocamos a questão nesses termos, não nos furtamos à constatação de que o negro e a raça nunca foram elementos fixos (capítulo 1). Pelo contrário, sempre fizeram parte de um encadeamento de coisas elas mesmas inacabadas. Aliás, seu sentido fundamental foi sempre existencial. Em especial do termo negro, emanou por muito tempo uma energia extraordinária, ora como veículo de instintos inferiores e de potências caóticas, ora como signo radiante da possibilidade de redenção do mundo e da vida num dia de transfiguração (capítulos 2 e 5). Além de designar uma realidade heteróclita e múltipla, fragmentada — fragmentos de fragmentos sempre novos —, esse termo assinalava uma série de experiências históricas dilacerantes, a realidade de uma vida vacante; a ameaça assombrosa, para milhões de pessoas apanhadas nas redes da dominação racial, de verem seus corpos e pensamentos operados a partir de fora e de se verem transformadas em espectadores de algo que, ao mesmo tempo, era e não era a sua própria existência (capítulos 3 e 4).[23]

E não é tudo. Produto de um maquinário social e técnico indissociável do capitalismo, de sua emergência e globalização, esse termo foi inventado para significar exclusão, embrutecimento e degradação, ou seja, um limite sempre conjurado e abominado. Humilhado e profundamente desonrado, o negro é, na ordem da modernidade, o único de todos os humanos cuja carne foi transformada em coisa e o espírito em mercadoria — a cripta viva do capital. Porém — e esta é sua patente dualidade —, numa reviravolta espetacular, tornou-se o símbolo de um desejo consciente de vida, força pujante, flutuante e plástica, plenamente engajada no ato de criação e até mesmo no ato de viver em vários tempos e várias histórias simultaneamente. Sua capacidade de fascinação, ou mesmo de alucinação, não fez senão se multiplicar. Alguns nem sequer hesitariam em reconhecer no negro o limo da terra, o veio da vida, por meio do qual o sonho de uma humanidade reconciliada com a natureza, com a plenitude da criação, voltaria a ganhar cara, voz e movimento.[24]

O ocaso europeu se anuncia, pois, antes mesmo que o mundo euro-americano tivesse chegado a compreender o que desejava afinal saber (ou fazer) do negro. Grassa hoje em muitos países um "racismo sem raças".[25] No intuito de praticar com mais desenvoltura a discriminação, ao mesmo tempo em

---

23. Didier Anzieu, *Le Moi-peau*, Dunod, Paris, 1995, p. 31.

24. Ver especialmente a poesia de Aimé Césaire. Sobre a temática do limo, ver Édouard Glissant e Patrick Chamoiseau, *L'Intraitable beauté du monde*, Galaade, Paris, 2008.

25. Éric Fassin, *Démocratie précaire*, La Découverte, Paris, 2012; e Fassin (ed.), *Les nouvelles frontières de la société française*, La Découverte, Paris, 2010.

que se faz dela algo conceitualmente impensável, a "cultura" e a "religião" são mobilizadas para assumir o lugar da "biologia". Enquanto se finge que o universalismo republicano é cego em relação à raça, confinam-se os não brancos a suas supostas origens e não cessam de proliferar categorias efetivamente racializadas, que, em sua grande parte, alimentam cotidianamente a islamofobia. Mas quem de nós é capaz de duvidar que tenha chegado o momento de finalmente *começar por si mesmo* e, enquanto a Europa se extravia, acometida pela doença de não saber onde se situa no mundo e em relação a ele, fincar pé e fundar algo inteiramente novo? Para isso, será acaso necessário esquecer o negro ou, pelo contrário, salvaguardar sua força em relação ao que é falso, seu caráter luminoso, fluido e cristalino — esse estranho sujeito escorregadio, serial e plástico, constantemente mascarado, firmemente situado em ambos os lados do espelho, ao longo de uma fronteira que ele não para de ladear? Se, além disso, no meio dessa tormenta, o negro conseguir de fato sobreviver àqueles que o inventaram e se, numa dessas reviravoltas cujo segredo é guardado pela história, toda a humanidade subalterna se tornasse efetivamente negra, que riscos acarretaria um tal *devir-negro do mundo* à promessa de liberdade e igualdade universais da qual o termo negro foi a marca patente no decorrer da era moderna? (capítulo 6).

Além do mais, da obstinação colonial em dividir, classificar, hierarquizar e diferenciar, sobrou ainda algo: cortes e lesões. Pior ainda, a clivagem criada permanece. Será mesmo verdade que somos capazes hoje em dia de estabelecer com o negro relações distintas das que ligam o senhor ao seu criado? Não persistirá ele próprio a se reconhecer apenas pela e na diferença? Não estará convencido de ser habitado por um duplo, uma entidade estrangeira que o impede de se conhecer a si mesmo? Não vivenciará seu mundo como um definido pela perda e pela cisão e não nutrirá o sonho do regresso a uma identidade consigo mesmo, que regride ao modo da essencialidade pura e, por isso mesmo, muitas vezes, do que lhe é dessemelhante? A partir de quando o projeto de sublevação radical e de autonomia em nome da diferença se tornará mera inversão mimética daquilo que passamos nosso tempo a cobrir de maldições?

Essas são algumas das questões que levantamos neste livro, que, não sendo nem uma história das ideias nem um exercício de sociologia histórica, da história se serve, no entanto, para propor um estilo de reflexão crítica sobre o mundo do nosso tempo. Ao privilegiar uma forma de reminiscência, meio solar e meio lunar, meio diurna e meio noturna, tínhamos em mente uma única questão: como pensar a diferença e a vida, o semelhante e o dessemelhante, o excedente e o *em comum*? A experiência negra resume bem essa indagação, preservando na consciência contemporânea a posição de um limite fugaz, uma espécie de espelho móvel. Será ainda necessário nos perguntarmos por que razão esse espelho móvel não para de girar sobre si mesmo. O que o impede de parar? O que explica essa recuperação infinita de cisões, uma inescapavelmente mais estéril que a outra?

Joanesburgo, 2 de agosto 2013

O presente ensaio foi escrito ao longo de minha estadia no Witwatersrand Institute for Social and Economic Research (WISER) da Universidade de Witwatersrand, em Joanesburgo, África do Sul. Faz parte de um ciclo de reflexões iniciado por *De la postcolonie* (2000), seguido por *Sortir de la grande nuit* (2010)[26] e que se conclui com o trabalho em curso sobre o afropolitanismo. Ao longo desse ciclo, esforçamo-nos para habitar vários mundos ao mesmo tempo, não em um gesto gratuito de desmembramento, mas sim de vaivém, capaz de permitir a articulação, a partir da África, de um *pensamento da circulação e da travessia*.

Ao longo deste caminho, não fazia sentido tentar "provincializar" as tradições europeias do pensamento. Ao fim e ao cabo, elas não nos são de todo estranhas. Quando se trata de dizer o mundo na língua de todos, existem, pelo contrário, relações de força no seio dessas tradições, e uma parte do nosso trabalho consistiu em ponderar tais fricções internas e apelar ao descentramento, não para reforçar a distância entre a África e o mundo, mas para permitir que emerjam, com relativa clareza, as novas exigências de uma possível universalidade.

No decorrer da minha estadia no WISER, pude contar com o apoio dos meus colegas Deborah Posel, Sarah Nuttall, John Hyslop, Ashlee Neeser, Pamila Gupta e, recentemente, Cathy Burns e Keith Breckenridge. As páginas que seguem devem imensamente à amizade de David Theo Goldberg, Arjun Appadurai, Ackbar Abbas, Françoise Vergès, Pascal Blanchard, Laurent Dubois, Éric Fassin, Ian Baucom, Srinivas Aravamudan,

---

26. Publicado em língua portuguesa como *Sair da Grande Noite. Ensaio sobre a África descolonizada*, tradução de "Narrativa Traçada", revisão de Sílvia Neto, Edições Mulemba, Luanda, Edições Pedago, Mangualde, 2014.

Charlie Piot e Jean-Pierre Chrétien. Paul Gilroy, Jean Comaroff, John Comaroff e a saudosa Carol Breckenridge foram grandes fontes de inspiração. Agradeço ainda aos meus colegas Kelly Gillespie, Julia Hornberger, Leigh-Ann Naidoo e Zen Marie, do Joannesburg Workshop in Theory and Criticism (JWTC) da Universidade de Witwatersrand.

Meu editor François Gèze e sua equipe (Pascale Iltis e Thomas Deltombe, em especial) deram, como de costume, seu apoio infalível.

Agradeço às revistas *Le Débat, Politique africaine, Cahiers d'études africaines, Research in African Literatures, Africulture* e *Le Monde diplomatique*, que acolheram textos exploratórios que serviram de base a este ensaio.

Por razões que seria inútil retomar aqui, este livro é dedicado a Sarah, Léa e Aniel, e também a Jolyon e Jean.

Capítulo 1

O SUJEITO RACIAL

As páginas seguintes serão dedicadas à razão negra. Esse termo ambíguo e polêmico designa várias coisas ao mesmo tempo: figuras do saber; um modelo de exploração e depredação; um paradigma da sujeição e das modalidades de sua superação, e, por fim, um complexo psico-onírico. Essa espécie de jaula enorme, na verdade uma complexa rede de desdobramentos, de incertezas e de equívocos, tem a raça como armação.

Para nós, só é possível falar da raça (ou do racismo) numa linguagem fatalmente imperfeita, dúbia, diria até inadequada. Por ora, bastará dizer que é uma forma de representação primária. Incapaz de distinguir entre o externo e o interno, os invólucros e os conteúdos, ela remete, em primeira instância, aos simulacros de superfície. Vista em profundidade, a raça é ademais um complexo perverso, gerador de temores e tormentos, de perturbações do pensamento e de terror, mas sobretudo de infinitos sofrimentos e, eventualmente, de catástrofes. Em sua dimensão fantasmagórica, é uma figura da neurose fóbica, obsessiva e, por vezes, histérica. De resto, consiste naquilo que se consola odiando, manejando o terror, praticando o alterocídio, isto é, constituindo o outro não como *semelhante a si mesmo*, mas como objeto propriamente ameaçador, do qual é preciso se proteger, desfazer, ou ao qual caberia simplesmente destruir, na impossibilidade de assegurar seu controle total.[1] Mas, como explica Frantz Fanon, raça é também o nome que se deve

---

1. James Baldwin, *Nobody Knows My Name*, First Vintage International, Nova York, 1993 [1961].

dar ao ressentimento amargo, ao irrepreensível desejo de vingança, isto é, à raiva daqueles que, condenados à sujeição, veem-se com frequência obrigados a sofrer uma infinidade de injúrias, todos os tipos de estupros e humilhações, e incontáveis feridas.[2] Neste livro, interpelaremos a natureza desse ressentimento, dando conta daquilo que constitui a raça, sua profundidade a um tempo real e fictícia, as relações por meio das quais se exprime e o papel que desempenha no movimento que consiste, como aconteceu historicamente com os povos de origem africana, em transformar a pessoa humana em coisa, objeto ou mercadoria.[3]

Fabulação e clausura do espírito

Pode surpreender o recurso ao conceito de raça, pelo menos tal como o esboçamos. Primeiramente, a raça não existe enquanto fato natural físico, antropológico ou genético.[4] A raça não passa de uma ficção útil, uma construção fantasmática ou uma projeção ideológica, cuja função é desviar a atenção de conflitos considerados, sob outro ponto de vista,

2. Frantz Fanon, *Pele negra...*, op. cit., p. 166; ver também Richard Wright, *Native Son*, Harper & Brothers, Nova York, 1940.

3. Joseph C. Miller, *Way of Death. Merchant Capitalism and the Angolan Slave Trade, 1730–1830*, University of Wisconsin Press, Madison, 1996.

4. Karen E. Fields e Barbara J. Fields propõem distinções úteis entre "raça" (a ideia segundo a qual a natureza teria produzido humanidades distintas, reconhecíveis por traços inerentes e características específicas que consagrariam as suas diferenças, ordenando-as segundo uma escala de desigualdade), "racismo" (o conjunto das práticas sociais, jurídicas, políticas, institucionais e outras fundadas na recusa da presunção de igualdade entre as pessoas humanas) e o que eles chamaram de *racecraft* (o repertório de manobras que pretendem situar os seres humanos assim diferenciados em matrizes operacionais). Karen E. Fields e Barbara J. Fields, *Racecraft. The Soul of Inequality in American Life*, Verso, Nova York, 2012 (ver principalmente a introdução e a conclusão). Ler, ainda, W. J. T. Mitchell, *Seeing through Race*, Harvard University Press, Cambridge, 2012.

como mais genuínos — a luta de classes ou a luta de sexos, por exemplo. Em muitos casos, é uma figura autônoma do real, cuja força e densidade se devem ao seu carácter extremamente móvel, inconstante e caprichoso. Aliás, há bem pouco tempo, a ordem do mundo fundava-se num dualismo inaugural que encontrava parte de suas justificações no velho mito da superioridade racial.[5] Em sua ávida necessidade de mitos destinados a fundamentar seu poder, o hemisfério ocidental considerava-se o centro do globo, a terra natal da razão, da vida universal e da verdade da humanidade. Sendo o rincão mais "civilizado" do mundo, só o Ocidente foi capaz de inventar um "direito das gentes". Só ele conseguiu edificar uma sociedade civil das nações compreendida como um espaço público de reciprocidade do direito. Só ele deu origem a uma ideia de ser humano dotado de direitos civis e políticos, permitindo-lhe exercer seus poderes privados e públicos como pessoa, como cidadão pertencente ao gênero humano e, enquanto tal, interessado por tudo o que é humano. Só ele codificou uma gama de costumes aceitos por diferentes povos, que abrangem os rituais diplomáticos, as leis da guerra, os direitos de conquista, a moral pública e as boas maneiras, as técnicas do comércio, da religião e do governo.

O Resto — figura, se tanto, do dessemelhante, da diferença e do poder puro do negativo — constituía a manifestação por excelência da existência objetificada. A África, de um modo

---

5. Ver a este respeito Josiah C. Nott, *Types of Mankind*, Trubner & Co., Londres, 1854; a seguir, os três volumes de James Bryce, *The American Commonwealth*, Macmillan, Nova York, 1888; depois, do mesmo autor, *The Relations of the Advanced and the Backward Races of Mankind*, Clarendon Press, Londres, 1902, e *Impressions of South Africa*, Macmillan, Londres, 1897; Charles H. Pearson, *National Life and Character. A Forecast*, Macmillan, Londres, 1893; Lowe Kong Meng, Cheok Hong Cheon e Louis Ah Mouy (ed.), *The Chinese Question in Australia 1878–79*, F. F. Bailliere, Melbourne, 1879.

geral, e o negro, em particular, eram apresentados como os símbolos acabados dessa vida vegetal e limitada. Figura excedente em relação a qualquer figura e, portanto, fundamentalmente infigurável, o negro em particular era o exemplo consumado desse ser-outro, vigorosamente forjado pelo vazio, e cujo negativo havia penetrado todos os momentos da existência — a morte do dia, a destruição e o perigo, a inominável noite do mundo.[6] Hegel dizia a propósito de tais figuras que eram estátuas sem linguagem nem consciência de si; entes humanos incapazes de se despir de uma vez por todas da figura animal com a qual se confundiam. No fundo, era da sua natureza abrigar o que já estava morto.

Essas figuras eram a marca dos povos "isolados e insociáveis, que em seu ódio se combatem até a morte", se trucidam e se destroem como animais — uma espécie de humanidade de vida inconstante e que, confundindo devir-humano e devir-animal, tem de si mesma uma consciência, afinal, "sem universalidade".[7] Outros, mais caridosos, admitiam que tais criaturas não eram inteiramente desprovidas de humanidade. Adormecida, essa humanidade não se tinha ainda lançado à aventura daquilo que Paul Valéry invocava como o "afastamento sem retorno".[8] Era, no entanto, possível elevá-la até

---

6. Ver Pierre Larousse, *Nègre, Négrier, Traite des Nègres. Trois articles du Grand Dictionnaire universel du XIXe siècle*, prefácio de Françoise Vergès, Bleu autour, Paris, 2009, p. 47.

7. Georg Wilhelm Friedrich Hegel, *Fenomenologia do Espírito*, 9ª edição, tradução de Paulo Meneses, Ed. Vozes, São Paulo, 2017, p. 469.

8. Parafraseada pelo autor como *écart sans retour*, a expressão original de Valéry é ligeiramente diversa – *éloignement sans retour* –, preservando porém o mesmo sentido; ver Paul Valéry, *Introduction à la méthode de Léonard de Vinci*, Éditions de la Nouvelle Revue Française, Paris, 1919 [1894], p. 27 [*Introdução ao método de Leonardo da Vinci*, edição bilíngue francês/português, tradução de Geraldo Gérson de Souza, Ed. 34, São Paulo, 1998, p. 146-147]. [N.T.]

nós. Tal fardo não nos conferia, porém, o direito de abusar de sua inferioridade. Pelo contrário, deixávamo-nos guiar por um dever — o de ajudá-la e protegê-la.[9] Era o que fazia do empreendimento colonial uma obra fundamentalmente "civilizadora" e "humanitária", cujo corolário de violência não era senão moral.[10]

Na maneira de pensar, classificar e imaginar os mundos distantes, o discurso europeu, tanto o erudito como o popular, com frequência recorreu a procedimentos de fabulação. Ao apresentar como reais, certos e exatos fatos muitas vezes inventados, escapou-lhe justamente o objeto que buscava apreender, mantendo com ele uma relação fundamentalmente imaginária, mesmo quando sua pretensão era desenvolver saberes destinados a apreendê-lo objetivamente. As principais características dessa relação imaginária ainda estão longe de ser elucidadas, mas os procedimentos graças aos quais o trabalho de fabulação pôde ganhar corpo, assim como seus efeitos violentos, são hoje bem conhecidos. Nesse sentido, há pouco a acrescentar. No entanto, se existe um objeto e um lugar em que esta relação imaginária e a economia ficcional que a sustenta se dão a ver do modo mais brutal, distinto e manifesto, é exatamente esse signo que chamam de negro e, por tabela, o aparente não lugar que chamamos de África, cuja característica é ser não um nome comum e muito menos um nome próprio, mas o indício de uma ausência de obra.

É verdade que nem todos os negros são africanos e nem todos os africanos são negros. Apesar disso, pouco importa onde eles estão. Enquanto objetos de discurso e objetos do

---

9. Pierre Larousse, *op. cit.*, p. 68.
10. Christopher Leslie Brown, *Moral Capital. Foundations of British Abolitionism*, University of North Carolina Press, Chapel Hill, 2006.

conhecimento, desde o início da época moderna, a África e o negro têm mergulhado numa crise aguda tanto a teoria da nominação quanto o estatuto e a função do signo e da representação. Aconteceu o mesmo com as relações entre o ser e a aparência, a verdade e a mentira, a razão e a desrazão, em suma, entre a linguagem e a vida. De fato, sempre que se tratou dos negros e da África, a razão, arruinada e esvaziada, jamais deixou de girar em falso e muitas vezes se perdeu num espaço aparentemente inacessível, onde, fulminada a linguagem, as próprias palavras careciam de memória. Com a extinção de suas funções elementares, a linguagem transformou-se num fabuloso mecanismo cuja força vem simultaneamente de sua vulgaridade, de um formidável poder de violação e de sua proliferação erradia. Ainda hoje e quando se trata dessas duas marcas, a palavra nem sempre representa a coisa; o verdadeiro e o falso tornam-se indissociáveis e a significação do signo não é necessariamente a mais adequada à coisa significada. Não foi só o signo que substituiu a coisa. Muitas vezes, a palavra ou a imagem têm pouco a dizer sobre o mundo objetivo. O mundo das palavras e dos signos autonomizou-se a tal ponto que não se tornou apenas uma tela para apreensão do sujeito, de sua vida e das condições de sua produção, mas uma força em si, capaz de se libertar de qualquer vínculo com a realidade. A razão disso pode ser atribuída em grande medida à lei da raça.

Seria errôneo pensar que saímos definitivamente desse regime que teve o comércio negreiro e em seguida a colônia de *plantation* ou simplesmente extrativista como cenas originárias. Nessas pias batismais da nossa modernidade, pela primeira vez na história humana, o princípio racial e o sujeito de mesma matriz foram operados sob o signo do capital, e é justamente isso que distingue o tráfico negreiro e suas instituições das formas autóctones de servidão.[11] Com efeito, entre os séculos XIV e XIX, o horizonte espacial da Europa alargou-se consideravelmente. O Atlântico foi-se tornando o epicentro de uma nova concatenação de mundos, o lugar de onde emergiu uma nova consciência planetária. Esse acontecimento se segue às tentativas europeias anteriores de expansão rumo às Canárias, à Madeira, aos Açores e às ilhas de Cabo Verde, correspondentes à etapa inicial da economia de *plantations* utilizando mão de obra de escravos africanos.[12]

A transformação de Espanha e Portugal — de colônias periféricas do mundo árabe em motores da expansão transatlântica europeia — coincidiu com o afluxo de africanos à própria Península Ibérica, onde participaram da reconstrução dos principados ibéricos após a Peste Negra (*Black Death*) e a Grande Fome do século XIV. A maioria era de escravos, mas nem todos: também havia entre eles alguns homens livres. Se, até então, o aprovisionamento de escravos na Península ocorria por meio das rotas transaarianas controladas pelos mouros, operou-se uma reviravolta nos idos de 1440, quando os ibéricos inauguraram contatos diretos com a África Ocidental e Central *via* Oceano Atlântico. Os primeiros negros capturados em razias e convertidos em objeto de leilões públicos chegaram a Portugal em 1444. O número de "presas" aumentou sensivelmente entre 1450 e 1500. A presença africana cresceu em decorrência disso e milhares de escravos

---

11. Ver Suzanne Myers e Igor Kopytoff (eds.), *Slavery in Africa. Historical and Anthropological Perspectives*, University of Wisconsin Press, Madison, 1979.

12. Sobre esses processos, ver Benjamin Thomas, Timothy Hall e David Rutherford (eds.), *The Atlantic World in the Age of Empire*, Houghton Mifflin Company, Boston, 2001; Wim Klooster e Alfred Padula (eds.), *The Atlantic World. Essays on Slavery, Migration, and Imagination*, Pearson Prentice Hall, Upper Saddle River, 2005, p. 1-42.

passaram a desembarcar anualmente em Portugal, ao ponto de seu afluxo desestabilizar o equilíbrio demográfico de certas cidades ibéricas.[13] Era o caso de Lisboa, Sevilha e Cádiz, onde, no início do século XVI, cerca de dez por cento da população era composta por africanos. A maioria era incumbida de tarefas agrícolas e domésticas.[14] Em todos esses casos, quando teve início a conquista das terras da América, afro-ibéricos e escravos africanos integravam tripulações marítimas, postos comerciais, plantações e centros urbanos do império.[15] Participaram de várias campanhas militares (Porto Rico, Cuba, Flórida) e fizeram parte, em 1519, dos regimentos de Hernán Cortés que assaltaram o México.[16]

A partir de 1492 e pelo viés do comércio triangular, o Atlântico tornou-se um verdadeiro aglomerado, que agregou a África, as Américas, o Caribe e a Europa em torno de uma intrincada economia. Abarcando regiões outrora relativamente autônomas, e como vasta formação oceânico-continental, esse conjunto inter-hemisférico se tornou o motor de transformações sem paralelo na história mundial. Os povos de origem africana estavam no centro dessas novas dinâmicas que implicavam incessantes idas e vindas de uma margem a outra do mesmo oceano, dos portos negreiros da África

13. Jorge Fonseca, "Black Africans in Portugal during Cleynaerts's Visit, 1533–1538", *in* Thomas Earle e Kate Lowe (eds.), *Black Africans in Renaissance Europe*, Cambridge University Press, Cambridge, 1995, p. 113-121. Ver também A. C. de C. M. Saunders, *A Social History of Black Slaves and Freedmen in Portugal, 1441–1555*, Cambridge University Press, Cambridge, 1982.

14. Frédéric Mauro, *Le Portugal et l'Atlantique au XVIIe siècle (1570–1670)*, SEVEPEN, Paris, 1960.

15. Ben Vinson, *Bearing Arms for his Majesty. The Free-Colored Militia in Colonial Mexico*, Stanford University Press, Stanford, 2001.

16. Ver o caso de Juan Garrido em Matthew Restall, "Black Conquistadors. Armed Africans in Early Spanish America", *The Americas*, vol. 57, nº 2, Outubro 2000, p. 177.

Ocidental e Central aos da América e da Europa. Essa estrutura de circulação se apoiava numa economia que exigia ela mesma capitais colossais. Incluía igualmente a transferência de metais e de produtos agrícolas e manufaturados, o desenvolvimento da cobertura por seguros, da contabilidade e da atividade financeira, assim como a disseminação de conhecimentos e práticas culturais até então desconhecidos. Um processo inédito de crioulização foi desencadeado e resultou num intenso tráfego de religiões, línguas, tecnologias e culturas. A consciência negra na era do primeiro capitalismo surgiu em parte dessa dinâmica de movimento e circulação. Desse ponto de vista, era o produto de uma tradição de viagens e de deslocamentos, apoiando-se numa lógica de desnacionalização da imaginação, um processo que prosseguiu até meados do século XX e acompanhou a maior parte dos grandes movimentos negros de emancipação.[17]

Entre 1630 e 1780, o número de africanos que desembarcaram nas possessões atlânticas da Grã-Bretanha ultrapassou de longe o de europeus.[18] O fim do século XVIII constituiu, nessa perspectiva, o grande momento negro do império britânico. Não se tratava somente de cargueiros humanos que, partindo de entrepostos e portos de escravos da África Ocidental e do golfo do Biafra, depositavam homens na Jamaica e nos Estados Unidos. Lado a lado com o macabro comércio de escravos cujo objetivo era o lucro, existiam também movimentos de africanos livres, novos colonos que, antigos "pobres negros" (*black poor*) na Inglaterra ou refugiados da Guerra de

17. Ver o estudo de Michelle Ann Stephens, *Black Empire. The Masculine Global Imaginary of Caribbean Intellectuals in the United States, 1914–1962*, Duke University Press, Durham, 2005.
18. David Eltis, *Coerced and Free Migrations. Global Perspectives*, Stanford University Press, Stanford, 2002.

Independência dos Estados Unidos, partiam da Nova Escócia, da Virgínia ou da Carolina para instalar novas colônias na própria África, como no caso de Serra Leoa.[19]

A transnacionalização da condição negra foi, portanto, um momento constitutivo da modernidade, tendo sido o Atlântico o seu lugar de incubação. Essa condição abarcou em si um inventário de situações muito contrastantes, indo do escravo traficado, convertido em objeto de venda, ao escravo por condenação, o escravo de subsistência (criado doméstico perpétuo), o escravo parceleiro, o meeiro,[20] o manumisso,

---

19. Alexander X. Byrd, *Captives and Voyagers. Black Migrants across the Eighteenth-Century British Atlantic World*, Louisiana State University Press, Baton Rouge, 2008; Philip D. Morgan, "British Encounters with Africans and African-Americans, circa 1600–1780", *in* Bernard Bailyn e Philip D. Morgan (eds.), *Strangers within the Realm. Cultural Margins of the First British Empire*, University of North Carolina Press, Chapel Hill, 1991; Stephen J. Bradwood, *Black Poor and White Philantropists. London's Blacks and the Foundation of the Sierra Leone Settlement*, 1786–1820, Liverpool University Press, Liverpool, 1994; Ellen Gibson Wilson, *The Loyal Blacks*, G. P. Putnam's Sons, Nova York, 1976.

20. Os regimes de escravidão mencionados remetem ao escalonamento proposto por Claude Meillassoux como etapas precedentes à manumissão. Segundo ele, ambos os regimes (*mansé* e *casé*) implicavam o trabalho rural no cultivo de um lote de terra concedido pelo senhor, diferindo ambos na destinação do produto desse cultivo. No primeiro caso, a pessoa escravizada seria dispensada do trabalho nas terras senhoriais por algumas horas do dia ou por um ou mais dias na semana para que pudesse cultivar o lote de terra que lhe era confiado para sua própria subsistência e a de sua família: "Nesse caso, o senhor gozava de uma renda em trabalho menor, mas não era mais obrigado a fornecer aos escravos a totalidade da sua comida" (p. 93). O adjetivo *mansé* deriva do vocábulo *manse*, originário do vocabulário feudal francês, e corresponde à "medida de terra julgada necessária para sustentar um homem e sua família (Dic. Litree)" (p. 257). No segundo caso, a pessoa escravizada seria inteiramente dispensada do trabalho nas terras senhoriais, dedicando-se integralmente ao cultivo do lote que lhe fora concedido, sendo que percentuais variáveis da produção obtida eram destinados ao senhor como pagamento ou quitação de algum encargo: "Esse pagamento era considerado como a redenção do trabalho nos campos do senhor. Nessa fórmula, os escravos forneciam uma renda em produto e não mais em trabalho" (p. 93). Na tradução brasileira, feita por Lucy Magalhãe e revisada por Luiz Felipe de Alencastro, a expressão *mansé* é traduzida por "feudatário" e *casé* por "meeiro". Na tradução mexicana, de Rafael Molina, as traduções respectivas

ou ainda o escravo liberto ou o escravo de nascença. Entre 1776 e 1825, a Europa perdeu a maior parte de suas colônias americanas devido a uma série de revoluções, movimentos de independência e rebeliões. Os afro-latinos tinham desempenhado um papel preponderante na constituição dos impérios ibero-hispânicos. Haviam servido não só como mão de obra escrava, mas também enquanto tripulantes, exploradores, oficiais, colonos, proprietários de terra e, em certos casos, homens livres e senhores de escravos.[21] Quando da dissolução dos impérios e dos levantes anticoloniais ao longo do século XIX, voltamos a encontrá-los em diversos papéis, seja como soldados, seja a encabeçar movimentos políticos. Com as estruturas imperiais do mundo atlântico arruinadas e substituídas pelos Estados-nações, as relações entre as colônias e a metrópole sofreram alterações. Uma classe de brancos crioulos se implantou e consolidou sua influência.[22] As velhas questões de heterogeneidade, diferença e liberdade foram ressuscitadas, ao passo que as novas elites se aproveitaram da ideologia da mestiçagem para negar e desqualificar a questão racial. A contribuição dos afro-latinos e dos escravos negros para o desenvolvimento histórico da América do Sul acabou sendo, se não apagada, pelo menos severamente ocultada.[23]

---

são *parcelero* e *aparcero*. Cf. Claude Meillassoux, *Anthropologie de l'esclavage. Le ventre de fer et d'argent*, Presses universitaires de France, Paris, 1986 [*Antropologia da escravidão: o ventre de ferro e dinheiro*, Jorge Zahar, São Paulo, 1995; *Antropología de la esclavitud: El vientre de hierro y dinero*, Siglo XXI, México D.F., 1990]. A numeração das páginas citadas corresponde à edição brasileira. [N.T.]

21. Matthew Restall, *loc. cit.*

22. Lester Langley, *The Americas in the Age of Revolution, 1750–1850*, Yale University Press, New Haven, 1996; John Lynch, *The Spanish American Revolutions, 1808–1826*, W. W. Norton, Nova York, 1986 [1973]; John H. Elliott, *Empires of the Atlantic World. Britain and Spain in America 1492–1830*, Yale University Press, New Haven, 2006.

23. Kim Butler, *Freedoms Given, Freedom Won. Afro-Brazilians in Post-Abolition São Paulo and Salvador*, Rutgers University Press, New Brunswick, 1998; João José

Crucial desse ponto de vista foi o caso do Haiti, cuja declaração de independência aconteceu em 1804, apenas vinte anos após a dos Estados Unidos, assinalando uma reviravolta na história moderna da emancipação humana. No decorrer do século XVIII, o século das Luzes, a colônia de Santo Domingo foi o exemplo clássico da plantocracia, uma ordem social, política e econômica hierárquica encabeçada por um número relativamente reduzido de grupos brancos rivais, tendo nos estratos intermediários um grupo de homens livres de cor e mestiços e, na base, uma ampla maioria de escravos, mais da metade dos quais nascidos na África.[24] Ao contrário dos outros movimentos de independência, a Revolução Haitiana foi o resultado de uma insurreição de escravos. A ela se deveu o surgimento, em 1805, de uma das mais radicais Constituições do Novo Mundo. Essa Constituição baniu a nobreza, instaurou a liberdade de culto e impugnou tanto o conceito de propriedade quanto o de escravidão — algo que a Revolução Americana não ousara fazer. A nova Constituição do Haiti não só aboliu a escravatura, como também autorizou o confisco de terras dos colonos franceses, decapitando pelo caminho grande parte da classe dominante; aboliu a distinção entre nascimentos legítimos e ilegítimos, e levou às últimas consequências as ideias, na altura revolucionárias, de igualdade racial e de liberdade universal.[25]

Reis, *Slave Rebellion in Brazil. The Muslim Uprising of 1835 in Bahia*, Johns Hopkins University Press, Londres, 1993 [*Rebelião escrava no Brasil: a história do levante dos malês em 1835*, Companhia das Letras, São Paulo, 2003]; Colin Palmer, *Slaves of the White God. Blacks in Mexico, 1570–1650*, Harvard University Press, Cambridge, 1976.

24. John Thornton, "African soldiers in the Haitian revolution", *Journal of Caribbean History*, vol. 25, nº 1-2, 1991, p. 1101-1114.

25. David Geggus (ed.), *The Impact of the Haitian Revolution in the Atlantic World*, University of South Carolina Press, Columbia, 2001; Laurent Dubois, *A Colony of Citizens. Revolution and Slave Emancipation in the French Caribbean, 1787–1804*,

Os primeiros escravos negros haviam desembarcado nos Estados Unidos em 1619. Na véspera da revolução contra os ingleses, contavam-se mais de quinhentos mil nas colônias rebeldes. Em 1776, cerca de cinco mil se enfileiraram como soldados ao lado dos patriotas, por mais que a maioria deles jamais tivesse gozado do estatuto de cidadão: para a maior parte deles, a luta contra a dominação britânica era indissociável da luta contra o sistema escravagista. Desertando das plantações da Geórgia e da Carolina do Sul, cerca de dez mil se juntaram às tropas inglesas. Outros, refugiados nos pântanos e nas florestas, engajavam-se no combate por sua própria libertação. No fim da guerra, cerca de catorze mil negros, alguns deles já livres, foram evacuados de Savannah, Charleston e Nova York e transportados para a Flórida, Nova Escócia, Jamaica e, mais tarde, para a África.[26] A revolução anticolonial contra os ingleses desembocou num paradoxo: por um lado, a expansão das esferas de liberdade para os brancos, por outro, a consolidação sem precedentes do sistema escravagista. Em grande medida, os produtores do Sul tinham comprado sua liberdade à custa do trabalho dos escravos. Graças a essa mão de obra servil, os Estados Unidos instauraram a economia de divisão de classes no seio da população branca — divisões que conduziriam a disputas de poder com consequências incalculáveis.[27]

No decorrer do período atlântico aqui sucintamente

University of North Carolina Press, Chapell Hill, 2004; Robin Blackburn, *The Overthrow of Colonial Slavery, 1776–1848*, Verso, Londres, 1988; e Robin Blackburn, "Haiti, slavery, and the age of the democratic revolution", *William and Mary Quarterly*, vol. 63, nº 3, Outubro 2006, p. 643-674.

26. Sidney Kaplan e Emma Nogrady Kaplan, *The Black Presence in the Era of the American Revolution*, University of Massachusetts Press, Amherst, 1989.

27. Edmund Morgan, *American Slavery, American Freedom. The Ordeal of Colonial Virginia*, W. W. Norton & Co., Nova York, 1973.

descrito, esta pequena província do planeta que é a Europa se instalou progressivamente numa posição de comando sobre o resto do mundo. Paralelamente, ao longo do século XVIII, entraram em cena vários discursos de verdade acerca da natureza, da especificidade e das formas de vida, das qualidades, traços e características dos seres humanos, de populações inteiras diferenciadas em termos de espécies, gêneros ou raças, classificados ao longo de uma linha vertical.[28]

Paradoxalmente, foi também a época em que os povos e as culturas começaram a ser considerados como individualidades contidas em si mesmas. Cada comunidade — e cada povo — era entendido como um corpo coletivo único. Deixava de ser dotada somente de força própria, para ser a unidade de base de uma história movida, assim se cria, por forças surgidas apenas para aniquilar outras forças, numa luta de morte cujo desenlace só pode ser a liberdade ou a servidão.[29] A ampliação do horizonte espacial europeu seguiu, pois, lado a lado com um constrangimento e uma retração de sua imaginação cultural e histórica, e até, em certos casos, uma relativa clausura do espírito. De fato, uma vez identificados e classificados os gêneros, as espécies e as raças, resta apenas indicar quais diferenças os distinguem uns dos outros. Essa relativa clausura do espírito não implicou necessariamente a extinção da curiosidade em si. Porém, desde a Alta Idade Média até a época das Luzes, a curiosidade enquanto faculdade do espírito e sensibilidade cultural se manteve inseparável de um impressionante trabalho de fabulação, que, ao incidir sobre mundos outros, borrava

28. Ver o que diz a respeito Michel Foucault, *As palavras e as coisas: uma arqueologia das ciências humanas*, tradução de Salma Tannus Muchail, Martins Fontes, São Paulo, 2000 (principalmente o capítulo 5).

29. Éric Vogelin, *Race et État*, Vrin, Paris, 2007, p. 265.

sistematicamente as fronteiras entre o crível e o incrível, o maravilhoso e o factual.[30]

A primeira grande classificação das raças levada a cabo por Buffon ocorreu num ambiente em que a linguagem acerca dos mundos outros fora construída a partir dos preconceitos mais ingênuos e sensualistas, ao passo que formas de vida extremamente complexas eram remetidas à pura simplicidade dos epítetos.[31] Chamemos a isso o momento gregário do pensamento ocidental. Nele, o negro é representado como o protótipo de uma figura pré-humana incapaz de escapar de sua animalidade, de se autoproduzir e de se erguer à altura de seu deus. Encerrado em suas sensações, tem dificuldade em quebrar a cadeia da necessidade biológica, razão pela qual não chega a conferir a si mesmo uma forma verdadeiramente humana nem a moldar seu mundo. É nisso que se distancia da normalidade da espécie. O momento gregário do pensamento ocidental foi, aliás, aquele ao longo do qual, com o auxílio do instinto imperialista, o ato de captar e de apreender foi progressivamente se desligando de qualquer tentativa de conhecer a fundo aquilo de que se falava. *A Razão na História*, de Hegel, representa o ponto culminante desse momento gregário. Durante vários séculos, o conceito de raça — que sabemos advir inicialmente da esfera animal — serviu, em primeira linha, para nomear as humanidades não europeias.[32] O que então se chamava "estado de raça" correspondia, assim

---

30. Essa clausura do espírito não impediu, porém, o desenvolvimento de um espírito de curiosidade. Ver Lorraine Daston e Katharine Park, *Wonders and the Order of Nature, 1150–1750*, Zone Books, Nova York, 2001.

31. Georges-Louis Buffon, "Variétés dans l'espèce humaine", em *Histoire naturelle, générale et particulière, avec la description du Cabinet du Roy*, vol. 3, Imprimerie royale, Paris, 1749, p. 371-530.

32. Friedrich W. Schelling, *Introduction à la philosophie de la mythologie*, Aubier, Paris, 1945 [1842], p. 109.

se pensava, a um estado de degradação e a uma defecção de natureza ontológica. A noção de raça permitia representar as humanidades não europeias como se tivessem sido tocadas por um ser inferior. Seriam o reflexo depauperado do homem ideal, de quem estariam separadas por um intervalo de tempo intransponível, uma diferença praticamente insuperável. Falar delas era, antes de mais nada, assinalar uma ausência — a ausência do mesmo — ou ainda uma presença alheia, a de *monstros* e fósseis. Se o fóssil, escreve Foucault, é "aquilo que deixa subsistir as semelhanças através de todos os desvios que a natureza percorreu" e se funciona sobretudo como "uma forma longínqua e aproximativa da identidade", o monstro, por sua vez, "narra, como em caricatura, a gênese das diferenças".[33] No grande quadro das espécies, gêneros, raças e classes, o negro, em sua magnífica obscuridade, representa a síntese dessas duas figuras. Mas o negro não existe enquanto tal. Ele é constantemente produzido. Produzi-lo é gerar um vínculo social de sujeição e um *corpo de extração*, isto é, um corpo inteiramente exposto à vontade de um senhor e do qual nos esforçamos para obter o máximo de rendimento. Sujeito a corveias de toda ordem, o negro é também o nome de uma injúria, o símbolo do homem confrontado com o açoite e o sofrimento, num campo de batalha em que se opõem facções e grupos social e racialmente segmentados. Era esse o caso na maioria das *plantocracias* insulares do Caribe, universos segmentários onde a lei da raça se assentava tanto no confronto entre fazendeiros brancos e escravos negros quanto na oposição entre os negros e os "livres de cor" (muitas vezes mulatos libertos), sendo que alguns deles eram eles próprios senhores de escravos.

33. Michel Foucault, *op. cit.*, p. 216-217.

O negro da *plantation* era, todavia, uma figura múltipla. Caçador de quilombolas[34] e fugitivos, carrasco e ajudante de carrasco, escravo artesão, informante, doméstico, cozinheiro, liberto que se mantém cativo, concubina, roceiro dedicado ao corte da cana, encarregado do engenho, operador de maquinaria, acompanhante de seu senhor e guerreiro ocasional. Essas posições estavam longe de ser estáveis. De acordo com as circunstâncias, uma posição podia subitamente ser "convertida" em outra. A vítima de hoje podia se transformar, no dia seguinte, em carrasco a serviço do senhor. Não raro o liberto, de um dia para o outro, tornava-se proprietário e caçador de escravos.

O negro da *plantation* era, ademais, aquele que se havia socializado no ódio aos outros e, sobretudo, aos outros negros. O que caracterizava a *plantation*, no entanto, não eram apenas as formas segmentárias de sujeição, a desconfiança, as intrigas, rivalidades e ciúmes, o jogo movediço das alianças, as táticas ambivalentes, feitas de cumplicidades e esquemas de toda espécie, assim como de canais de diferenciação decorrentes da reversibilidade das posições. Era também o fato de que o vínculo social de exploração não havia sido estabelecido de forma definitiva. Ele era constantemente posto em causa

---

34. No original, *marrons*. Na língua portuguesa, o termo preferencial atribuído às pessoas escravizadas que se evadiam do cativeiro foi tomada do quimbundo, descrevendo a comunidade formada pelos fugitivos (quilombo, com o sentido etimológico de arraial, união ou acampamento) e, por derivação, seus fundadores ou habitantes (quilombolas). As variações encontradas na língua francesa – *marron, negmarron, cimarron* – foram adotadas a partir do espanhol *cimarrón*, derivado por sua vez da língua aruaque, e também possuem correspondentes em regionalismos brasileiros – *marrano, marruá, chimarrão* –, mas a derivação de sentido para se referir aos ex-cativos que buscavam a liberdade não se operou no uso em língua portuguesa, que se aplica preponderantemente em referência aos animais domesticados que se desgarram e se tornam bravios e revoltos, em consonância com o sentido original dado ao termo pelos aruaques, também preservado no seu uso em língua espanhola. [N.T.]

e precisava ser incessantemente produzido e reproduzido por meio de uma violência de tipo molecular, que ao mesmo tempo suturava e saturava a relação servil.

De tempos em tempos, ela explodia na forma de levantes, insurreições e complôs de escravos. Instituição paranoica, a *plantation* vivia constantemente sob o regime do medo. Em vários aspectos, cumpria todos os requisitos de um campo, de um parque ou de uma sociedade paramilitar. O senhor escravagista podia muito bem fazer sucederem-se as coerções, criar cadeias de dependência entre ele e seus escravos, alternar terror e benevolência, mas sua vida era permanentemente assombrada pelo espectro do extermínio. O escravo negro, por sua vez, ou bem era aquele que se via constantemente no limiar da revolta, tentado a responder aos apelos lancinantes da liberdade ou da vingança, ou então aquele que, num gesto de sumo aviltamento e de abdicação radical do sujeito, procurava proteger a própria vida deixando-se utilizar no projeto de sujeição de si mesmo e de outros escravos.

Além do mais, entre 1620 e 1640, as formas de servidão mantiveram-se, particularmente nos Estados Unidos, relativamente indefinidas. O trabalho livre coexistia com a servidão temporária (que é uma forma de sujeição transitória, de duração limitada) e a escravidão (hereditária ou não). No seio do colonato, havia profundas divisões de classe, opondo também o colonato à massa de cativos. Estes, no entanto, formavam uma classe multirracial. Foi entre 1630 e 1680 que se deu a bifurcação. É na verdade dessa época que data o nascimento da sociedade de *plantation*. O princípio da servidão perpétua de pessoas de origem africana, estigmatizadas pela sua cor, tornou-se progressivamente a regra. Os africanos e sua progenitura tornaram-se escravos perpétuos. As distinções entre servos brancos e escravos negros afirmaram-se de forma clara.

A plantação transformou-se gradualmente numa instituição econômica, disciplinar e penal. Os negros e seus descendentes podiam, dali em diante, ser comprados para sempre.

Ao longo do século XVII, um imenso trabalho legislativo veio selar o seu destino. A fabricação dos sujeitos raciais no continente americano começou por sua destituição cívica e, portanto, pela consequente exclusão de privilégios e de direitos assegurados aos outros habitantes das colônias. Desde logo, não eram mais homens *como todos os outros*. Ela prosseguiu com a extensão da servidão perpétua a seus filhos e descendentes. Essa primeira fase se consolidou num longo processo de construção da incapacidade jurídica. A perda do direito de recorrer aos tribunais fez do negro uma não pessoa do ponto de vista jurídico. Agregou-se a esse dispositivo judiciário uma série de códigos de legislação escravocrata, muitos deles na sequência de levantes de escravos. Consumada essa codificação, pode-se dizer que, por volta de 1720, *a estrutura negra do mundo*, que já existia nas Índias Ocidentais, fez oficialmente a sua aparição nos Estados Unidos, e a *plantation* era a cinta que fazia a amarra dos seus contornos. Quanto ao negro, passou a ser a partir de então nada além de um bem móvel, pelo menos de um ponto de vista estritamente legal. A partir de 1670, impunha-se a questão de saber como por para trabalhar uma grande quantidade de mão de obra, a fim de viabilizar uma produção comercializada ao longo de enormes distâncias. A invenção do negro constitui a resposta a essa questão. O negro foi de fato o elemento central que, ao permitir a criação, por meio da *plantation*, de uma das formas mais eficazes de acumulação de riqueza na época, acelerou a integração do capitalismo mercantil, da mecanização e do controle do trabalho subordinado. A *plantation* representava na época uma grande inovação, e não simplesmente do ponto de vista da privação de liberdade, do controle de mobilidade da mão de obra e da aplicação ilimitada da violência. A invenção do negro também abriu caminho para inovações cruciais nas áreas do transporte, da produção, da comercialização e dos seguros.

Apesar disso, nem todos os negros no Caribe ou nos Estados Unidos eram escravos. A racialização da servidão, especialmente nos Estados Unidos, levou os brancos, e sobretudo os brancos pobres,[35] prestadores de toda espécie de serviços, a se distinguirem o mais que pudessem dos africanos, reduzidos ao estatuto de escravos. Os homens livres receavam que o muro que os separava dos escravos não fosse estanque o bastante. Em dado momento, o hemisfério todo teve ocasião de testemunhar a emergência dos homens livres de cor, alguns dos quais chegando a ser proprietários de terras e de escravos, e até mesmo patrões de brancos em servidão temporária. Resultante de ondas emancipatórias, nos lugares onde isso era possível, e de uniões mistas entre escravos negros e brancos livres ou entre mulheres brancas livres e negros, a população de livres de cor foi gradualmente crescendo. Especialmente no Caribe, o fenômeno de brancos que mantinham concubinas negras se tornou algo relativamente comum. Por mais que a segregação racial fosse oficialmente rigorosa, a libertinagem inter-racial e o concubinato com mulheres de cor, livres ou escravas, eram algo corriqueiro entre as elites brancas.[36]

35. No original, *"petits Blancs"*. No contexto colonial francês, sobretudo no que se refere à sociedade colonial de Santo Domingo, a população branca se dividia em *grands blancs*, estrato abastado composto por proprietários e burocratas, e *petits blancs*, a camada dos artesãos e trabalhadores braçais brancos. [N.T.]
36. Acerca dos dilemas que resultam dessa mistura, ler Doris Garraway, *The Libertine Colony. Creolization in the Early French Caribbean*, Duke University Press, Durham, 2005 (em particular os capítulos 4 e 5). Ver, para os Estados Unidos, Ira Berlin, *Slaves Without Masters. The Free Negro in the Antebellum South*, The New Press, Nova

Recalibragem

É verdade que o século XXI não é o século XIX, período que assistiu a uma biologização determinante da raça no Ocidente, associada ao surto colonial na África. Foi também a época na qual, com a ajuda do pensamento evolucionista darwiniano e pós-darwiniano, estratégias eugenistas foram disseminadas por vários países e a obsessão com a degeneração e o suicídio se generalizou.[37] No entanto, beneficiando-se do processo de globalização e dos efeitos contraditórios que provoca por toda parte, a lógica da raça volta a irromper na consciência contemporânea.[38] Um pouco por todo lado se reaviva a fabricação dos sujeitos raciais.[39] Ao preconceito de cor herdado do tráfico de escravos e traduzido nas instituições de segregação (como no caso das "leis Jim Crow" nos Estados Unidos e do regime de *apartheid* na África do Sul), ao racismo antissemita e do modelo colonial de bestialização de grupos considerados inferiores, vieram se somar novas constantes do racismo, com base em mutações das estruturas de ódio e na recomposição das figuras do inimigo íntimo.[40] Depois de um

---

York, 2007 [1974], p. xiii-xxiv; e Caryn Cossé Bell, *Revolution, Romanticism, and the Afro-Creole Protest Tradition in Louisiana, 1718–1868*, Louisiana State University Press, Baton Rouge, 1997.

37. Edwin Black, *War Against the Weak. Eugenics and America's Campaign to Create a Master Race*, Thunder's Mouth Press, Nova York, 2003.

38. Étienne Balibar fala, ao tratar desse tema, do "regresso da raça" (Étienne Balibar, "Le retour de la race", <www.mouvements.info>, 29 de março de 2007).

39. Peter Wade, *Blackness and Race Mixture. The Dynamics of Racial Identity in Colombia*, Johns Hopkins University Press, Baltimore, 1993; France W. Twine, *Racism in a Racial Democracy. The Maintenance of White Supremacy in Brazil*, Rutgers University Press, New Brunswick, 1998; Livio Sansone, *Negritude sem etnicidade: o local e o global nas relações raciais, culturas e identidades negras do Brasil*, tradução de Vera Ribeiro, EDUFBA, Salvador, 2004.

40. David Theo Goldberg, *The Racial State*, Blackwell, Oxford, 2002.

breve interregno, o fim do século XX e a virada do novo século coincidem com o regresso a uma interpretação biológica das distinções entre os grupos humanos.[41] Longe de marcar o fim do racismo, um novo desdobramento da raça emergiu com o pensamento genômico.[42] Quer se trate da exploração das bases genômicas das doenças que acometem determinados grupos ou do rastreamento das raízes ou das origens geográficas dos indivíduos, o recurso à genética tende a confirmar as tipologias raciais do século XIX (branco caucasiano, negro africano, amarelo asiático).[43] Encontramos a mesma sintaxe racial nos discursos sobre as tecnologias reprodutivas que envolvem a manipulação de óvulos e esperma, ou ainda nos discursos que tratam das escolhas reprodutivas sob a forma de seleção de embriões e na linguagem relacionada ao planejamento da vida de modo geral.[44]

Acontece o mesmo com as diferentes formas de manipulação dos seres vivos e de hibridação de elementos orgânicos, animais e artificiais. Com efeito, nada impede que, num futuro mais ou menos distante, as técnicas genéticas sejam

41. Troy Duster, "Lessons from History: Why Race and Ethnicity Have Played a Major Role in Bio-Medical Research", *The Journal of Law, Medicine & Ethics*, vol. 34, nº 3, 2006.

42. Richard S. Cooper, Jay S. Kaufman e Ryk Ward, "Race and Genomics", *New England Journal of Medicine*, vol. 348, nº 12, 2003, p. 1166-1170.

43. Alondra Nelson, "Bioscience: Genetic genealogy Testing and the Pursuit of African Ancestry", *Social Studies of Science*, vol. 38, nº 5, 2008, p. 759-783; Ricardo Ventura Santos e Marcos Chor Maio, "Race, Genomics, Identities and Politics in Contemporary Brazil", *Critique of Anthropology*, vol. 24, nº 4, 2004, p. 347-378.

44. Barbara A. Koenig *et alii*, *Revisiting Race in a Genomic Age*, Rutgers University Press, New Brunswick, 2008; Nikolas Rose, *The Politics of Life Itself: Biomedicine, Power, and Subjetivity in the Twenty-First Century*, Princeton University Press, Princeton, 2007, p. 132-139 e p. 162-249; Michal Nahman, "Materializing Israeliness: Difference and Mixture in Transnational Ova Donation", *Science as Culture*, vol. 15, nº 3, 2006, p. 199-213.

utilizadas para fazer o manejo das variedades populacionais e descartar, por meio da seleção de embriões trissômicos ou pelas vias da teriomorfia (hibridação com elementos animais) ou da "ciborguização" (hibridação com elementos artificiais), as raças consideradas "indesejáveis". Tampouco está fora de questão que se chegue a um ponto em que o papel fundamental da medicina já não seja apenas o de restaurar a um estado de normalidade o organismo destruído pela doença, mas em que o ato médico passe a remodelar, num processo de engenharia molecular e em função de determinismos raciais, a própria vida. Raça e racismos não pertencem, portanto, somente ao passado. Têm também um futuro, especialmente num contexto em que a possibilidade de transformar os seres vivos e de criar espécies mutantes já não emana unicamente da ficção.

As transformações do modo de produção capitalista ao longo da segunda metade do século XX não explicam por si sós a reaparição e as diversas metamorfoses da Besta. Constituem também seu inegável pano de fundo, da mesma forma como os imensos progressos alcançados nos domínios da tecnologia, da biologia e da genética.[45] Instituiu-se uma nova economia política da vida, irrigada pelos fluxos internacionais do saber e tendo como componentes privilegiados tanto as células, os tecidos, os órgãos, as patologias e as terapias quanto a propriedade intelectual.[46] A reativação da lógica

45. David Theo Goldberg, *The Threat of Race. Reflections on Racial Neoliberalism*, Wiley-Blackwell, Londres, 2008; Paul Gilroy, *Against Race*, Harvard University Press, Cambridge, 2004.

46. Sobre essas discussões, ver Amade M'Charek, *The Human Genome Diversity Project. An Ethnography of Scientific Practice*, Cambridge University Press, Cambridge, 2005; Jenny Reardon, *Race to the Finish. Identity and Governance in the Age of Genomics*, Princeton University Press, Princeton, 2005; Sarah Franklin, *Embodied Progress. A Cultural Account of Assisted Conception*, Routledge, Londres, 1997.

racial acompanha igualmente o fortalecimento da ideologia da segurança e a instalação de mecanismos destinados a calcular e a minimizar os riscos, e a fazer da proteção a moeda de troca da cidadania.

É, por exemplo, o que acontece em matéria de gestão dos fluxos e da mobilidade, num contexto em que se considera que a ameaça terrorista emana cada vez mais de indivíduos agrupados em células e redes distribuídas por todo o planeta. Nessas condições, a santuarização do território torna-se uma condição estrutural para a segurança das populações. Para ser efetiva, essa santuarização exige que todos fiquem em casa; que todos os que vivem num determinado território nacional e se deslocam sejam capazes de provar sua identidade a todo e qualquer instante; que seja acumulado a respeito de cada indivíduo um conhecimento o mais exaustivo possível; e que o controle de movimentos dos estrangeiros seja realizado tanto nas fronteiras quanto à distância, de preferência em seus próprios países de origem.[47] O grande movimento de digitalização que está em curso um pouco por toda parte mundo afora obedece em parte a essa lógica, sendo-lhe subjacente a ideia de que qualquer securitização ideal requer necessariamente a instauração de dispositivos globais de controle dos indivíduos e a tomada de poder sobre um corpo biológico não apenas múltiplo, como também em constante movimento.

A própria proteção já não pertence unicamente à esfera da lei: tornou-se uma questão biopolítica. Os novos dispositivos de segurança não levam apenas em conta elementos de regimes anteriores (regimes de disciplinamento e punição

---

47. Sobre essas mutações, ver Tamara Vukov e Mimi Sheller, "Border work: surveillant assemblages, virtual fences, and tactical counter-media", *Social Semiotics*, vol. 23, nº 2, 2013, p. 225-241.

durante a escravatura, elementos das guerras coloniais de conquista e de ocupação, técnicas jurídico-legislativas de exceção) que são operados, de modo nanocelular, no bojo das táticas típicas da era do genoma e da "guerra contra o terror". Recorrem, além disso, a técnicas elaboradas ao longo das guerras anti-insurreccionais da época da descolonização, as "guerras sujas" do conflito Leste-Oeste (Argélia, Vietnã, África Austral, Birmânia, Nicarágua) e as experiências de institucionalização de ditaduras predadoras sob o impulso ou com a cumplicidade das agências de espionagem das potências ocidentais mundo afora.

Aliás, a crescente força do Estado securitário nas atuais circunstâncias é acompanhada de uma reconfiguração do mundo pelas tecnologias e de uma exacerbação de formas de designação racial.[48] Face à transformação da economia da violência no mundo, os regimes democráticos liberais agora se consideram em estado de guerra quase permanente contra novos inimigos fugidios, móveis e reticulares. O teatro dessa nova forma de guerra (que exige uma concepção "total" da defesa e uma elevação dos limites de tolerância para as exceções e revogações) é ao mesmo tempo externo e interno. A sua condução exige que sejam instalados rigorosos dispositivos panópticos e um estrito controle das pessoas, de preferência à distância, por meio dos vestígios que deixam.[49] O paradigma clássico do combate que opõe duas entidades num campo de batalha delimitado, onde o risco de morte é recíproco, é

---

48. Michael Cutcher e Matthew Zook, "Placemarks and Waterlines. Racialized Cyberscapes in Post-Katrina Google Earth", *Geoforum*, vol. 40, nº 4, 2009, p. 523-534.
49. Ver Louise Amoore, "Biometric Borders. Governing Mobilities in the War on Terror", *Political Geography*, nº 25, 2006, p. 336-351; e Chad Harris, "The Omniscient Eye. Satellite Imagery, Battlespace Awareness and the Structures of the Imperial Gaze", *Surveillance & Society*, vol. 4, nº 1-2, 2006, p. 101-122.

substituído por uma lógica vertical, na qual se engalfinham dois protagonistas: a presa e o predador.[50] O predador dispõe de um controle quase exclusivo sobre os espaços aéreos e dele se serve para determinar, de acordo com seus desígnios, os alvos, o local, o momento e a natureza dos ataques.[51] O caráter crescentemente vertical da guerra e a crescente utilização de equipamentos não tripulados fazem com que matar o inimigo se assemelhe cada vez mais a um *video game* — sadismo, espetáculo e diversão.[52] Ademais, a condução dessas novas formas de guerra à distância exige uma geminação sem precedentes entre as esferas civil, policial e militar, de um lado, e as esferas dos serviços de inteligência, de outro.

As esferas da informação, por sua vez, reconfiguram-se. As estruturas de inteligência já não são meros aparelhos de Estado. Passaram a ser canais cuja exterioridade é unicamente formal e que, para funcionar adequadamente, precisam requisitar um amplo conjunto de forças privadas e se ramificar em grandes sociedades comerciais encarregadas por vezes de assegurar a coleta dos dados necessários para a vigilância em massa. Seu objeto, pois, é o mundo cotidiano, o mundo da vida, das relações, da comunicação (especialmente por intermédio das tecnologias eletrônicas) e das transações. A concatenação entre os dispositivos do mercado e os dispositivos de Estado certamente não é plena. Mas, nas circunstâncias contemporâneas, ela tem como efeito facilitar a transformação do

---

50. Grégoire Chamayou, *op. cit.*

51. Caren Kaplan e Raegan Kelly, "Dead Reckoning. Aerial Perception and the Social Construction of Targets", *Vectors Journal*, vol. 2, nº 2, 2006.

52. Quanto às consequências dessa operação mortífera em termos de subjetivação dos assassinos, ver Peter M. Asaro, "The Labor of Surveillance and Bureaucratized Killing: New Subjectivities of Military Drone Operators", *Social Semiotics*, vol. 23, nº 2, 2013, p. 196-224.

Estado liberal em *potência bélica*, num momento em que, como acabamos nos dando conta, o capital não só nunca encerrou sua fase de acumulação primitiva, como sempre recorreu a *subsídios raciais* para executá-la.

Nesse contexto, o cidadão é redefinido como sujeito e beneficiário da vigilância, que é exercida de forma privilegiada por meio da transcrição das características biológicas, genéticas e comportamentais em registros digitais. Nesse novo regime tecnotrônico, caracterizado pela miniaturização, pela desmaterialização e pela fluidez na administração da violência do Estado, as impressões (digitais, da íris, da retina, da voz e da forma do rosto) permitem mensurar e arquivar a unicidade dos indivíduos. As partes imutáveis do corpo humano tornam-se a pedra de toque de sistemas inéditos de identificação, vigilância e repressão.[53] Ora, se o Estado securitário concebe a identidade e o movimento dos indivíduos (inclusive seus cidadãos) como fontes de perigo e de risco, a generalização do uso de dados biométricos como fonte de identificação e de automatização do reconhecimento facial terá como objetivo constituir uma nova espécie de população destinada ao distanciamento e ao enclausuramento.[54] É assim que, no contexto do surto antimigratório na Europa, categorias inteiras da população são indexadas, depois submetidas a diversas formas de designação racial, que fazem do migrante (legal ou ilegal) a figura de uma categoria essencial da diferença.[55] Tal

---

53. Ayse Ceyhan, "Technologie et sécurité: une gouvernance libérale dans un contexte d'incertitudes", *Cultures & Conflits*, nº 64, inverno de 2006.

54. Lara Palombo, "Mutations of the Australian Camp", *Continuum. Journal of Media & Cultural Studies*, vol. 23, nº 5, 2009, p. 613-627.

55. Paul A. Silverstein, "Immigrant Racialization and the New Savage Slot: Race, Migration, and Immigration in the New Europe", *Annual Review of Anthropology*, vol. 34, 2005, p. 363-384.

diferença pode ser entendida como cultural ou religiosa, além de linguística, e se pressupões que esteja inscrita no próprio corpo do sujeito migrante, onde se dá a ver nos planos somático, fisionômico e até mesmo genético.[56]

Além do mais, guerra e raça ressurgem enquanto problemas cruciais da ordem internacional. O mesmo ocorre com a tortura e fenômenos de encarceramento em massa. Não só a diferença entre a guerra e a paz tende a se dissipar, mas a guerra se tornou "um gigantesco processo de trabalho" e a ordem militar tende a impor seu modelo à "ordem pública do estado de paz".[57] Se algumas fortalezas desabam, outras muralhas se fortificam.[58] À semelhança de outros tempos, o mundo contemporâneo é modelado e condicionado profundamente por essa forma ancestral da vida cultural, jurídica e política que são a clausura, o cercamento, o muro, o campo, o cerco e, no fim das contas, a fronteira.[59] São recuperados por todo lado processos de diferenciação, classificação e hierarquização para fins de exclusão, expulsão e erradicação. Novas vozes se erguem para proclamar que o universal humano ou não existe ou se limita ao que é comum não a todos os homens, mas apenas a alguns deles. Outras fazem valer a necessidade individual de converter em santuário a sua própria lei e a sua própria morada ou habitação, consagrando ao divino, seja como for, as próprias origens e a própria memória, subtraindo-as

56. Carolyn Sargent e Stephanie Larchanche, "The Muslim Body and the Politics of Immigration in France: Popular and Biomedical Representations of Malian Migrant Women", *Body & Society*, vol. 13, nº 3, 2007, p. 79-102.

57. Ernst Jünger, *L'État universel suivi de La Mobilisation totale*, Gallimard, Paris, 1962, p. 107-110.

58. Wendy Brown, *Walled States, Waning Sovereignty*, Zone Books, Nova York, 2010.

59. Étienne Balibar, *loc. cit.*; e Federico Rahola, "La forme-camp. Pour une généalogie des lieux de transit et d'internement du présent", *Cultures & Conflits*, nº 68, inverno de 2007.

assim de qualquer interrogação de natureza histórica e as ancorando definitivamente num campo inteiramente teológico. Exatamente como no início do século XIX, o início do século XXI representa, dessa perspectiva, um importante momento de divisão, de diferenciação universal e de busca pela identidade pura.

O substantivo "negro"

Nestas circunstâncias, o substantivo "negro" — que serve de ponto de ancoragem para este livro — é menos polêmico do que parece.[60] Ao ressuscitarmos esse termo, que pertence a uma outra era, à fase do primeiro capitalismo, pretendemos colocar em questão não apenas a ficção de unidade de que é portador. Já no seu tempo, James Baldwin sugerira que o negro não estava definido de antemão. Não obstante os elos ancestrais, quase nada havia que asseverasse uma unidade automática entre o negro dos Estados Unidos, o do Caribe e o da África. A título de exemplo, a presença de negros do Caribe nos Estados Unidos datava, pelo menos, do século

60. Na língua francesa, o termo *nègre* se reveste, especialmente em seu uso como substantivo, de um caráter pejorativo de extração colonialista e racista para se referir aos negros, a despeito dos esforços de intelectuais da *négritude* para recuperar o vocábulo e promover uma dimensão positiva para seu uso. O termo corrente para se referir aos negros sem essa carga depreciativa é *noir*. Quando utilizado pelo autor num sentido que abarca essa etimologia infame, o termo é grafado com inicial maiúscula. No uso português europeu do termo, o caráter pejorativo do termo "preto" se evidencia mais claramente, talvez por conta do caráter recente da experiência colonial e do componente colonialista do discurso racista naquele contexto. No português brasileiro, porém, essa carga pejorativa é menos evidente, se não ausente, e o uso do termo "negro", como adjetivo e substantivo, foi adotado de forma relativamente homogênea ao longo do texto, com exceções pontuais em que uma contraposição semântica específica possa ter exigido o recurso ao par preto/ *nègre* e negro/*noir* ou o destaque entre parênteses da escolha original do autor por um ou outro dos termos. [N.T.]

XVII. Nessa época, os escravos vindos de Barbados representavam uma parcela importante da população da Virgínia. A Carolina do Sul era, sob vários aspectos e até o início do século XVIII, uma subcolônia de Barbados. O número de negros vindos do Caribe cresceu sensivelmente após a Guerra Civil. Entre 1850 e 1900, passou de 4.067 a 20.236. Grande parte dos recém-chegados eram artesãos, professores, pregadores e até mesmo advogados e médicos.[61] Foi realmente considerável a contribuição dos afro-caribenhos para o internacionalismo negro e para a expansão do radicalismo nos Estados Unidos e na África. Por conta dos diversos conflitos que acompanharam esse processo, revelou-se, aliás, a distância que, em muitos casos, separava os negros da América daqueles que habitavam as ilhas.[62]

A África era algo que os negros da América e do Caribe precisavam aprender a conhecer — e, em primeira linha, na forma de uma disputa.[63] A maioria dos pensadores negros da época reivindicava tanto sua africanidade quanto sua americanidade. Bem menos numerosos eram os que buscavam uma secessão.[64] Constituindo uma minoria indesejável em seu país de nascença, os negros dos Estados Unidos pertenciam a um "nós" americano, a uma subcultura ao mesmo tempo fundamentalmente americana e *lúmpen*-atlântica. Daí o motivo da "dupla consciência", que, em autores como

61. Ira Reid, *The Negro Immigrant. His Background, Characteristics and Social Adjustment, 1899–1937*, Columbia University Press, Nova York, 1939.

62. Winston James, *Holding Aloft the Banner of Ethiopia. Caribbean Radicalism in Early Twentieth-Century America*, Verso, Nova York, 1998.

63. Ver James Baldwin, *Nobody...*, *op. cit.*, p. 13-55; ou ainda Kwame Anthony Appiah, *In My Father's House. Africa in the Philosophy of Culture*, Oxford University Press, Oxford, 1992. Ver também o que diz Fanon em *Pele negra, máscaras brancas* [1952], *op. cit.*

64. Ver Martin R. Delany e Robert Campbell, *Search for a Place. Black Separatism and Africa, 1860*, University of Michigan Press, Ann Arbor, 1969.

Ralph Ellison, pode chegar à recusa em reconhecer mesmo a mais mínima filiação africana.[65] Retrato de uma realidade que se tornara irreconhecível — uma cesura, suspensões, a descontinuidade —, quem dentre eles se aproximava da África ou porventura escolhesse lá viver nem por isso deixava de se sentir deslocado, atormentado tanto por sua estranheza quanto por seu caráter devorador.[66] Na realidade, seu encontro com os negros da África constituía sempre, num primeiro momento, um encontro com *um outrem*.[67]

Dito isso, uma longa tradição de coidentificação e de *preocupação mútua* terá caracterizado as relações dos negros entre si, a despeito de sua dispersão.[68] Em sua "Carta" sobre "as relações e os deveres dos homens livres de cor da América à África", Alexander Crummel afirma, desde logo, o princípio de uma comunidade parental entre a África e todos os seus "filhos" que vivem em "países longínquos". Em virtude dessa

65. Ver John Callahan (ed.), *The Collected Essays of Ralph Ellison*, Random House, Nova York, 2003; John Callahan e Albert Murray (eds.), *Trading Twelves. The Selected Letters of Ralph Ellison and Albert Murray*, The Modern Library, Nova York, 2000; e Ralph Ellison, *Homme invisible, pour qui chantes-tu?*, Grasset, Paris, 1969.

66. Kevin K. Gaines, *Black Expatriates and the Civil Rights Era. African Americans in Ghana*, University of North Carolina Press, Chapel Hill, 2006; Ibrahim Sundiata, *Brothers and Strangers. Black Zion, Black Slavery, 1914–1940*, Duke University Press, Durham, 2003. Mais recentemente, ver Maryse Ondé, *La Vie sans fards*, J. C. Lattès, Paris, 2013; e Saidiya Hartman, *Lose Your Mother. A Journey Along the Atlantic Slave Route*, Farrar, Straus and Giroux, Nova York, 2008.

67. Richard Wright, *Black Power. A Record of Reactions in a Land of Pathos*, Harper, Nova York, 1954; Margaret Walker e Richard Wright, *Daemonic Genius*, Warner, Nova York, 1988, p. 240 e ss.; Kwame Anthony Appiah, "A Long Way from Home: Wright in the Gold Coast", em Harold Bloom (ed.), *Richard Wright. Modern Critical Views*, Chelsea House, Nova York, 1987, p. 173-190; e Jack B. Moore, "Black Power Revisited: In Search of Richard Wright", *Mississipi Quarterly*, vol. 41, 1988, p. 161-186.

68. Sobre as ambiguidades desse processo, ver James Sidbury, *Becoming African in America. Race and Nation in the Early Black Atlantic*, Oxford University Press, Oxford, 2007; e Clare Corbould, *Becoming African Americans. Black Public Life in Harlem, 1919–1939*, Harvard University Press, Cambridge, 2009.

relação de parentesco e filiação, conclama-os a fazerem valer seus direitos enquanto herdeiros. Esse direito de herança, no berço de seus ancestrais, em nada contradiz, pelo menos a seu ver, o desejo de pertencer de pleno direito ao seu "país de nascença", os Estados Unidos. Reivindicar o parentesco com a África e contribuir para sua regeneração é um ato de amor-próprio e de respeito por si mesmo. Significa, diz ele, desembaraçar-se da mortalha que os negros precisaram carregar do fundo do túmulo que foi a escravidão. A África de Crummel apresenta duas características. Por um lado, é o membro amputado da humanidade. Prostrada na idolatria e nas trevas, vive à espera da Revelação. Por outro, a África é a terra de riquezas naturais insondáveis. Seus recursos minerais são colossais. No momento em que se esboça a corrida aos seus tesouros, seus filhos distantes não podem de jeito nenhum se furtar à mesa da partilha. A África sairá da caverna e emergirá para a luz do mundo pela via do comércio e da evangelização. Sua salvação virá do exterior — por meio de sua transformação num Estado cristão.[69]

Em decorrência dessa preocupação mútua, a confluência entre o negro dos Estados Unidos, o do Caribe e o da África não foi mais do que um encontro com um outrem. Era, em muitos casos, o encontro com *outros da minha condição* — uma humanidade castrada, uma vida que era necessário a todo custo retirar de seu calabouço e que precisava ser bem cuidada. Nesse encontro, a África desempenharia o papel de uma força plástica, quase poético-mítica — uma força que remeteria constantemente a um "antes do tempo" (o

---

69. Alexander Crummel, *The Future of Africa. Being Addresses, Sermons, Etc., Etc., Delivered in the Republic of Liberia*, Charles Scribner, Nova York, 1862, especialmente os capítulos 2 e 7.

do rebaixamento); uma força que, esperamos, permitiria transformar e assimilar o passado, curar as mais terríveis feridas, reparar as perdas, fazer uma história nova com os acontecimentos antigos e, segundo as palavras de Nietzsche a propósito de outra coisa, "reconstituir por conta própria as formas quebradas".[70]

Mas essa constelação será sempre trabalhada em maior detalhe por uma outra, conduzida por forças convencidas de que o negro jamais encontrará paz, descanso ou liberdade na América. E, para que surja seu gênio próprio, ele deve emigrar.[71] Nessa constelação, a relação entre liberdade e território é indissociável. Não basta erigir instituições adequadas num contexto de segregação exacerbada, nem adquirir competência ou ganhar respeitabilidade, se o direito de cidadania é fundamentalmente contestado, frágil e revogável. Ainda é preciso ter sua própria nação, um Estado próprio que possa ser defendido.[72] Esse pensamento acerca do êxodo se consolida principalmente entre 1877 e 1900. Exprime-se sob a forma de três projetos distintos. O primeiro é um projeto de colonização, que tem uma dimensão racista, na medida em que, conduzido em grande parte pela American Colonization

70. Friedrich Nietzsche, *Considérations inactuelles I et II*, Gallimard, Paris, 1990 [1873-1876], p. 96 [publicado em tradução parcial no Brasil como "Considerações extemporâneas II – Da utilidade e desvantagem da história para a vida (1874)", em *Obras incompletas*, tradução de Rubens Rodrigues Torres Filho, Abril Cultural, São Paulo, 1974, sem contemplar, porém, a passagem citada].

71. Mary A. Shadd, *A Plea for Emigration: or, Notes of Canada West, in its Moral, Social, and Political Aspect: With Suggestions Respecting Mexico, W. Indies and Vancouver's Island*, George W. Pattison, Detroit, 1852; Martin Robinson Dany, *The Condition, Elevation, Emigration and Destiny of Colored People of the United States: Politically Considered*, Filadélfia, 1852.

72. Sobre a complexidade dessas considerações, ver Robert S. Levine, *Martin Delany, Frederick Douglass, and the Politics of Representative Identity*, University of North Carolina Press, Chapel Hill, 1997.

Society, propõe que os Estados Unidos se livrem da sua população negra, deportando-a para a África. O segundo consiste numa emigração livre, que seria acelerada pela escalada da violência e do terrorismo racial, em especial no Sul. O terceiro enquadra-se no expansionismo americano do período entre 1850 e 1900. Henry Blanton Parks, por exemplo, defendia que os negros da América e os Africanos constituem duas raças distintas. Devido ao seu prolongado contato com a civilização, os negros da América seriam mais evoluídos que os nativos da África,[73] que teriam, por outro lado, conservado uma força primitiva. Conjugada com aquilo que os negros da América trariam consigo dos séculos de convivência com a civilização, ela naturalmente viria a reanimar a virilidade da raça negra em geral.[74]

À primeira vista, a razão negra consiste, pois, num conjunto de vozes, enunciados e discursos, de saberes, comentários e disparates, cujo objeto são a coisa ou as pessoas "de origem africana" e aquilo que se afirma ser seu nome e sua verdade (seus atributos e qualidades, seu destino e suas significações enquanto segmento empírico do mundo). Composta por múltiplos estratos, essa razão vem desde, pelo menos, a Antiguidade. Suas fontes gregas, árabes ou egípcias, e até mesmo chinesas, foram objeto de inúmeros trabalhos.[75] Desde suas

---

73. Henry Blanton Parks, *Africa: The Problem of the New Century. The Part the African Methodist Episcopal Church Is to Have in its Solution*, A. M. E. Church, Nova York, 1899.
74. Ver a análise de Michele Mitchell, *Righteous Propagation. African Americans and the Politics of Racial Destiny after Reconstruction*, University of North Carolina Press, Chapel Hill, 2004, capítulos 1 e 2.
75. Engelbert Mveng, *Les Sources grecques de l'histoire négro-africaine, depuis Homère jusqu'à Strabon*, Présence africaine, Paris, 1972; Cheikh Anta Diop, *Nations nègres et cultures*, Présence africaine, Paris, 1954, e *Antériorité des civilisations nègres. Mythe ou vérité historique?*, Présence africaine, Paris, 1967; Théophile Obenga, *L'Afrique dans l'Antiquité. Égypte pharaonique, Afrique noire*, Présence africaine, Paris, 1973.

origens, consiste numa atividade primal de fabulação. Trata-se essencialmente de extrair vestígios reais ou comprovados, urdir histórias e compor imagens. A Era Moderna constitui, no entanto, um momento decisivo de sua formação, graças, por um lado, às narrativas de viajantes, exploradores, soldados e aventureiros, mercadores, missionários e colonos e, por outro, à elaboração de uma "ciência colonial", cujo último avatar é o "africanismo". Toda uma gama de intermediários e instituições, tais como sociedades eruditas, exposições universais, museus, coleções amadoras de "arte primitiva", colaborou, na época, com a constituição dessa razão e com sua transformação em senso comum ou *habitus*.

Essa razão não passa de um sistema pretensamente erudito de narrativas e discursos. É igualmente um reservatório de onde a aritmética da dominação de raça retira suas justificações. A preocupação com a verdade decerto não lhe é alheia. Mas a sua função é, antes de mais nada, codificar as condições de surgimento e manifestação de um *sujeito racial* então chamado de negro ou, mais tarde e já sob condições coloniais, nativo ("Quem é ele?"; "Como o reconhecemos?"; "O que o diferencia de nós?"; "Poderá ele tornar-se nosso semelhante?"; "Como o governar e para que fins?").[76] Nesse contexto, a *razão negra* designa um conjunto tanto de discursos como de práticas — um trabalho cotidiano que consistiu em inventar, contar, repetir e promover a variação de fórmulas, textos e rituais com o intuito de fazer surgir o negro enquanto sujeito racial e exterioridade selvagem, passível de desqualificação moral e de instrumentalização prática. Chamemos esse primeiro texto de *consciência ocidental do negro*. Procurando

76. Evelyn Baring Cromer, "The Government of Subject Races", *Edinburgh Review*, janeiro de 1908, p. 1-27; e *Modern Egypt*, vols. 1 e 2, Macmillan, Nova York, 1908.

responder à questão "Quem é esse?", ele se esforça por nomear uma realidade que lhe é exterior e que ele tende a situar em relação a um eu tomado como centro de toda e qualquer significação. A partir dessa posição, tudo o que não é idêntico a si é anormal.

A esse primeiro texto — na verdade, uma constelação que não parou de se modificar com o tempo e que sempre assume formas múltiplas, contraditórias e divergentes — responde um segundo, que se quer ao mesmo tempo gesto de auto-determinação, modo de presença perante si mesmo, olhar interior e utopia crítica. Esse segundo texto é uma resposta a outra categoria de interrogações colocadas à primeira pessoa do singular: "Quem sou eu?"; "Serei eu, de verdade, quem dizem que sou?"; "Será verdade que não sou nada além *disto* — minha aparência, aquilo que se diz e se vê de mim?"; "Qual o meu verdadeiro estado civil e histórico?".[77] Se a consciência ocidental do negro é um *juízo de identidade*, esse segundo texto é, *inversamente*, uma *declaração de identidade*. Através dele, o negro diz de si mesmo ser aquele sobre o qual não se exerce domínio; aquele que não está onde se diz estar, muito menos onde é procurado, mas sim ali onde não é pensado.[78]

---

77. A propósito de diversas formulações sobre tais questões na historiografia americana, ver Stephen G. Hall, *Faithful Account of the Race. African American Historical Writing in Nineteenth-Century America*, University of North Carolina Press, Chapel Hill, 2009. Do lado africano, ver, por exemplo, Cheikh Anta Diop, *Nations nègres et culture, op. cit.*
78. Alain Locke, "The Negro Spirituals", em *The New Negro*, Atheneum, Nova York 1968; William E. B. Du Bois, *The Souls of Black Folk*, Library of America, Nova York, 1990 [1903] [*As almas da gente negra*, tradução de Heloísa Toller Gomes, Lacerda: Rio de Janeiro, 1999]; Samuel A. Floyd Jr., *The Power of Black Music*, Oxford University Press, Nova York, 1990; Paul Gilroy, *The Black Atlantic. Modernity and Double Consciousness*, Harvard University Press, Cambridge, 1992 [*O Atlântico negro, modernidade e dupla consciência*, Ed. 34/UCAM, Rio de Janeiro, 2001], e *Darker than Blue*, Harvard University Press, Cambridge, 2010. Ver também Paul Allen Anderson, *Music and Memory in Harlem Renaissance Thought*, Duke University Press, Durham, 2001.

Essa segunda escrita apresenta alguns traços distintivos, que se devem sucintamente recordar. Em primeiro lugar, ela se esforça por fundar um arquivo. Acreditamos que a instauração de um arquivo é indispensável para restituir os negros à sua história, mas é uma tarefa extraordinariamente complicada. Com efeito, nem tudo o que os negros viveram como história necessariamente deixou vestígios; e, nos lugares onde foram produzidos, nem todos esses vestígios foram preservados. Assim, como é que, na ausência de vestígios, de fontes dos fatos historiográficos, se escreve a História? Rapidamente se tem a impressão de que a escrita da história dos negros só pode ser feita com base em fragmentos, mobilizados para dar conta de uma experiência em si mesma fragmentada, a de um povo em pontilhado, lutando para se definir não como um compósito disparatado, mas como uma comunidade cujas manchas de sangue são visíveis por toda a superfície da modernidade.

Essa escrita se esforça, aliás, por fazer surgir uma comunidade que precisa ser forjada a partir de restos dispersos por todos os cantos do mundo. No Ocidente, a realidade é a de um grupo composto por escravos e homens de cor livres que vivem, na maior parte dos casos, nas zonas cinzentas de uma cidadania nominal, no seio de um Estado que, apesar de celebrar a liberdade e a democracia, nem por isso deixa se preservar em seus fundamentos como um Estado escravagista. Ao longo deste período, a escrita da história assume uma dimensão performativa. A estrutura dessa performance é, sob diversos aspectos, de ordem teológica. O objetivo é, na verdade, escrever uma história que reabra para os descendentes de escravos a possibilidade de voltarem a ser agentes da história propriamente dita.[79] No desdobramento da Emancipação e da Reconstrução, escrever a história é considerado, mais do que nunca, um ato de imaginação moral. O gesto histórico por excelência consiste, pois, em passar do estatuto de escravo ao de cidadão *como os outros*. A nova comunidade, composta por homens livres, agora se vê como a comunidade cujos membros estão ligados pela mesma fé e por uma certa ideia de trabalho e respeitabilidade, dever moral, solidariedade e obrigação.[80] Essa identidade moral precisa, no entanto, tomar forma sob condições de segregação, violência extrema e terror racial.[81]

A declaração de identidade característica dessa segunda escrita provém, contudo, de uma profunda ambiguidade. Com efeito, ainda que se exprima na primeira pessoa e no modo autopossessivo, seu autor é um sujeito tomado pela obsessão de ter se tornado estranho a si mesmo, mas que mesmo assim busca assumir o mundo com responsabilidade, proporcionando a si mesmo seu próprio fundamento.[82] O horizonte

---

79. Ver, dessa perspectiva, David Walker, *David Walker's Appeal, in Four Articles; Together with a Preamble, to the Coloured Citizens of the World, but in Particular, and Very Expressly to Those of the United States of America*, Boston, 1830; James W. Pennington, *A Text Book of the Origin and History &c. &c. of the Colored People*, L. Skinner, Hartford, 1841; Robert Benjamin Lewis, *Light and Truth. Collected from the Bible and Ancient and Modern History of the Colored and the Indian Race, from the Creation of the World to the Present*, Boston, 1844; e Maria W. Stewart, "Productions of Mrs. Maria W. Stewart, 1835", em Sue E. Houtchins (ed.), *Spiritual Narratives*, Oxford University Press, Nova York, 1988.

80. John R. Oldfield (ed.), *Civilization & Black Progress. Selected Writings of Alexander Crummel on the South*, University Press of Virginia, Charlottesville, 1995.

81. Certos aspectos desse terror são objeto de análises detalhadas em William E. B. Du Bois, *Black Reconstruction in America, 1860–1880*, Atheneum, Nova York, 1992 [1935]. Ver também Steven Hahn, *A Nation Under Our Feet. Black Political Struggles in the Rural South from Slavery to the Great Migration*, Harvard University Press, Cambridge, 2003; e Crystal N. Feimster, *Southern Horrors. Women and the Politics of Rape and Lynching*, Harvard University Press, Cambridge, 2009.

82. Frantz Fanon, *Pele negra...*, *op. cit.*, p. 250.

é a participação plena e integral na história empírica da liberdade — uma liberdade que não é divisível, no seio de uma "humanidade global".[83] Essa é, portanto, outra vertente da *razão negra* — na qual a escrita procura conjurar o demônio do primeiro texto e a estrutura de sujeição que ele carrega; na qual a mesma escrita se esforça por evocar, salvar, ativar e reatualizar a experiência originária (a tradição) e reencontrar a verdade sobre si mesmo, já não mais fora de si, mas a partir do seu próprio terreno.

Existem profundas discrepâncias, mas também inegáveis solidariedades entre esse segundo texto e o primeiro texto que ele busca refutar. Em todo caso, o segundo texto traz consigo, em todo o seu conteúdo, os vestígios, as marcas, o murmúrio incessante e, por vezes, a surda cogência do primeiro e também a sua miopia, inclusive no ponto em que a reivindicação de ruptura é a mais gritante. Chamemos esse segundo texto de *consciência negra do negro*. Porém, esse segundo texto apresenta características próprias. Literário, biográfico, histórico, político, é o produto de um internacionalismo poliglota.[84] Seus locais de nascimento são as grandes metrópoles dos Estados Unidos e do Caribe, seguindo-se as da Europa e, mais tarde, as da África. É na trama dessa ampla rede global que circulam as ideias e se estabelece o imaginário negro moderno.[85] Seus criadores são, muitas vezes, pessoas que viajam. Vão constantemente de um continente a

---

83. Fabien Eboussi Boulaga, *La Crise du Muntu. Philosophie africaine et authenticité*, Présence africaine, Paris, 1977, p. 184.
84. Brent Hayes Edwards, *The Practice of Diaspora. Literature, Translation, and the Rise of Black Internationalism*, Harvard University Press, Cambridge, 2003; Roderick Bush, *The End of White World Supremacy. Black Internationalism and the Problem of the Color Line*, Temple University Press, Filadélfia, 2009.
85. Paul Gilroy, *O Atlântico negro, modernidade e dupla consciência*, Ed. 34/UCAM, Rio de Janeiro, 2001.

outro. Com frequência implicados na vida cultural e política americana e europeia, participam ativamente na globalização intelectual do seu tempo.[86]

Esse texto é, ainda, fruto de uma longa história da radicalidade, fecundada pelas lutas abolicionistas e pela resistência ao capitalismo.[87] Sobretudo no decorrer do século, tal resistência foi, em grande medida, impulsionada pelo anarquismo internacional, principal veículo de oposição ao capitalismo, à escravidão e ao imperialismo. Mas foi movida também por inúmeras correntes humanitárias e filantrópicas cujas lutas, lembra Paul Gilroy, alicerçam uma genealogia alternativa dos direitos humanos. O conteúdo desse segundo texto é essencialmente marcado pela luta dos povos submetidos à colonização e à segregação, que tentam se libertar das hierarquias raciais e cuja *intelligentsia* desenvolve formações da consciência coletiva que, ao mesmo tempo que abraçam a epistemologia da luta de classes propriamente dita, também combatem as dimensões ontológicas decorrentes da fabricação dos sujeitos raciais.[88]

A noção de *razão negra* remete, portanto, a essas diferentes versões de um mesmo enredo, de uma mesma constelação. Mais ainda, refere-se a um litígio, a um diferendo, pois de fato existe historicamente um diferendo negro indissociável

---

86. Ver, por exemplo, Bill Schwarz, *West Indian Intellectuals in Britain*, Manchester University Press, Manchester, 2003.

87. Peter Linebaugh e Marcus Rediker, *The Many-Headed Hydra: Sailors, Slaves, Commonersm and the Hidden History of the Revolutionary Atlantic*, Beacon Press, Boston, 2001 [*A Hidra de muitas cabeças: marinheiros, escravos, plebeus e a história oculta do Atlântico revolucionário*, tradução de Berilo Vargas, Cia. das Letras: São Paulo, 2008]; Claude McKay, *Banjo*, Harpers, Nova York, 1929; Robin D. G. Kelley, *Freedom Dreams. The Black Radical Imagination*, Beacon Press, Nova York, 2003.

88. Cedric J. Robinson, *Black Marxism. The Making of the Black Radical Tradition*, University of North Carolina Press, Chapel Hill, 2000.

do processo da nossa modernidade. Algo está realmente em causa nesse nome, associado em primeira linha ao que chamamos de "homem", na sua relação com o animal, e posteriormente de razão, na sua relação com o instinto. A expressão "razão negra" remete ao conjunto das deliberações sobre a distinção entre o impulso animal e a *ratio* do homem — sendo o negro o testemunho vivo da própria impossibilidade dessa separação. Pois, se nos ativermos a uma certa tradição da metafísica ocidental, o negro é um "homem" que ou bem não é realmente um de nós ou então não é como nós. Se o homem se opõe à animalidade, não é o caso do negro, que preserva em si, ainda que de forma ambígua, a possibilidade animal. Corpo estrangeiro em nosso mundo, é habitado veladamente pelo animal. Debater a *razão negra* é, pois, retomar o conjunto de disputas acerca das regras de definição do negro; aquilo que permite reconhecê-lo; aquilo que nos leva a identificar o espírito animal que o possui; as condições nas quais a *ratio* pode penetrar e controlar essa *animalitas*.

Em segundo lugar, essa expressão remete às tecnologias (leis, regulamentos, rituais) que utilizamos e aos dispositivos que instituímos com o intuito de submeter a animalidade ao cálculo, que tem como objetivo último inscrever o animal no círculo da extração. Ora, essa tentativa de inscrição é, em princípio, paradoxal. Por um lado, exige que seja medido e calculado o preço daquilo que é, pura e simplesmente (faticidade), mas quase não tem preço, uma vez que carece de qualquer valor; algo que aparentemente não tem valor fundiário ou cujo valor jamais deixa de ser potencial. Por outro lado, uma operação dessas evidencia a dificuldade de medir o que é incalculável, decorrente em parte do fato de que *aquilo* que deve ser calculado pertence ao âmbito ontológico daquilo que o próprio pensamento é incapaz de pensar, mas que, não obstante, se esforça em pensar — como no caso do vazio. Por fim, o termo remete àquilo que, em princípio, não exige nenhuma prestação de contas, pois, estando fora da contagem e não sendo passível de ser contabilizado, participa de uma antieconomia. Não há necessidade nenhuma de o justificar, visto que não funda absolutamente nada. Não há necessidade nenhuma, aliás, de o levar em conta, pois, a rigor, não se baseia no direito e nenhum cálculo propriamente dito jamais poderá garantir, com segurança, seu preço ou valor exato.

Aparências, verdade e simulacros

Dito isso, ao tratarmos dela, o que quer dizer exatamente a palavra "raça"? Não basta dizer que a raça não tem nenhuma essência; que é apenas o efeito, o perfil, o recorte móvel de um processo perpétuo de poder, de incessantes transações que a modificam, deslocam e tornam movediço seu conteúdo; ou então que, desprovida de entranhas, uma vez que carece de dimensão interior, consiste simplesmente nas práticas que a constituem enquanto tal.[89] Da mesma maneira, não basta afirmar que a raça é um complexo de microdeterminações, um efeito internalizado do olhar do outro e uma manifestação de crenças e desejos tão insaciáveis quanto inconfessáveis.[90] Por um lado, raça e racismo fazem parte dos processos fundamentais do inconsciente, ligados aos impasses do desejo humano — apetites, afetos, paixões e temores. São simbolizados, sobretudo, pela lembrança de um desejo originário frustrado, ou então por um trauma cujas causas muitas vezes

89. Ver o que disse Michel Foucault sobre o Estado em *Nascimento da Biopolítica: curso dado no Collège de France (1978-1979)*, tradução de Eduardo Brandão, revisão da tradução de Claudia Berliner, Martins Fontes, São Paulo, 2008, p. 105-106.
90. Frantz Fanon, *Pele negra...*, *op. cit.*

nada têm a ver com a pessoa que é a vítima do racismo. Por outro lado, a raça não decorre somente de um efeito ótico. Não diz respeito unicamente ao mundo sensorial. É também uma maneira de estabelecer e de afirmar o poder. É, acima de tudo, uma realidade especular e uma força pulsional. Para que possa operar enquanto afeto, instinto e *speculum*, a raça deve se converter em imagem, forma, superfície, figura e, acima de tudo, estrutura imaginária. E é como estrutura imaginária que escapa às limitações do concreto, do sensível e do finito, ao mesmo tempo que comunga do sensível, no qual de imediato se manifesta. Sua força vem da capacidade de produzir incessantemente objetos esquizofrênicos, de povoar e repovoar o mundo com substitutos, seres a designar, a anular, em desesperado apoio à estrutura de um *eu* falho.

Aliás, é típico da raça ou do racismo sempre suscitar ou engendrar um duplo, um substituto, um equivalente, uma máscara, um simulacro. Um rosto humano autêntico é convocado a aparecer. O trabalho do racismo consiste em relegá-lo ao segundo plano ou cobri-lo com um véu. No lugar desse rosto, faz-se emergir das profundezas da imaginação um rosto de fantasia, um simulacro de rosto e uma silhueta que, desse modo, tomam o lugar de um corpo e um rosto humanos. O racismo consiste, pois, em substituir aquilo que é por algo diferente, uma realidade diferente. Além de uma força de deturpação do real e de um fixador de afetos, é também uma forma de distúrbio psíquico, e é por isso que o conteúdo recalcado volta brutalmente à superfície. Para o racista, ver um negro é não ver que ele não está lá; que ele não existe; que ele não é outra coisa senão o ponto de fixação patológica de uma ausência de relação. É necessário, portanto, considerar a raça como algo que se situa tanto aquém quanto além do ser. É uma operação do imaginário, o lugar de contato com a parte sombria e as regiões obscuras do inconsciente.

Acabamos de afirmar que a raça é um lugar de realidade e de verdade — a verdade das aparências. Mas é também um lugar de ruptura, de efervescência e de efusão. A verdade do indivíduo designado a uma raça está simultaneamente alhures e nas aparências que lhe são designadas. Está por trás da aparência, por baixo daquilo que percebemos. Mas ela também é constituída no próprio ato de designação — o meio pelo qual certas formas de subvida são produzidas e institucionalizadas, a indiferença e o abandono justificados, a parte humana no outro violada, velada ou ocultada e certas formas de encarceramento e até mesmo de abate toleradas. Abordando o racismo em particular e sua inscrição nos mecanismos do Estado e do poder, não foi Michel Foucault quem disse a respeito disso que não havia funcionamento moderno do Estado que, "em certo momento, em certo limite e em certas condições, não passe pelo racismo"? A raça, o racismo, explicou, "é a condição de aceitabilidade de tirar a vida numa sociedade de normalização". E conclui: "A função assassina do Estado só pode ser assegurada, desde que o Estado funcione no modo do biopoder, pelo racismo".[91]

Aquele que é designado a uma raça não é passivo. Preso a uma silhueta, é separado de sua essência. Segundo Fanon, uma das razões da infelicidade de sua existência está em habitar essa separação como se fosse o seu verdadeiro ser, odiando aquilo que é, para tentar ser aquilo que não é. A crítica da raça é, desse ponto de vista, mais que uma simples crítica da separação. A *cena racial* é um espaço de estigmatização sistemática. O apelo à raça ou mesmo a invocação da raça,

---

91. Michel Foucault, *Em defesa da sociedade: curso no Collège de France* (1975-1976), tradução de Maria Ermantina Galvão, Martins Fontes, São Paulo, 1999, p. 304, 306.

principalmente no oprimido, são, pelo contrário, o emblema de um desejo essencialmente obscuro, tenebroso e paradoxal — o desejo de comunidade.[92] Desejo obscuro, tenebroso e paradoxal, uma vez que é duplamente habitado pela melancolia, pelo luto e pela nostalgia de um *isto* arcaico, para sempre marcado pelo desaparecimento. Esse desejo é simultaneamente inquietação e angústia — associadas à possibilidade de extinção — e projeto. Quer dizer, é também a linguagem do lamento e de um luto rebelde em seu nome. Articula-se em torno e se cria no contorno de uma assustadora recordação — a lembrança de um corpo, de uma voz, de um rosto e de um nome se não perdidos, pelo menos violados e maculados, mas que é preciso a todo o custo salvar e reabilitar.[93]

Assim, para os negros confrontados com a realidade da escravidão, essa perda é, antes de mais nada, de ordem genealógica. No Novo Mundo, o escravo negro é juridicamente destituído de qualquer parentesco. Ele é, consequentemente, um "sem parentes". A condição de "sem parentes" (*kinlessness*) lhe é imposta pela lei e pela força. Essa evicção do âmbito do parentesco oficial é, por outro lado, uma condição herdada. Nascimento e descendência não dão direito a nenhuma relação de pertença social propriamente dita.[94] Nessas condições, a invocação da raça ou a tentativa de estabelecer uma comunidade racial visam, primeiro, fazer nascer um vínculo e fazer surgir um lugar com base nos quais nos possamos manter de

---

92. Éric Vogel, *Race et communauté*, Vrin, Paris, 2007.

93. Sobre esse plano, ver John Ernest, *op. cit.* (sobretudo os capítulos 1 a 4).

94. É o que explica muito bem Frederick Douglass, *My Bondage and My Freedom in Autobiographies*, Library of America, Nova York, 1994 [1855], p. 149. Ver também Hortense J. Spillers, "Mama's Baby, Papa's Maybe: An American Grammar Book", em *Black, White, and in Color: Essays on American Literature and Culture*, University Chicago Press, Chicago, 2003, e a síntese de Nancy Bentley, "The Fourth Dimension: Kinlessness and African American Narrative", *Critical Inquiry*, vol. 35, nº 2, 2009.

pé em resposta a uma longa história de sujeição e de fratura biopolítica. Em Aimé Césaire ou nos poetas da Negritude, por exemplo, a exaltação da "raça negra" é um imenso grito cuja função é salvar da degradação absoluta aquilo que havia sido condenado à insignificância.[95] Esse grito — conjura, anúncio e protesto — exprime a vontade dos escravos e colonizados de sair da resignação, de se *unir*; de se autoproduzir enquanto comunidade livre e soberana, de preferência por meio de seu trabalho e de suas próprias obras; ou então de tomar a si mesmos como a própria origem, a própria certeza e o próprio destino no mundo.[96]

Podemos dizer, pois, que a invocação da raça nasce de um sentimento de perda; da ideia segundo a qual a comunidade foi objeto de uma cisão, que está ameaçada de extermínio; e que é necessário a todo custo refundá-la, restituindo-lhe uma linha de continuidade para além do tempo, do espaço e do afastamento.[97] Desse ponto de vista, o apelo à raça (que é diferente da designação racial) é uma maneira de fazer reviver o corpo imolado, sepultado e apartado dos laços de sangue e de solo, das instituições, ritos e dos símbolos que o tornavam precisamente um corpo vivo. Em especial ao longo do século XIX e início do XX, foi esse o sentido assumido pelo apelo à raça no discurso negro. Esse apelo equivalia ora à demanda de uma pureza originária ou a um desejo de separação absoluta. Era, por exemplo, o caso de Marcus Garvey.

---

95. Aimé Cesaire, *Diário de um retorno ao país natal*, tradução de Lilian Pestre de Almeida, EDUSP, São Paulo, 2012.
96. Ver em especial Marcus Garvey, *Philosophy and Opinions of Marcus Garvey. Or Africa for the Africans*, Majority Press, Dover, 1986 [1923-1925].
97. Essa temática percorre grande parte dos principais textos do século XIX. Ver em especial Edward W. Blyden, *Christianity, Islam and the Negro Race*, Black Classic Press, Baltimore, 1994 [1888].

E ora correspondia mais à vontade de escapar ao princípio da imolação e do sacrifício. Noutros casos, apresentava-se como resposta a um desejo de proteção face à ameaça de desaparecimento — o instinto de sobrevivência e de preservação. Era preciso imaginar e fazer surgir um outro lugar, onde fosse possível se isolar para se manter protegido. Manter-se protegido requer uma redistribuição do sensível e do afeto, da percepção e da palavra. Qualquer que seja o caso, porém, a comunidade racial é uma comunidade fundada na recordação de uma perda — a comunidade dos sem-parentes. É uma "comunidade da perda", no sentido em que, ao falar da comunidade em geral, Jean-Luc Nancy afirmava que esta é indissociável da morte, uma vez que é justamente pela morte que a comunidade se revela.[98]

Enfim, a raça é uma das matérias-primas com as quais se fabrica a diferença e *o excedente*, isto é, uma espécie de vida que pode ser desperdiçada ou dispendida sem reservas. Pouco importa que ela não exista enquanto tal, e não só devido à extraordinária homogeneidade genética dos seres humanos. Ela continua a produzir efeitos de mutilação, porque originariamente é e será sempre aquilo em cujo nome se operam cesuras no seio da sociedade, se estabelecem relações de tipo bélico, se regulam as relações coloniais, se distribuem e se aprisionam pessoas cuja vida e presença são consideradas sintomas de uma condição-limite e cujo pertencimento é contestado porque elas provêm, nas classificações vigentes, do excedente. Enquanto instrumentalidade, a raça é, portanto, aquilo que permite simultaneamente nomear o excedente e o associar ao desperdício e ao dispêndio sem reservas. É o que autoriza a situar, em meio

---

98. Jean-Luc Nancy, *La Communauté désœuvrée*, Christian Bourgois, Paris, 1986, p. 39.

a categorias abstratas, aqueles que se procura estigmatizar, desqualificar moralmente e, eventualmente, internar ou expulsar. É o meio pelo qual os reificamos e, com base nessa reificação, nos tornamos seus senhores, decidindo então sobre seu destino, de maneira a que não sejamos obrigados a prestar quaisquer contas. Pode-se, pois, comparar o trabalho da raça a um ritual de sacrifício — aquela espécie de ato pelo qual não se é obrigado a responder. Essa invocação que permaneceu letra morta — eis precisamente o que, na modernidade, regeu o princípio racial, instituindo então aqueles que eram seus alvos como figuras perfeitas da exterioridade radical.

A lógica do curral

Historicamente, a raça sempre foi uma forma mais ou menos codificada de divisão e organização das multiplicidades, fixando-as e distribuindo-as ao longo de uma hierarquia e repartindo-as dentro de espaços mais ou menos estanques — *a lógica do curral*. Foi o que ocorreu sob os regimes de segregação. Na era da segurança, pouco importa que ela seja prontamente apresentada sob o signo da "religião" ou da "cultura". A raça é o que permite identificar e definir grupos populacionais em função dos riscos diferenciados e mais ou menos aleatórios dos quais cada um deles seria o vetor.

Nesse contexto, os processos de racialização têm como objetivo marcar esses grupos populacionais, fixar o mais precisamente possível os limites em que podem circular, determinar o mais exatamente possível os espaços que podem ocupar, em suma, assegurar que a circulação se faça num sentido que afaste quaisquer ameaças e garanta a segurança geral. Trata-se de fazer a triagem desses grupos populacionais, marcá-los simultaneamente como "espécies", "séries" e "casos", dentro de um cálculo geral do risco, do acaso e das probabilidades, de maneira a poder prevenir perigos inerentes à sua circulação e, se possível, neutralizá-los antecipadamente, no mais das vezes por meio da imobilização, do encarceramento ou da deportação. A raça, desse ponto de vista, funciona como um dispositivo de segurança fundado naquilo que poderíamos chamar de princípio do enraizamento biológico pela espécie. A raça é ao mesmo tempo ideologia e tecnologia de governo.

Era assim no regime de *plantation*, na época do *apartheid* e nas colônias. Nos três casos, seu papel era atribuir aos seres vivos características que permitiam reparti-los em diferentes casas do vasto tabuleiro das espécies humanas. Mas ela também participava de uma *bioeconomia*. Na raça vinham se reconciliar massas, classes e populações, isto é, os três legados da história natural, da biologia e da economia política. O trabalho e a produção das riquezas eram inseparáveis dos problemas específicos da vida e da população, da regulação dos movimentos e deslocamentos, em suma, dos processos de circulação e de captura. E os processos de circulação e de captura representavam uma dimensão crucial tanto das tecnologias de segurança quanto dos mecanismos de inscrição das pessoas nos sistemas jurídico-legislativos diferenciados.

De resto, o racismo e a fobia dos outros são fenômenos amplamente compartilhados. A lógica racista supõe um elevado grau de baixeza e estupidez. Como indicou Georges Bataille, implica igualmente uma forma de covardia — a do homem que "dá a qualquer sinal exterior um valor que não possui outro sentido senão os seus receios, a sua má consciência e a necessidade de transferir para os outros, no ódio, o peso do horror inerente à nossa condição". Os homens, acrescentou, "odeiam, ao que parece, na mesma medida em que eles mesmos são odiosos".[99] É falso pensar que a lógica racista é apenas um sintoma da depredação de classe ou que a luta de classes é a última palavra da "questão social". É verdade que raça e racismo estão ligados a antagonismos que se ancoram na estrutura econômica das sociedades. Mas não é certo que a transformação dessa estrutura conduz inevitavelmente ao desaparecimento do racismo. Ao longo de grande parte da história moderna, raça e classe mantiveram laços de coconstituição. O sistema de *plantation* e a colônia foram, em relação a isso, fábricas por excelência da raça e do racismo. Em especial para o branco pobre,[100] era alimentando e cultivando as diferenças que o separavam do negro que ele obtinha a sensação de ser humano. O sujeito racista reconhece em si mesmo a humanidade não naquilo que o torna igual aos outros, mas naquilo que o distingue deles. A lógica da raça no mundo moderno atravessa a estrutura social e econômica, interfere com movimentos da mesma ordem e se metamorfoseia incessantemente.

Enquanto escravo, o negro representa, pois, uma das figuras perturbadoras da nossa modernidade, da qual ele constitui, de resto, a parte de sombra, de mistério e de escândalo. Pessoa humana cujo nome é humilhado, a capacidade reprodutiva e generativa deturpada, o rosto desfigurado e o trabalho espoliado, ele é testemunho de uma humanidade mutilada, profundamente marcada a ferro pela alienação. Mas, em virtude da maldição a que está condenada a sua existência e da possibilidade de insurreição radical que, não obstante,

---

99. Georges Bataille, *Œuvres complètes. XII, Articles 2. 1950–1961*, Gallimard, Paris, 1988, p. 98.

100. No original, *petit Blanc*. A propósito do termo, ver nota 35, na pág. 46. [N.T.]

leva consigo e que jamais será completamente anulada pelos dispositivos de sujeição, ele representa também uma espécie de pó da terra, situado no ponto de confluência de uma multiplicidade de meios mundos produzidos pela dupla violência da raça e do capital. Refugos da história e sujeitados para além da sujeição, o mundo do qual os escravos foram os autores reflete, de resto, essa desoladora contradição. Operando do fundo dos porões, foram os primeiros foguistas a alimentar as fornalhas da nossa modernidade. E, se há algo que desde sempre assombra a modernidade, é justamente a possibilidade de um acontecimento singular, "a revolta dos escravos", que assinalaria não apenas a libertação dos subjugados, mas também uma reformulação radical, se não do sistema da propriedade e do trabalho, ao menos dos mecanismos de sua redistribuição e, a partir daí, das bases da reprodução da própria vida.

Capítulo 2

O POÇO DOS FANTASMAS

"África" e "negro" — uma relação de coengendramento liga esses dois conceitos. Falar de um é, na realidade, evocar o outro. Um confere ao outro seu valor consagrado. Como já dissemos, nem todos os africanos são negros. No entanto, se a África tem um corpo e se é um corpo, um *isto*, é o negro que o confere a ela — pouco importa onde ele se encontre no mundo. E se negro é uma alcunha, se ele é *aquilo*, é por causa da África. Ambos, o *isto* e o *aquilo*, remetem à diferença mais pura e mais radical e à lei da separação. Um se confunde com o outro e faz pesar no outro sua carga untuosa, a um só tempo sombra e matéria. Ambos são produto de um longo processo histórico de fabricação de sujeitos raciais. É o que sustenta este capítulo. Nele, examinamos o modo como a África e o negro acabaram por se tornar o signo de uma alteridade impossível de assimilar, a própria efração do sentido, uma feliz histeria.

Uma humanidade sustada

Mas o que devemos entender por "negro"? É comumente aceito que, de origem ibérica, esse termo só viria a aparecer num texto escrito em língua francesa no início do século XVI. Será, contudo, apenas no século XVIII, isto é, no zênite do tráfico de escravos, que entrará por definitivo no uso corrente.[1]

---

1. Frédéric Godefroy, *Dictionnaire de l'ancienne langue française et de tous ses dialectes du IXe au XVe siècles*, vol. 10, H. Champion, Paris, 1902; *Dictionnaire de Trévoux*, edição de 1728; Simone Delesalle e Lucette Valensi, "Le mot 'nègre' dans les dictionnaires de l'Ancien Régime. Histoire et lexicographie", *Langue française*, nº 15, setembro de 1972.

Num plano fenomenológico, o termo designa, em primeira linha, não uma realidade significante qualquer, mas uma jazida, ou melhor, um rebotalho de disparates e de fantasmas que o Ocidente (e outras partes do mundo) urdiu e com o qual recobriu as pessoas de origem africana muito antes de serem capturadas nas redes do capitalismo emergente dos séculos XV e XVI. Ser humano vivaz e com formas bizarras, queimado pela irradiação do fogo celeste, dotado de uma petulância excessiva, sujeito ao domínio da alegria e desertado pela inteligência, o negro é antes de tudo um corpo — gigantesco e fantástico —, um membro, órgãos, uma cor, um odor, músculo e carne, uma soma inaudita de sensações.[2] Se for movimento, só pode ser um movimento de contração inerte, rastejo e espasmo (Hegel, *A Razão na História*) — o frêmito do pássaro, o ruído dos cascos do animal. E, se for força, não poderia ser outra que não a força bruta do corpo, excessiva, convulsiva e espasmódica, refratária ao espírito; ao mesmo tempo onda, raiva e inquietude, diante da qual o normal é suscitar nojo, medo e terror.

Vejamos esta cena do negro e do menino branco descrita por Fanon: "O preto é um animal, o preto é ruim, é malvado, o preto é feio; olhe, um preto! Faz frio, o preto treme, o preto treme porque sente frio, o menino treme porque tem medo do preto, o preto treme de frio, um frio que morde os ossos, o menino bonito treme porque pensa que o preto treme de raiva, o menino branco se joga nos braços da mãe: mamãe, o preto vai me comer!".[3] Por meio de um processo de disseminação, mas sobretudo de inculcação, já muito estudado,

---

2. Ver as notas de Plínio, o Velho, *Histoire naturelle*, vol. 6-2, Les Belles Lettres, Paris 1980; Al-Mas'udi, *Les Prairies d'or*, vol. 1, Imprimerie impériale, Paris, 1861.

3. Frantz Fanon, *Pele negra...*, *op. cit.*, p. 106-107.

este enorme rebotalho de disparates, mentiras e fantasmas se tornou uma espécie de invólucro exterior cuja função foi, desde então, substituir o seu ser, a sua vida, o seu trabalho e a sua linguagem. Revestimento exterior em sua origem, esse invólucro se estratificou, transformou-se num conjunto de membros e acabou por se tornar, com o passar do tempo, uma *casca calcificada* — uma segunda ontologia — e uma chaga — ferida viva que corrói, devora e destrói todos os que acomete. É dessa ferida e das condições de sua cura que trata, por exemplo, Frantz Fanon em *Pele negra, máscara branca*. James Baldwin, por sua vez, compara essa ferida a um veneno, sobre o qual convém se perguntar o que provoca na pessoa que o fabrica e destila e na pessoa a quem é sistematicamente ministrado.

A partir do século XIX, essa casca e essa chaga ganham existência quase autônoma, funcionando ora como motivo ornamental, ora como a imagem de um duplo e, de modo ainda mais sinistro, de uma *carcaça* — o que sobra do corpo depois de ter sido destrinchado ou descarnado. De um ponto de vista estritamente histórico, a palavra "negro" remete, em primeiro lugar, a uma fantasmagoria. O interesse de estudar esta fantasmagoria reside não apenas naquilo que ela nos diz a respeito daqueles que a produziram, mas também a respeito da problemática, na verdade já antiga, do estatuto das aparências e de sua interação com a realidade — a realidade das aparências e as aparências da realidade —, a simbólica das cores. E o processo de transformação das pessoas de origem africana em "negros", isto é, em corpos de extração e em sujeitos raciais, obedece em vários aspectos a uma tripla lógica de ossificação, envenenamento e calcificação. O negro não é apenas o protótipo do sujeito envenenado e carbonizado. É aquele cuja vida é feita de resíduos calcinados.

O substantivo "negro" é, além disso, o nome que se dá ao produto resultante do processo pelo qual as pessoas de origem africana são transformadas em *mineral* vivo de onde se extrai o *metal*. Essa é sua dupla dimensão metamórfica e econômica. Se, sob a escravidão, a África era o lugar privilegiado de extração desse mineral, a plantação no Novo Mundo, pelo contrário, é o lugar de sua fundição e a Europa o lugar da sua conversão fiduciária.[4] Essa passagem do *homem-mineral* ao *homem-metal* e do *homem-metal* ao *homem-moeda* foi uma dimensão estruturante do primeiro capitalismo. A extração era, antes de mais nada, arrancamento ou separação de seres humanos singulares em relação às origens de nascença. Era, subsequentemente, ablação ou extirpação — condição para que a prensagem (sem a qual não se obtém extração nenhuma) pudesse efetivamente ocorrer. Ao fazer passar o escravo pelo laminador e ao pressioná-lo para dele extrair o máximo de lucro, não se convertia simplesmente um ser humano em objeto. Não se deixava nele apenas uma marca indelével. Produzia-se o negro, isto é, no caso que nos mobilizará ao longo de todo este livro, o sujeito racial, ou ainda a própria figura daquele que pode ser mantido a uma certa distância — do qual é possível se desembaraçar quando *aquilo* deixar de ser útil.

Atribuição, interiorização e inversão

Recuperado em especial pelos movimentos europeus de vanguarda e depois pelos poetas de origem africana, o termo "negro" foi objeto, no início do século XX, de uma radical

4. Ian Baucom, *Specters of the Atlantic. Finance Capital, Slavery and the Philosophy of History*, Duke University Press, Durham, 2005.

reviravolta, para a qual vários fatores contribuíram. A crise de consciência em que o Ocidente se precipitou na virada do século correspondeu a uma reavaliação da contribuição africana para a história da humanidade. Se, sob o impulso de militares aventureiros, a propaganda colonial insistia em supostas práticas canibais e nos ódios ancestrais que sempre teriam oposto os nativos entre si, foi no discurso estético (notadamente no da vanguarda) que se cristalizou, a partir dos anos 1920, a referência à África como terra da diferença, reservatório de mistérios e reino por excelência da catarse e do mágico-religioso.[5] Das máscaras africanas, Picasso disse, por exemplo, que eram "objetos que homens haviam executado num desígnio sagrado e mágico, para que sirvam de intermediário entre eles e as forças desconhecidas e hostis que os cercavam, buscando assim superar seu medo ao lhe dar cor e forma". Nessa transação entre o objeto fabricado e o universo das formas imateriais se encontrava, segundo ele, o sentido da pintura. "Não é um processo estético; é uma forma de magia que se interpõe entre o universo hostil e nós, um modo de assumir o poder ao dar forma tanto aos nossos terrores quanto aos nossos desejos", concluiu.[6]

De maneira ainda mais imperiosa, o crescente interesse pelas culturas ditas exóticas no decorrer da primeira metade do século XX ocorreu num contexto marcado pelo materialismo na política e nas ciências e pelo positivismo na filosofia. A época foi marcada também pelo medo e pela ansiedade suscitados, em parte, pelas guerras, mas sobretudo pela realidade da morte de Deus anunciada anteriormente por figuras como

5. Ver Georges Hardy, *L'Art nègre. L'art animiste des Noirs d'Afrique*, Laurens, Paris, 1927.
6. William Rubin, *Le Primitivisme dans l'art du XXe siècle. Les artistes modernes devant l'art tribal*, Flammarion, Paris, 1992.

Nietzsche ou Sade. A arte africana — e, numa certa medida, o *jazz* — aparece, neste contexto, como a via astral de um possível retorno às origens, graças à qual as forças adormecidas poderiam ser despertadas, os mitos e os rituais reinventados, a tradição redirecionada ou solapada e a inversão do tempo consumada. A figura da África enquanto reservatório de mistérios representa, no fundo, o discurso ocidental do desejo da festa feliz e selvagem, sem entraves nem culpa, a busca por um vitalismo sem consciência do mal — desejo que obcecava a Europa do pós-guerra.

Essa reavaliação da contribuição da África para o projeto de uma humanidade vindoura é sustentada pela renovação da crítica estética e política anticolonial. Essa crítica se deve sobretudo ao movimento surrealista e aos defensores do primitivismo. Nos anos 1920, André Breton declarou que o surrealismo tem certa ligação com os "povos de cor" e que existem afinidades entre o pensamento dito primitivo e o pensamento surrealista. Ambos, afirmou, visam suprimir a hegemonia do consciente.[7] Tratava-se, efetivamente, de subir de volta às fontes perdidas dos rios e de sair de uma história que, anunciando a decadência e a morte, também é portadora de promessas de eternidade. Nessa perspectiva, o "modelo negro" abre caminho para um novo tipo de escrita.[8] Tratava-se também de redescobrir o caráter selvagem da língua e ressuscitar a palavra, pois é somente graças à plasticidade do idioma que se obtém a plenitude da linguagem.[9]

---

7. André Breton, *Entretiens, 1913–1952*, Gallimard, Paris, 1973 [1952], p. 237.

8. Jean-Claude Blachère, *Le Modèle nègre. Aspects littéraires du mythe primitiviste au XXe siècle chez Apollinaire, Cendrars et Tzara*, Nouvelles Éditions Africaines, Dacar, 1981.

9. Ver, por exemplo, Filippo Tommaso Marinetti, *Mafarka le futuriste. Roman africain*, E. Sansot, Paris, 1909; e Clément Pansaers, *Le Pan Pan au Cul du Nu Nègre*, Éditions Alde, col. "A. I. O.", Bruxelas, 1920.

As relações entre os surrealistas e os militantes libertários e trotskistas após a Segunda Guerra Mundial lhes permitiram criar laços com militantes anticolonialistas.[10] Essa crítica estética, amálgama de anarquismo e vanguardismo, não é desprovida de ambiguidade. Por um lado, é amplamente tributária de considerações em voga na época sobre a "alma africana" e a suposta essência do "homem negro". Tais construções especulativas são herança direta da etnologia ocidental e das filosofias da história que dominaram a segunda metade do século XX. Fundam-se na ideia segundo a qual existiriam dois tipos de sociedades humanas — as sociedades primitivas, regidas pela "mentalidade selvagem", e as sociedades civilizadas, governadas pela razão e dotadas, entre outras coisas, do poder conferido pela escrita. À mentalidade dita selvagem faltaria aptidão para os processos racionais de argumentação. Não seria lógica, mas "pré-lógica". Ao contrário de nós, o selvagem viveria num universo fabricado por si mesmo, impermeável à experiência e sem acesso às nossas formas de pensamento.[11] A raça branca seria a única a possuir a vontade e a capacidade de construir um percurso histórico. A raça negra, especificamente, não teria nem vida, nem vontade, nem energia próprias. Consumida por velhos ódios ancestrais e intermináveis lutas intestinas, não faria senão dar voltas em torno de si mesma. Não seria nada além de uma massa inerte, à espera de ser trabalhada pelas mãos de uma raça superior.[12]

10. Ver Carole Reynaud-Paligot, *Parcours politiques des surréalistes, 1919–1969*, CNRS Éditions, Paris, 1995.

11. Lucien Lévy-Bruhl, *Les Fonctions mentales dans les sociétés inférieures*, Félix Alcan, Paris, 1910. Ver, do mesmo autor, *La Mentalité primitive*, PUF, Paris, 1922, e *L'Âme primitive*, PUF, Paris, 1928.

12. Joseph-Arthur de Gobineau, "Essai sur l'inégalité des races humaines", em *Œuvres complètes*, vol. 1, "Bibliothèque de la Pléiade", Gallimard, Paris, 1983 [1853-1855], p. 623 e p. 1146.

Se existe um inconsciente racial da política negra do mundo contemporâneo, é nesse falso saber e nessa primitiva psicologia dos povos e das emoções herdada do século XIX que deve ser procurado. É ali que encontramos uma África prostrada numa infância do mundo da qual os outros povos da Terra já teriam saído há muito tempo. É ali também que encontraremos o "negro", figura natural e pré-histórica acometida por uma espécie de cegueira da consciência, incapaz de distinguir a história do mistério e do maravilhoso e cuja vida se esgota e se consome a si mesma na indiferenciação da grande noite do inominado.

Por outro lado, essa crítica estética do colonialismo não rompeu totalmente com o mito da existência de "povos superiores" — e, por decorrência, com a ameaça ou a mania de degenerescência ou a possibilidade de regeneração. Não ganhou distância o bastante em relação à ideia segundo a qual o "sangue negro" desempenharia um papel central no despertar da imaginação e do gênio artístico. Sob várias formas, a temática do esgotamento das civilizações ou ainda da oposição entre o vigor dos selvagens e o sangue exausto dos civilizados atravessa as concepções de arte entre 1890 e 1945. Qualidades nativas estariam inscritas no sangue de cada raça. À raça negra caberia o instinto, as pulsões irracionais, a sensualidade primária. Um poder universal de imaginação estaria vinculado ao "princípio melanínico", o que explicaria que estivesse oculta no sangue dos negros a fonte de onde jorraram as artes.[13] Gobineau, em particular, acreditava que residiria na raça negra uma profusão de fogo, "de chamas, centelhas, ímpeto e irreflexão". Reflexo da sensualidade, a imaginação e "todas as apetições pela matéria" predispõem

13. *Ibid.*, p. 472-473.

o negro a "submeter-se às sensações produzidas pelas artes, num grau de intensidade inteiramente desconhecido das outras famílias humanas".[14]

A crítica anticolonial de caráter estético, vanguardista e anarquista recupera grande parte desses mitos e estereótipos coloniais que ela se esforça em subverter. Não questiona a existência do canibal, de um mundo negro fundamentalmente irracional e selvagem. Procura abarcar todos os sintomas da degenerescência — na realidade, gotas de fogo —, convencida de que é precisamente aí que reside a força ardente do negro, seu furioso amor pelas formas, pelos ritmos e pelas cores.[15]

Um movimento similar se observa em muitos poetas da Negritude. Para estes, o substantivo "negro" já não remete à experiência do vazio que deve ser preenchido. Na criação imaginária dos poetas negros, ele se torna uma "arma milagrosa", que os poetas procuravam transformar numa força ativa, por meio da qual os negros se revelariam a si mesmos em sua particularidade e poderiam penetrar até as fontes mais profundas da vida e da liberdade. Substantivo transformado em conceito, o "negro" se torna o idioma pelo qual as pessoas de origem africana se anunciam ao mundo, se mostram ao mundo e se afirmam como mundo, recorrendo à sua força e ao seu próprio gênio. Esse grande momento de aparição para a vida universal — "grande meio-dia", dirá Césaire — se recobre de imediato com o triplo traço de uma anunciação, de uma transfiguração e de uma denúncia. "Já não procuro: encontrei", proclamará o próprio Césaire; "a minha revolta,

---

14. *Ibid.*, p. 473-474.
15. Ver Roger Shattuck, *The Banquet Years. The Origins of the Avant-Garde in France, 1885 to World War I*, Vintage Books, Nova York, 1968.

o meu nome"; "eu, que sou homem, nada senão homem! [...] Quero o único, o puro tesouro, aquele que gera a largueza dos outros".[16]

O negro de branco e o branco de negro

Frantz Fanon tem razão, no entanto, ao sugerir que o negro era uma figura ou ainda um "objeto" inventado pelo branco e "fixado" como tal por seu olhar, seus gestos e suas atitudes, urdido que foi enquanto tal "a partir de mil detalhes, anedotas, relatos".[17] Deveríamos acrescentar que, por sua vez, o branco é, sob vários aspectos, uma fantasia da imaginação europeia que o Ocidente se esforçou para naturalizar e universalizar. O mesmo Fanon dizia, aliás, a propósito de ambas as figuras, que o negro não existe, assim como o branco. A se tomar pela experiência de fato, na verdade não existe nenhum ser humano cuja cor de pele seja, *stricto sensu,* branca — pelo menos no sentido em que falamos do branco de papel, do giz, do lençol ou da cal. Mas, se essas duas categorias remetem afinal somente a um vazio, de onde foi que esse vazio e, no caso, a fantasia do branco, tiraram sua força?

Nas colônias de povoamento, como por exemplo os Estados Unidos, o "branco" é uma categoria racial que foi pacientemente construída no ponto de encontro entre o direito e os regimes de extorsão da força de trabalho. A título de exemplo, quase meio século depois da formação da colônia da Virgínia, em 1607, as distinções entre os africanos e os europeus submetidos às mesmas condições brutais de exploração

16. Aimé Cesaire, "Les Armes miraculeuses", em *Œuvres complètes*, vol. 1, Éditions Désormaux, Fort-de-France, p. 107 e p. 88-89.
17. Frantz Fanon, *Pele negra...*, *op. cit.*, p. 105.

permaneceram relativamente fluidas. Considerados "supérfluos" na Metrópole, esses europeus formaram, na colônia, uma mão de obra cativa, temporária e corveável,[18] cujo estatuto era similar ao dos africanos com quem partilhavam as mesmas práticas de sociabilidade: álcool, sexo, casamentos. A partir de sua alforria, alguns africanos passaram a ter direito a um pedaço de terra e, a partir daí, reivindicaram direitos, inclusive o de possuir escravos. Essa comunidade subalterna, para além da raça, foi responsável por uma série de rebeliões a partir dos anos 1660 (como a Conspiração dos Trabalhadores Forçados em 1661, a Revolta de Bacon em 1676 e os motins do tabaco em 1682).

Em resposta à ameaça de repetidas insurreições levadas a cabo pelas classes subalternas agrupadas para além da raça, a Royal African Company foi reorganizada em 1685. Graças ao fornecimento de escravos africanos, o grosso da força de trabalho na colônia passou a ser, a partir de então, composto por escravos. Ao longo dos últimos anos do século XVII, a figura do escravo seria cada vez mais racializada. A partir de 1709, a composição da força de trabalho sofreu uma reviravolta. O número de africanos escravizados por toda a vida ultrapassou em muito o dos corveáveis de origem europeia que eram sujeitos a trabalhos forçados temporários e beneficiados com a alforria ao término de seu cativeiro.

Esse processo é acompanhado por uma ampla atividade regulamentar cujo objetivo era estabelecer claras distinções entre os corveáveis e os escravos de origem africana e os corveáveis de origem europeia. A partir de 1661, o sistema de castigos passou a obedecer a uma lógica explicitamente

---

18. No regime feudal francês, corveáveis eram as pessoas sujeitas à corveia, prestação de trabalho gratuito ao senhor. [N.T.]

racial. Os corveáveis de origem europeia que se unissem aos africanos na prática do quilombismo veriam o seu período de cativeiro prolongado. As relações sexuais entre as raças foram banidas. A mobilidade dos escravos foi drasticamente reduzida e os brancos pobres seriam encarregados de assegurar as patrulhas. O porte de armas foi interditado a todos os negros, ao mesmo tempo que, por outro lado, a cada alforriado de origem europeia era oferecido um mosquete.

Três determinantes históricas explicam, por conseguinte, a força por trás da fantasia do branco. E, desde logo, são muitas as pessoas que nela acreditam. Como acabamos de explicar: longe de ser espontânea, essa crença foi cultivada, alimentada, reproduzida e disseminada por um conjunto de dispositivos teológicos, culturais, políticos, econômicos e institucionais, cuja evolução e cujas consequências ao longo dos séculos foram bem retraçadas pela história e pela teoria crítica da raça. De resto, em várias regiões do mundo, um imenso esforço foi feito no sentido de tornar essa crença um dogma, um hábito. Foi esse o caso notadamente nos Estados Unidos, em outros países escravagistas, na maioria das colônias de povoamento e, até recentemente, na África do Sul, onde a semiotização da segregação racial provinha simultaneamente da fé, da doutrina e do direito, sendo qualquer transgressão a um ou a outra destes passível de diversos castigos, inclusive a morte.

Em segundo lugar, a função desses dispositivos foi com frequência a de transformar essa crença em senso comum e, mais ainda, em desejo e fascínio. Pois só quando a crença se torna desejo e fascínio, horror para uns e dividendo para outros, é que ela pode operar como força autônoma e internalizada. A fantasia do branco age, desse ponto de vista, como uma constelação de objetos de desejo e de marcadores públicos de privilégio. Esses objetos e marcadores afetam tanto o corpo quanto a imagem, a linguagem e a riqueza. Aliás, sabe-se que toda fantasia sempre busca se instituir no real enquanto verdade social efetiva. A fantasia do branco foi bem-sucedida nisso porque, por fim, se tornou a marca de um modo ocidental de estar no mundo, de uma determinada figuração da brutalidade e da crueldade, de uma forma singular da predação e de uma capacidade inigualada de sujeição e de exploração de povos estrangeiros.

Tal força se manifestou de diversas formas conforme a época e o contexto — genocídios e extermínios no Novo Mundo e na Austrália, tráfico de escravos no triângulo atlântico, conquistas coloniais na África, na Ásia e na América do Sul, *apartheid* na África do Sul e, um pouco por todo lado, espoliações, depredações, expropriações e pilhagens em nòme do capital e do lucro, e, para coroar o conjunto, vernaculização da alienação. São essa violência estrutural e o modo como contribuiu para uma redistribuição profundamente desigual dos recursos da vida e dos privilégios da cidadania numa escala planetária que conferem à fantasia do branco parte do seu aprumo — ao que seria necessário acrescentar as proezas técnicas e científicas, as criações do espírito, as formas relativamente disciplinadas de organização da vida política, pelo menos em aparência, e, quando necessário, a crueldade desmedida e, como já sugeriu outrora Aimé Césaire, uma propensão a assassinar sem razão nenhuma.

Para Fanon, o termo "negro" advém de um mecanismo mais de atribuição que de autodesignação. Não sou negro (*noir*), declara Fanon, nem sou um negro (*nègre*). Negro não é nem meu sobrenome nem meu nome, muito menos minha essência e minha identidade. Sou um ser humano e isso basta. O outro pode me impugnar esta qualidade, mas nunca conseguirá me despojar dela ontologicamente. O fato de ser escravo, de ser colonizado, de ser alvo de discriminações ou de toda a sorte de abusos, vexações, privações e humilhações em virtude da cor da pele não muda absolutamente nada nisso. Continuo a ser um ser humano, por mais intrínseca que seja a violência das tentativas que pretendem me fazer acreditar que não sou. Esse *excedente ineliminável*, que escapa a qualquer captura ou fixação num estatuto social e jurídico e que nem a própria ocisão seria capaz de interromper, nenhuma designação, nenhuma medida administrativa, nenhuma lei ou atribuição, nenhuma doutrina e nenhum dogma poderá apagar. "Negro" é, portanto, uma alcunha, a túnica com que alguém me encobriu e sob a qual tentou me encerrar. Mas, entre a alcunha, o sentido a ela atribuído e o ser humano chamado a assumi-lo, há algo que permanecerá para sempre no âmbito da distância. E é esta distância que o sujeito é chamado a cultivar e, talvez, a radicalizar.

De fato, o substantivo "negro" preencheu três funções essenciais na modernidade — as funções de atribuição, interiorização e subversão. Em primeiro lugar, serviu para designar não seres humanos *como todos os outros*, mas uma humanidade (sempre de novo) à parte, de um gênero particular; pessoas que, por sua aparência física, seus usos e costumes e suas maneiras de estar no mundo, pareciam ser o testemunho da *diferença em seu estado natural* — somática, afetiva, estética e imaginária. Aqueles a quem chamamos "negros" nos foram apresentados, consequentemente, como pessoas que, precisamente devido à sua diferença ôntica, representavam, até o extremo caricatural, o *princípio de exterioridade* (por oposição ao princípio de inclusão). Por conseguinte, teria sido muito difícil imaginar que fossem como nós; que fossem dos nossos. E, justamente porque não eram nem como nós e nem dos nossos, o único elo que podia nos unir a eles era — paradoxalmente — o *elo da separação*. Constituindo um mundo à parte, a *parte à parte*, não podiam se tornar os sujeitos por inteiro da nossa vida em comunidade. Posto *à parte*, posto à distância, parte à parte — foi assim que o negro veio a significar, em sua essência e antes que qualquer coisa seja dita, a exigência de segregação.

Ao longo da história, aconteceu que aqueles que haviam sido encobertos por essa alcunha — e haviam sido, consequentemente, postos à parte ou à distância — acabaram por habitá-la. Passou a ser de uso corrente, mas isso a tornou mais autêntica? Num gesto consciente de subversão, ora poético e ora carnavalesco, muitos a assumiram somente para que fosse mais bem revirado contra seus inventores esse patronímico execrado, símbolo da degradação, que decidiram converter dali em diante em símbolo de beleza e de orgulho e que decidiram utilizar dali em diante como insígnia de um desafio radical e, por que não, de um apelo à sublevação, à deserção e à insurreição. Enquanto categoria histórica, o negro não existe, pois, fora destes três momentos que são o momento de atribuição, o momento de recuperação e interiorização e o da reversão ou inversão — que, aliás, inaugura a plena e incondicional recuperação do estatuto de humanidade outrora rasurado pelo ferro e o açoite.

Negro, aliás, sempre foi o nome por excelência do escravo — *homem-metal*, *homem-mercadoria* e *homem-moeda*. O complexo escravagista atlântico, no centro do qual se encontra o sistema de *plantation* no Caribe, no Brasil ou nos Estados Unidos, foi um elo notório na constituição do capitalismo moderno. Esse complexo atlântico não produziu nem o mesmo tipo de sociedades nem os mesmos tipos de escravos que o complexo islâmico-transaariano ou que o complexo que ligava a África ao mundo índico. Se há algo que distingue os regimes de escravidão transatlântica das formas autóctones de escravidão nas sociedades africanas pré-coloniais é precisamente o fato de estas nunca terem sido capazes de extrair de seus cativos uma mais-valia comparável à que se obteve no Novo Mundo. O escravo de origem africana no Novo Mundo representava, assim, uma figura relativamente singular do negro, cuja especificidade era a de ser uma das engrenagens essenciais do processo de acumulação em escala mundial.

Por meio do triplo mecanismo de captura, esvaziamento e objetificação, o escravo é fixado à força num dispositivo que o impede de fazer livremente da sua vida (e a partir da sua vida) uma obra verdadeira; algo que se mantenha por si mesmo e que seja dotado de uma consistência própria. Na realidade, tudo o que foi produzido pelo escravo lhe foi subtraído — o produto de seu trabalho, seus filhos, suas obras intelectuais. Não é considerado autor de nada que propriamente lhe pertença. Ao sabor das circunstâncias, os escravos são simultaneamente mercadorias, objetos de luxo ou de utilidade que podem ser comprados e revendidos a outros. Ao mesmo tempo, são seres humanos dotados do dom da fala e capazes de criar e manusear ferramentas. Muitas vezes privados de quaisquer laços de parentesco, são privados também de qualquer herança e de qualquer fruição dos produtos do seu trabalho. Se sua humanidade plena é negada por aqueles a quem pertencem e que deles extraem trabalho não remunerado, ela não é, entretanto, inteiramente apagada, pelo menos num plano puramente ontológico. Ela é, por força das coisas, uma *humanidade sustada*, em luta para sair da fixação e da repetição, desejosa de entrar num movimento autônomo de criação.

É próprio dessa humanidade suspensa, condenada a se reconfigurar incessantemente, anunciar um desejo radical, insubmersível e vindouro, de liberdade ou de vingança, sobretudo quando essa humanidade não sofre uma abdicação radical do sujeito. Com efeito, ainda que juridicamente definidos como bens móveis e apesar das práticas de crueldade, degradação e desumanização, os escravos continuam sendo seres humanos. Por meio do seu labor a serviço de um senhor, continuam a criar um mundo. Pela via do gesto e da fala, tecem relações e um universo de significações, inventam línguas, religiões, danças e rituais, e criam uma "comunidade".[19] A destituição e a abjeção que lhes são impostas não eliminam inteiramente sua capacidade de simbolização. Por sua mera existência, a *comunidade dos escravos* não deixa de rasgar o véu da hipocrisia e da mentira que recobre as sociedades escravagistas. Além disso, os escravos são capazes de rebelião e, dada a ocasião, podem dispor de sua própria vida por meio do suicídio, desapossando assim seu senhor daquilo que considerava seu bem e abolindo, *de fato*, o vínculo de servidão.

Situados à força num mundo à parte, ao mesmo tempo que preservam suas qualidades de pessoas humanas para além da sujeição, aqueles que haviam sido encobertos pelo nome "negro" produziram historicamente pensamentos muito próprios e línguas específicas. Inventaram suas próprias literaturas, músicas, maneiras de celebrar o culto divino. Foram obrigados a fundar suas próprias instituições — escolas, jornais, organizações políticas, uma esfera pública que não correspondia à esfera pública oficial. Em larga medida, o termo "negro" assinala esse estado de menorização e de clausura. É uma espécie de ponto de respiro num contexto de opressão racial e, por vezes, de desumanização objetiva.

---

19. Sobre as contradições desse processo e o papel das mulheres, ler Angela Y. Davis, "Reflections on the Black Woman's Role in the Community of Slaves", em Joy James (ed.), *The Angela Y. Davis Reader*, Blackwell, Oxford, 1996, p. 111-128.

Paradoxos do nome

O termo "África" remete geralmente a um elemento físico e geográfico — um continente. Por sua vez, esse elemento geográfico assinala um estado de coisas, um conjunto de atributos, propriedades e, por vezes, uma condição racial. Em seguida, vêm se juntar a essas diversas referências uma série de imagens, palavras, enunciados, estigmas, que supostamente explicam em detalhe esse estado de coisas primário, físico, geográfico e climático, os supostos atributos das populações que habitam esse espaço, o seu estado de pobreza, de espoliação e, em especial, a sua relação com uma forma de vida cuja duração nunca é certa, porque a esteira em que se deitam a superstição, a morte e a hediondez está sempre por perto. "África" é, portanto, a palavra com a qual especialmente a era moderna se esforça para designar duas coisas. Primeiro, uma determinada figura litigiosa do humano emparedado na precariedade absoluta e no vazio do ser. E, a seguir, a questão geral da inextricabilidade do humano, do animal e da natureza, da morte e da vida, da presença de uma na outra, da morte que vive na vida e que lhe dá a rigidez de um cadáver — o ensaio da morte na vida pela via de um jogo de desdobramento e de repetição, no qual a África seria a máscara e o plexo solar.

Aliás, na consciência moderna, "África" é o nome que geralmente outorgamos às sociedades consideradas impotentes, isto é, incapazes de produzir o universal ou de confirmá-lo. Por um lado, reconhecemos tais sociedades pelo modo como são governadas. São, na verdade, comandadas por bufões de alto nível, pessoas adornadas com fetiches e plumas de pássaros, fantasiadas de monges encapuzados, que bebem os melhores vinhos em taças de ouro e chegam a se prostituir na Sexta-Feira Santa. Trata-se geralmente de potentados cuja cabeça de homem foi ganhando ao longo do tempo uma existência animal autônoma, sem carregar nada além de cadáveres de inimigos, reais e imaginários, impiedosamente mortos antes de serem atirados ao chão, à mercê dos corvos. Por outro lado, são essencialmente sociedades supersticiosas. O mundo das sociedades impotentes é subjugado e arruinado pela guerra tribal, pela dívida, pela feitiçaria e pela pestilência. É o avesso negativo do nosso mundo, uma vez que, no essencial, é o símbolo do gesto desajeitado, da corrupção do tempo e de seu desregramento. Só conseguimos falar dessa realidade de forma longínqua e anedótica, como um parêntese cinzento, uma cavidade invisível onde as coisas estão fora de alcance, onde tudo parece vazio, deserto e animal, virgem e selvagem, um amontoado de coisas agrupadas numa espantosa desordem.[20]

Figura viva da dessemelhança, o termo "África" remete consequentemente a um mundo à parte, pelo qual não somos responsáveis, com o qual muitos dos nossos contemporâneos sentem dificuldade de se identificar. Mundo oprimido pela dureza, pela violência e pela devastação, a África seria o simulacro de uma força obscura e cega, emparedada num tempo de certa maneira pré-ético e possivelmente pré-político.[21] Algo com que temos dificuldade de experimentar um laço de afinidade. Pois, aos nossos olhos, a vida por lá nunca é uma vida humana propriamente dita. Ela nos aparece sempre como a vida de um outro, de pessoas outras num outro lugar qualquer, longe de nós, lá fora. Na impossibilidade de partilhar

---

20. Raymond Roussel, *Nouvelles Impressions d'Afrique*, Pauvert, Paris, 1963.
21. Hegel resume isso melhor do que ninguém em *A Razão na História. Uma introdução geral à Filosofia da História*, tradução de Beatriz Sidou, Centauro, São Paulo, 2004.

um mundo comum entre eles e nós, a política africana do nosso mundo não tem como ser uma *política do semelhante*. Ela somente conseguirá ser uma política da diferença — a política do Bom Samaritano, que se alimenta do sentimento de culpa, seja por ressentimento, seja por piedade, mas nunca por justiça ou responsabilidade. Pode-se dizer que não existe, entre eles e nós, similitude nenhuma em termos de humanidade. O laço que a eles nos une não é um laço entre seres semelhantes. Não partilhamos um mundo comum. É essa a função de atestação.

Mas o que seria a África sem os fetiches e seus mistérios? À primeira vista símbolos da petrificação, da erosão e da fossilização, eles representam a porta de entrada para a "terra dos 50º à sombra, de comboios de escravos, de banquetes canibais, de mortos vivos, de tudo o que é carcomido, corroído, perdido".[22] É por meio deles que mito e realidade, pela primeira vez, parecem coincidir. Uma vez transposta essa fronteira intransponível, o sonho de um outro lugar, libertador e catártico, torna-se possível. A escrita também. Possuídos pela África, podemos finalmente mudar de identidade, romper a barreira da alteridade, superar o sentimento de desagregação, o desejo de suicídio e a angústia da morte. Mas uma viagem dessas só faz sentido porque, ao final, encontramos a montanha dos sinais, onde só se pode adentrar por meio da dança e do transe, sobre um fundo de músicas de cura, em meio a gritos, gestos, movimentos — a voz, o sopro, uma nova ideia de homem. Encontrar a África é experimentar uma perda identitária que autoriza a possessão. É submeter-se à violência do fetiche que nos possui e, por meio dessa perda

---

22. Michel Leiris, *A África fantasma*, tradução de André Pinto Pacheco, Cosac Naify, São Paulo, 2007, p. 316.

e pela mediação do fetiche, viver um gozo não simbolizável. É a essa condição que se pode declarar, como Michel Leiris às portas de Gondar, na Abissínia: "Sou um homem. Eu existo".[23] Pois, finalmente, o fetiche terá revelado sua verdadeira natureza: o devir-forma da força e o devir-força da forma. Sendo essa metamorfose da forma em força e da força em forma por princípio inacabada e inacabável, qualquer relação com a África será, por princípio, agonística — uma mistura de desejo, decepção e, esporadicamente, lamento. Exceto se, seguindo nisso Leiris, viermos a compreender que a existência arcaica não se encontra num mais além, ao longe, mas em si; e que, no fundo, o outro nada mais é do que nós mesmos.

Quanto à dimensão polêmica do termo, decorre precisamente da estranha força que carrega o nome "África" e da terrível ambiguidade contida na palavra, semelhante a uma máscara. Sabemos que uma das funções da máscara sempre é esconder um rosto, duplicando-o — o poder do duplo, no cruzamento do ser e da aparência. A outra função é permitir a quem está mascarado ver os outros sem ser visto; ver o mundo como uma sombra escondida por baixo da superfície das coisas. Porém, se na máscara se cruzam o ser e a aparência, acontece que, na impossibilidade de ver o rosto que a máscara esconde — por essa minúscula fenda —, a máscara sempre acaba por se denunciar a si mesma como máscara. Assim, no drama da vida contemporânea, o nome "África" desempenha justamente a função de uma máscara. Pois, sempre que esse nome é invocado, cada corpo singular é automaticamente recoberto por muitos tecidos opacos. Está na própria essência desse nome convidar a uma operação de apagamento originário e de velamento que compromete

23. Michel Leiris, *Miroirs de l'Afrique*, Gallimard, col. "Quarto", Paris, 1996, p. 230.

a própria possibilidade da linguagem. Mais grave ainda: não será a África o próprio túmulo da imagem, um enorme sarcófago onde a luz é incapaz de se revirar e os membros inaptos para permitir tal deslocamento?

A dimensão polêmica do termo decorre ainda do fato de esse nome ser, fundamentalmente, uma forma de vida que escapa, *stricto sensu,* ao critério do verdadeiro e do falso. Verdadeiro, diz Gilles Deleuze, "significa que uma designação é efetivamente preenchida pelo estado das coisas [...]. Falso significa que a designação não está preenchida, seja por uma deficiência das imagens selecionadas, seja pela impossibilidade radical de produzir uma imagem associável às palavras".[24] Em se tratando do termo "África", tudo parte efetivamente da extraordinária dificuldade de produzir uma imagem verdadeira associada a uma palavra também verdadeira. Pois, pouco importa, na verdade, o sujeito que fala ou se exprime. Sempre que se trata da África, a correspondência entre as palavras, as imagens e a coisa pouco importa e não é necessário que o nome tenha um correspondente ou que a coisa corresponda ao seu nome. De resto, a coisa pode, a qualquer momento, perder o seu nome e o nome perder a sua coisa, sem que isso acarrete qualquer consequência que seja no próprio enunciado, no que é dito e no que é produzido, em quem o diz e o produz. Pois, aqui, o único que conta é o poder do falso.

O nome "África" remete, portanto, não apenas a algo a que nada se supõe corresponder, mas também a uma espécie de arbitrário primordial — esse arbitrário de designações às quais nada em particular parece precisar corresponder, a não ser o preconceito inaugural em sua regressão infinita.

---

24. Gilles Deleuze, *Lógica do Sentido*, São Paulo, Perspectiva, 1974, p. 14.

De fato, quando se pronuncia a palavra "África", sempre se pressupõe, de modo geral, uma inerente abdicação de responsabilidade. É o conceito de erro que, por princípio, é evacuado. Em contrapartida, pressupõe-se que a falta de sentido já esteja compreendida na própria palavra. Em outras palavras, dizer "África" consiste, pois, invariavelmente, em construir figuras e lendas — não importa quais — por cima de um vazio. Basta escolher palavras e imagens aproximadamente similares, juntar-lhes imagens e palavras parecidas, mas com sentidos diferentes, e se acaba sempre reencontrando o conto que, de qualquer modo, já se conhecia. É o que faz de África um conjunto proliferante por excelência, uma potência tão devoradora que quase nunca secreta seu próprio onirismo, mas tende quase sempre a remeter ao sonho de um outro. Uma vez que o nome pode se tornar objeto de um novo nome, que designe outra coisa que não o objeto primeiro, pode-se, portanto, dizer da África que é o *símbolo daquilo que está tanto fora da vida quanto para além da vida*. É aquilo que se presta à repetição e à redução — a morte reiterada na vida, e a vida que habita a máscara da morte, nas fronteiras desta impossível possibilidade que é a linguagem.

Impossível possibilidade por duas razões. E já de saída porque, como diz Foucault, a linguagem — e, *mutatis mutandis*, a própria vida — dá-se a ler "como um sol". A linguagem, efetivamente, não é apenas o lugar das formas. É o próprio sistema da vida. Supõe-se que ofereça as coisas ao nosso olhar, mas numa visibilidade tão radiante que essa mesma visibilidade esconde o que a linguagem tem a dizer e o que a vida tem a mostrar. Ela "separa por uma fina camada de noite a aparência e a verdade, a máscara e o rosto". E Foucault acrescenta: "o sol da linguagem está enterrado no segredo, porém, no coração dessa noite onde ele é mantido, ele se torna maravilhosamente fecundo, dando existência acima dele mesmo, na luz do jardim em festa, a máquinas e cadáveres autômatos, a invenções extraordinárias e zelosas imitações". Nesse meio-tempo, a vida assume a forma de um "iminente mais além".[25] Impossível possibilidade também devido, como explica Deleuze, ao paradoxo que constitui, por um lado, "a mais alta potência da linguagem" e, por outro, "minha impotência em dizer o sentido do que digo, em dizer ao mesmo tempo alguma coisa e seu sentido".[26] Pois, como diz Foucault, "a linguagem só fala a partir de uma falta que lhe é essencial".[27] Ora, olhando de perto, o termo "África" apresenta as mesmas características que Deleuze e Foucault acreditavam ter detectado na linguagem — um afastamento essencial ou, para utilizar mais uma vez as palavras de Foucault, um "oco solar" que ofusca, mas que, uma vez que é o seu próprio espelho, sempre preserva um avesso noturno que o olhar dificilmente atravessa e contra o qual sempre acabam tropeçando não apenas as palavras, mas a própria vida.[28] De resto, isso foi bem compreendido por Fanon, para quem qualquer interrogação acerca das condições de produção de si mesmo no contexto colonial tinha que começar por uma crítica da linguagem.[29] Essa crítica da vida enquanto crítica da linguagem é precisamente aquilo a que o termo "África" nos convida.

25. Michel Foucault, *Raymond Roussel*, tradução de Manoel Barros da Motta e Vera Lúcia Avellar Ribeiro, Forense Universitária, Rio de Janeiro, 1999, p. 144-145.

26. Gilles Deleuze, *op. cit.*, p. 31.

27. Michel Foucault, *Raymond Roussel*, *op. cit.*, p. 146.

28. No original, *creux solaire*. Para reforçar essa imagem, pouco adiante na mesma página, Foucault lança mão de um segundo oximoro com o mesmo sentido: lacuna iluminante (*lacune illuminante*). Cf. Michel Foucault, *Raymond Roussel*, *op. cit.*, p. 145. [N.T.]

29. Ver o primeiro capítulo de Frantz Fanon, *Pele negra...*, *op. cit.*

O *kolossós* do mundo

Nesse processo, o negro desempenha a função de testemunha. Ocupa o lugar do próprio *kolossós* do mundo, o duplo do mundo, sua sombra fria. Como explica Jean-Pierre Vernant, o termo *kolossós* designava na Grécia antiga uma efígie de dimensão gigantesca, mas que era enterrada numa tumba vazia, ao lado dos objetos que haviam pertencido ao morto. Na noite sepulcral, o *kolossós* figura como substituto do cadáver ausente. Ele ocupa o lugar do defunto, mas não visa, diz Vernant, "reproduzir os traços do defunto, dar a ilusão da sua aparência física. Não é a imagem do morto que ele encarna e fixa na pedra, é a sua vida no além, esta vida que se opõe à dos vivos, como o mundo da noite ao mundo da luz. O *kolossós* não é uma imagem; é um 'duplo', como o próprio morto é um duplo do vivo".[30]

O negro ocupa o lugar de *kolossós* do nosso mundo na exata medida em que nosso mundo poderia ser assimilado ora a uma imensa tumba vazia, ora a uma caverna. Nesta imensa tumba vazia, dizer "negro" equivaleria a evocar todos os cadáveres ausentes de que esse nome seria o substituto. Assim, cada vez que se evoca a palavra "negro", são trazidos à luz do dia os detritos do nosso mundo, esse excedente cuja ausência do túmulo é tão insólita quanto aterradora. Enquanto *kolossós* do mundo, o negro é este fogo que revela as coisas da caverna ou da tumba vazia que é o nosso mundo, tais como realmente são. Ele é o polo sombrio do mundo, como o Hades de Homero, o reino das coisas perecíveis, onde a vida humana se caracteriza por sua fugacidade e extraordinária fragilidade.

---

30. Jean-Pierre Vernant, "Figuração do invisível e categoria psicológica do 'duplo': o kolossós", em Jean-Pierre Vernant, *Mito e pensamento entre os Gregos*, tradução de Haiganuch Sarian, 2ª. ed. revista, Paz e Terra, São Paulo, 2002, p. 383-398, p. 385.

O termo "negro" é uma espécie de *mnèma*, um sinal que se destina a lembrar o modo como, na política do nosso mundo, morte e vida são definidas em tão estreita relação que se tornou quase impossível delimitar nitidamente a fronteira que separa a ordem da vida da ordem da morte. No horizonte filosófico do nosso tempo, o termo "África" não significa, portanto, nada mais do que essa forma de nomear a questão política da dessecação do vivo; uma forma de interrogar politicamente a dureza, a secura e a rugosidade da vida, ou então as formas visíveis, porém opacas e cegas, que a morte acabou assumindo no trato contemporâneo entre os vivos.

Por trás da palavra — o que diz e o que esconde, ou o que não sabe dizer, ou então o que diz sem poder suscitar a *escuta* —, erguem-se, assim, uma certa figura do nosso mundo, do seu corpo e do seu espírito, algumas das mais imundas realidades do nosso tempo, o *escândalo da humanidade*, o testemunho vivo, sem dúvida o mais inquietante, da violência do nosso mundo e da iniquidade que é a sua mola principal e que impõe ao pensamento do nosso mundo e do devir humano as exigências indubitavelmente mais urgentes e mais radicais, a começar pelas da responsabilidade e da justiça. A palavra "África" ocupa o lugar de uma negação fundamental desses dois termos.

Essa negação é, no fundo, resultado do trabalho da raça — a negação da própria ideia do comum, isto é, de uma comunidade humana. Contradiz a ideia de uma mesma humanidade, de uma semelhança e de uma proximidade humana essencial. Por certo, a África geográfica e humana nunca foi o único objeto dessa negação. Está em curso, ademais, um processo de "africanização" de outras partes do mundo. Desse modo, há algo no nome que *julga* o mundo e que apela à reparação, à restituição e à justiça. Essa presença espectral do nome no mundo só pode ser compreendida no quadro da crítica da raça.

Partilha do mundo

Pois, num passado não muito distante, a raça era, se não a mãe da lei, pelo menos a língua privilegiada da guerra social. Era a unidade de medida da diferença e da inimizade, o critério determinante da luta pela vida, o princípio de eliminação, segregação ou purificação da sociedade. A "modernidade" é, na realidade, outro nome para o projeto europeu de expansão ilimitada que foi implementado durante os últimos anos do século XVIII. Uma das questões políticas mais importantes do final do século XVIII e do início do XIX foi a da expansão dos impérios coloniais europeus. O século XIX foi o século triunfante do imperialismo. Foi a época em que, graças ao desenvolvimento da técnica, às conquistas militares, ao comércio e à propagação da fé cristã, a Europa passou a exercer sobre os outros povos mundo afora uma autoridade propriamente despótica — o tipo de poder que somente se exerce fora das próprias fronteiras e sobre pessoas com as quais se julga nada ter em comum.

Essa questão da raça e da ausência de uma comunidade de destino esteve no centro do pensamento político europeu durante meio século, até por volta de 1780. Influenciou profundamente a reflexão de pensadores como Bentham, Burke, Kant, Diderot e Condorcet. O liberalismo europeu foi forjado paralelamente à expansão imperial. Foi em torno dessa expansão que o pensamento político liberal na Europa se viu confrontado com questões como o universalismo, os direitos da pessoa humana, a liberdade de trocas, a relação entre os meios e os fins, a comunidade nacional e a capacidade política, a justiça internacional e também a natureza das relações da Europa com os mundos extraeuropeus, a relação entre um governo despótico fora das próprias fronteiras e um governo representativo responsável dentro do país.

Sob vários aspectos, nosso mundo continua a ser, mesmo que não o queira admitir, um "mundo de raças". O significante racial ainda é, em larga medida, a linguagem incontornável, mesmo que por vezes negada, da narrativa de si mesmo e do mundo, da relação com o outro, com a memória e com o poder. Permanecerá inacabada a crítica da modernidade enquanto não compreendermos que o seu advento coincide com o surgimento do *princípio de raça* e com a lenta transformação desse princípio em matriz privilegiada para as técnicas de dominação, no passado tanto quanto no presente. Para sua reprodução, o princípio de raça depende de um conjunto de práticas cujo alvo imediato, direto, é o corpo do outro e cujo campo de aplicação é a vida em sua generalidade. Se, no início, essas práticas eram prosaicas, disparatadas, mais ou menos sistemáticas, foram subsequentemente erigidas em costumes e tomaram corpo nas instituições, leis e técnicas, e seus vestígios podem ser historicamente retraçados e seus efeitos descritos. Por princípio de raça se deve entender, aliás, uma forma espectral da divisão e da diferença humana, suscetível de ser mobilizada para fins de estigmatização, de exclusão e de segregação, por meio das quais se busca isolar, eliminar e até mesmo destruir fisicamente determinado grupo humano.

Atualmente se admite que a transcrição sociobiológica da raça data essencialmente do século XIX. Mas, se a transcrição sociobiológica da raça é um fato recente, o mesmo não se pode dizer do discurso plurissecular da luta de raças, que aliás se sabe preceder historicamente o discurso sobre a luta de classes. No entanto, ocorreu que, em meio ao tráfico de escravos e ao colonialismo, assistiu-se ao deslocamento e à inédita aliança de dois discursos — o discurso acerca da raça no sentido biológico do termo (mesmo que esse sentido biológico estivesse longe de ser estável) e o discurso acerca da raça enquanto metáfora de uma proposição mais ampla sobre a velha questão da divisão e da sujeição, da resistência e da fragilidade do político, do elo, por definição sempre fraco e contudo inseparável, entre a política e a vida, o político e o poder de matar; o poder e as mil maneiras de matar ou de deixar (sobre)viver.

Segundo Hannah Arendt, foi a reboque da "corrida para a África" que se recorreu pela primeira vez na era moderna à raça enquanto princípio do corpo político (substituto da nação) e à burocracia como técnica de dominação. Ainda que tenham sido concebidos e desenvolvidos autonomamente, foi na África que o racismo e a burocracia se mostraram, pela primeira vez, estreitamente ligados.[31] Dessa estreita relação resultaram potencialidades inéditas de acumulação de poder para espoliar, produzir e gerar resíduos de homens. Mas a combinação entre raça e burocracia acarretou igualmente um engrenamento das potencialidades de destruição, massacre e administração, que serviam, como se viu na África do Sul e no Sudoeste Africano, para fundar comunidades políticas governadas pelo princípio de raça. A raça, diz Arendt, "foi uma tentativa de explicar a existência de seres humanos que ficavam à margem da compreensão dos europeus, e cujas formas e feições de tal forma assustavam e humilhavam os homens brancos, imigrantes ou conquistadores, que eles não desejavam mais pertencer à mesma comum espécie humana".[32]

No quadro da colonização, grupos que não reivindicavam nem as mesmas origens nem a mesma língua e menos ainda a mesma religião, foram levados a coabitar em entidades

---

31. Ver sobretudo o segundo capítulo de Hannah Arendt, *As origens do totalitarismo. Parte II: O imperialismo*, Companhia das Letras, São Paulo, 1989.
32. *Ibid.*, p. 215.

territoriais forjadas no ferro das conquistas. Se olharmos bem, essas entidades, pelo menos em sua origem, estavam longe de formar corpos políticos. O vínculo entre os grupos que as habitam encontra suas origens diretas na violência da guerra e da sujeição. Ele foi mantido por meio de modos de exercício de poder cuja função, entre outras, era literalmente fabricar raças, classificá-las, estipular as hierarquias necessárias entre elas, sendo que uma das tarefas do Estado era garantir a integridade e a pureza de cada uma delas, isto é, mantê-las todas numa condição de hostilidade permanente.

A temática das raças em luta biológica pela vida, a questão da diferenciação das espécies e da seleção dos mais fortes, encontrou sua mais premente aplicação na África do Sul durante o longo período que foi do século XVIII ao XX, cujo ponto culminante foi o *apartheid*, momento em que o Estado, de forma explícita, fez da raça a alavanca de uma luta social geral destinada, dali em diante, a percorrer de fora a fora o corpo social e a manter um vínculo perene com o direito e a lei. Mas, para compreender os paradoxos daquilo que se tornaria em 1948 o *apartheid*, vale regressar ao gigantesco saque de terras e à divisão do mundo ao longo do período que se estendeu do século XV ao XIX. A consciência histórica e espacial que temos hoje do planeta teve sua origem, em grande medida, na série de acontecimentos que, iniciados a partir do século XV, levaram no século XIX à divisão e a partilha de toda a Terra.

Esses acontecimentos foram, por sua vez, a consequência de uma gigantesca migração de povos, que assumiu quatro formas ao longo desse período. A primeira foi o extermínio de povos inteiros, em especial nas Américas. A segunda foi a deportação, em condições desumanas, de carregamentos de muitos milhões de negros para o Novo Mundo, onde um sistema econômico fundado na escravidão contribuiu de maneira decisiva para a acumulação primitiva de um capital já desde então transnacional e para a formação de diásporas negras. A terceira foi a conquista, anexação e ocupação de vastas terras até então desconhecidas da Europa e a submissão de suas gentes à lei do estrangeiro, sendo que anteriormente se governavam a si mesmos segundo modalidades bastante diversas. A quarta se refere à formação de Estados racistas e às lógicas de "autoctonização" dos colonos, a exemplo dos africâners na África do Sul.

Essa brutal investida fora da Europa ficou conhecida pelo termo "colonização" ou "imperialismo". Tendo sido uma das maneiras por meio das quais se manifestou a pretensão europeia ao domínio universal, a colonização foi uma forma de poder constituinte, cuja relação com o solo, com as populações e com o território associou, de maneira inédita na história da humanidade, as três lógicas da raça, da burocracia e dos negócios (*commercium*). Na ordem colonial, a raça operava como princípio do corpo político, permitindo classificar os seres humanos em categorias distintas, supostamente dotadas de características físicas e mentais próprias. A burocracia emergiu a partir daí como um dispositivo de dominação, enquanto a rede que ligava a morte e os negócios operava como matriz essencial do poder. A força passou a ser lei, e a lei passou a ter por conteúdo a força.

No mesmo período, as potências europeias não se dedicaram unicamente a uma feroz concorrência fora da Europa. Engajaram-se também num complexo processo de secularização da política que levou, na França do final do século XVI, por exemplo, ao fim da guerra civil dos partidos religiosos e ao nascimento de um Estado soberano juridicamente consciente da sua soberania. A concorrência intraeuropeia e as rivalidades que ela engendrou foram, contudo, temperadas por dois fatores. Por um lado, "as nações cristãs da Europa" se definiam como "criadoras e portadoras de uma ordem que valia para toda a Terra".[33] Confundindo a "civilização" com a própria Europa, estavam convencidas de que esta era o centro da Terra. Atenas, Jerusalém e Roma faziam parte de suas longínquas eras. O islã era seu velho inimigo. Só muito mais tarde, com a emergência dos Estados Unidos, é que se estiolaria a pretensão da Europa a ser o centro da Terra.

Por outro lado e apesar de ter começado a surgir, especialmente a partir do século XVIII, um interesse crescente pelos povos estrangeiros, a maioria das potências europeias aderiram progressivamente ao pensamento racial, que assomou, a partir do século XIX, como parte constitutiva do espírito do mundo ocidental e de sua sensibilidade. Como também mostrou Arendt, a política das raças dessa época conjuga pelo menos três objetivos. De saída, pretendia, como no caso da Alemanha, unir o povo contra toda dominação estrangeira, despertando nele a consciência de uma origem comum. Daí a emergência de nacionalismos que atribuíam importância crucial aos laços de sangue, aos vínculos familiares, à unidade tribal e ao culto das origens sem mistura, convictos de que cada raça seria uma totalidade distinta e consumada. As leis dos povos eram, pois, concebidas como o equivalente das leis da vida animal. Essa política das raças operou continuamente a partir de então como instrumento de divisão interna. Desse ponto de vista, era uma arma da guerra civil antes de se tornar uma arma das guerras nacionais.

33. Carl Schmitt, O nomos *da Terra no direito das gentes do* jus publicum europaeum, tradução de Alexandre Franco de Sá, Bernardo Ferreira, José Maria Arruda e Pedro Hermílio Villas Bôas Castelo Branco, Contraponto/PUC-Rio, Rio de Janeiro, 2014, p.87.

Mas havia uma terceira corrente do pensamento racial e foi a que encontrou na África do Sul sua expressão mais consequente. Era uma corrente que situava em seu centro a ideia de um super-homem dotado de direitos excepcionais, de um gênio superior e de uma missão universal — governar o mundo. Erguia-se contra o conceito da unidade da espécie humana e da igualdade de todos os homens — igualdade fundada numa descendência comum. Insistia nas diferenças físicas e se convencia de que os povos não europeus "nunca haviam engendrado, por si mesmos, qualquer expressão da razão ou paixão humanas".[34] Foi essa a corrente que alimentou a orgulhosa linguagem da conquista e da dominação racial. Como lembra Arendt, ela não exerceu monopólio na vida política das nações europeias. Teria, aliás, ao que tudo indica, "desaparecido a tempo, juntamente com outras opiniões irresponsáveis do século XIX, se a corrida para a África e a nova era do imperialismo não houvessem exposto a população da Europa ocidental a novas e chocantes experiências".[35]

Todos esses pensamentos estavam convencidos de que, mais além do enclausuramento europeu, reinava o estado da natureza — um estado em que nem a fé e nem a lei se impunham. A paz, a amizade e os tratados que codificavam as relações intraeuropeias diziam respeito unicamente à Europa e aos Estados cristãos. Assim sendo, cada potência podia legitimamente se lançar a conquistas distantes, inclusive às custas de seus vizinhos e rivais. Admitia-se, portanto, que a ordem do mundo estava delimitada em esferas, separando o interior e o exterior. A esfera interior era regida pelo direito e pela justiça, condições não só da vida em sociedade, mas também

34. Hannah Arendt, *op. cit.*, p. 207.
35. *Ibid.*, p. 214.

da vida internacional que era necessário delinear, delimitar e cultivar. Acreditava-se que foi onde se desenvolveram as ideias de propriedade, retribuição do trabalho e direito das gentes, onde foram edificados cidades e impérios, o comércio, em suma, a civilização humana. Mas havia também, lá fora, um campo aberto de não direito, sem lei, que se pode em boa consciência pilhar e extorquir, onde pode ter livre curso a ação de piratas, flibusteiros, bucaneiros, aventureiros, criminosos e toda a espécie "de elementos alheios à sociedade normal e sadia",[36] na medida em que se via justificada pelos princípios do livre comércio e da liberdade de difundir o Evangelho. Esse campo aberto era desprovido de fronteiras propriamente ditas. Não havia nem barreiras nem santuários que não pudessem, *a priori*, ser violados.

Mas, sobretudo, era possível reconhecer a linha que separava a Europa desse "além-mundo" no fato de que era lá que cessava a limitação da guerra. Do outro lado da linha, diz Carl Schmitt, começava uma zona em que, na falta de qualquer limitação jurídica imposta à guerra, contava apenas o direito do mais forte. Na origem e em se tratando do além-mundo, cada vez que a Europa evocava o princípio da "liberdade", era a isso que se referia, sobretudo à ausência de direito, de estado civil ordenado, e por conseguinte ao livre e inescrupuloso uso da força. O pressuposto era o seguinte: quer se trate de nativos ou de outros rivais, o além-mundo é o lugar onde o único princípio de conduta é o direito do mais forte. Em outras palavras, tudo o que se passasse do lado de lá das muralhas europeias, situava-se diretamente "fora das apreciações jurídicas, morais e políticas que eram aceitas aquém da linha". Se existe direito ou se existe justiça por lá, só pode ser

36. *Ibid.*, p. 219.

o direito "que os próprios conquistadores europeus levavam e transmitiam àquelas terras, quer por meio da missão cristã, quer mediante a instalação de uma jurisdição e uma administração ordenadas em sentido europeu".[37]

O além-mundo é, portanto, o que está para além da linha, a fronteira que jamais cessa de ser recriada, esse espaço livre da luta desenfreada, aberto à livre concorrência e à livre exploração, onde os homens são livres para se confrontarem como animais selvagens[38] e onde a guerra só pode ser julgada jurídica e moralmente em função de seus resultados efetivos. Esse além-mundo não é apenas uma fronteira. É também uma clausura. "No começo está a cerca", explica Schmitt. "Cerca, cercado e limite entretecem, de maneira profunda e conceitualmente definidora, o mundo formado pelos seres humanos. O cercado é o que cria o espaço sagrado, subtraindo-o do ordinário, submetendo-o à sua própria lei, confiando-o ao divino."[39] E acrescenta: "O círculo que cerca, a cerca construída por homens, o *Mannring*, é uma forma originária da convivência cultual, jurídica e política."[40] É assim por duas razões: primeiro, porque nada há de comum a todos os homens em geral, sendo que o comum só compartilham homens dotados de razão; depois, porque a guerra não pode ser abolida e, portanto, pode apenas ser sujeita a certas limitações. A guerra permanente – eis, afinal, o problema central de

37. Carl Schmitt, *op. cit.*, p. 96.
38. Ver Thomas Hobbes, *Leviatã ou Matéria, forma e poder de uma república eclesiástica e civil*, tradução de João Paulo Monteiro e Maria Beatriz Nizza da Silva, Martins Fontes, São Paulo, 2003; e *Behemoth ou O Longo Parlamento*, tradução de Eunice Ostrensky, UFMG, Belo Horizonte, 2001.
39. Jost Trier, "Zaun und Mannring", em Theodor Frings (ed.), *Beiträgen der deutschen Sprache und Literatur*, vol. 66, 1942, p. 232, *apud* Carl Schmitt, *op. cit.*, p. 74.
40. *Ibid.*, Mantivemos aqui a palavra [*Mannring*] no original, pois se trata de um termo que se refere ao grupo de homens livres (guerreiros) dos povos germânicos. [N.T.]

qualquer ordem jurídica. Uma maneira de limitar a guerra é edificar cidadelas fortificadas, diferenciar e classificar aqueles que são protegidos dentro dos limites da cidadela e aqueles que não têm esse direito e, consequentemente, não podem gozar da proteção das armas e do direito.

Vem a seguir a questão da tomada das terras e da ocupação. Quanto a isso, o problema sempre foi saber se o outro, o nativo, é um ser humano da mesma forma que os conquistadores de terras e em nome do que ele pode ser espoliado de todo e qualquer direito. No caso do testemunho, afirma-se desde o início que os selvagens adoram ídolos. Seus deuses não são deuses verdadeiros. Praticam sacrifícios humanos, canibalismo e outras categorias de crimes desumanos que o homem de bem não cometeria de modo algum ou então que são proscritos pela própria natureza. O selvagem é, pois, aquele que está contra a humanidade e contra a natureza ao mesmo tempo e, logo, é duplamente estrangeiro à condição humana. Desse ponto de vista, o além-mundo equivale a uma zona fora da humanidade, fora do espaço onde se exerce o direito dos homens. É um espaço onde o direito dos homens só pode ser exercido enquanto supremacia dos homens sobre aqueles que, afinal, não o são plenamente. Pois se homem houver nessas paragens, há de ser um homem fundamentalmente inumano.

Para fundamentar sua sujeição, alegava-se que ele era escravo por natureza e, em função disso, um inimigo. O pensamento da época dizia que a guerra contra os não cristãos era algo distinto da guerra entre cristãos. Daí as pormenorizadas distinções entre diferentes espécies de inimigos e diferentes espécies de guerras. Essas distinções remetiam, por sua vez, a outras, entre os humanos, suas diferenças e seus estatutos. Nem todos os homens tinham os mesmos direitos. Na realidade, existia um direito, para os civilizados, de dominar os não civilizados, de conquistar e escravizar os bárbaros devido à sua intrínseca inferioridade moral, de anexar suas terras, ocupá-las e subjugá-los. Esse direito originário de intervenção fazia parte do "bom direito", que se aplicava tanto às guerras de extermínio quanto às guerras de escravização. Do "bom direito" da guerra nascia o "bom direito" de propriedade. "O Estado que efetua uma tomada de terra", prossegue Schmitt, "pode tratar a terra colonial tomada, no que se refere à propriedade privada, ao *dominium*, como sem senhor, do mesmo modo que, no plano do direito das gentes, a terra não tem senhor do ponto de vista do *imperium*. Ele pode eliminar os direitos dos nativos ao solo e declarar-se único proprietário de todo o solo; pode assumir os direitos dos chefes nativos e dar-lhes continuidade, pouco importando se isso representa uma genuína sucessão jurídica ou não; pode criar propriedade privada do Estado e combiná-la com algum tipo de reconhecimento de direitos de uso pelos nativos; pode introduzir propriedade fiduciária pública do Estado; também pode manter vigentes os direitos de uso dos nativos e recobri-los com uma espécie de *dominium eminens*. Todas essas diferentes possibilidades se tornaram reais na prática da tomada de terra colonial nos séculos XIX e XX".[41]

Portanto, o direito foi, nesse caso, uma maneira de fundar juridicamente uma determinada ideia da humanidade dividida entre uma raça de conquistadores e outra de escravos. Só a raça dos conquistadores podia legitimamente se atribuir qualidade humana. A qualidade de ser humano não era conferida de imediato a todos, mas, ainda que o fosse, isso não aboliria as diferenças. De certo modo, a diferenciação entre o solo da Europa e o solo colonial era a consequência lógica da outra distinção, entre povos europeus e selvagens. Até o

---

41. *Ibid.*, p. 213.

século XIX, a despeito da ocupação colonial, o solo colonial não se identificava com o território europeu do Estado ocupante. Eram sempre distintos, quer se tratasse de colônias de *plantations*, de extração ou de povoamento. Foi somente no final do século XIX que se esboçaram tentativas de integrar os territórios coloniais aos sistemas de governo e de administração dos Estados colonizadores.

O nacional-colonialismo

Mas, para que se tornasse um hábito, a lógica das raças precisava ser agregada à lógica do lucro, à política da força e ao instinto de corrupção — definição exata da prática colonial. O exemplo da França mostra, desse ponto de vista, o peso da raça na formação da consciência de império e o imenso trabalho que foi necessário empregar para que o significante racial — inseparável de qualquer esquema colonial — penetrasse o âmago das tenras fibras da cultura francesa.

Nunca será demais enfatizar a complexidade e a heterogeneidade da experiência colonial. De uma época a outra e de um país a outro, as variações foram notáveis. Dito isso, o significante racial foi uma estrutura primordial e até mesmo constitutiva do que viria a se tornar o projeto imperial. E, se existe uma subjetividade das relações coloniais, sua matriz simbólica e sua cena originária é certamente a raça. Tomemos o caso da França. A consciência de império foi o resultado de um investimento político e psíquico singular, do qual a raça foi ao mesmo tempo a moeda de troca e o valor de uso. Por volta do final dos anos 1870, a França conscientemente empreendeu a transformação do corpo político da nação em uma estrutura política de império. Na época, o processo assumiu uma dupla dimensão. Por um lado, tratava-se de assimilar as colônias no corpo nacional, tratando os povos conquistados a um só tempo como "súditos" e, eventualmente, como "irmãos".

Por outro lado, era preciso instalar gradualmente uma série de dispositivos, graças aos quais o francês comum seria levado, por vezes sem perceber, a se tornar um sujeito racista, tanto em seu olhar, gestos e comportamentos quanto em seu discurso. Esse processo foi escalonado numa duração relativamente longa. Apoiou-se particularmente numa psicoantropologia cuja função era a classificação racial do gênero humano, classificação esta sustentada pelas teorias da desigualdade entre raças e, em menor medida, pela validação de práticas eugenistas. Essa classificação atingiu seu ponto de efervescência nas formas que assumiram as guerras de conquista e as brutalidades coloniais, por um lado, e depois, especialmente nos anos 1930, no antissemitismo.[42] Na virada do século XIX, a formação da consciência racista e a familiarização com o racismo eram uma das pedras de toque do processo de socialização cidadã. Funcionando como sobrecompensação diante do sentimento de humilhação nacional provocado pela derrota para a Prússia em 1870, tornou-se um dos aspectos, quando não um dos elementos do orgulho nacional e da cultura patriótica. Conhecido pelo termo "educação colonial dos franceses", esse empreendimento apresentava a colonização como a via de acesso a uma nova era de virilidade.[43] A colônia, por sua vez, seria o lugar de exaltação da potência, onde se reaviva a energia nacional. Esse empreendimento exigiu esforços colossais por parte do Estado e dos círculos

42. Ver os trabalhos de Carole Reynaud-Paligot, *La République raciale, paradigme racial et idéologie républicaine (1860–1930)*, PUF, Paris, 2006; e *Races, racisme et antiracisme dans les années 1930*, PUF, Paris, 2007.
43. Judith Sirkus, *Sexing the Citizen. Masculinity and Morality in France, 1870–1920*, Cornell University Press, Ithaca, 2006.

empresariais. Não visava apenas legitimar e promover o projeto imperial, tinha também em vista cultivar e disseminar as imagens e o *ethos* racialista, nacionalista e militarista, que eram seus elementos constitutivos.

Já a partir de 1892 se desenhava um amplo movimento que poderíamos chamar de *nacional-colonialismo*. O movimento nacional colonialista francês reunia o conjunto das correntes políticas da época, dos republicanos de centro aos radicais, dos boulangistas e monarquistas aos progressistas. Incluía advogados, homens de negócios e homens da Igreja, jornalistas e soldados, uma miríade de organizações, associações e comitês que, com o apoio de uma rede de jornais, periódicos, folhetins e de sociedades ditas científicas, procurava dar, política e culturalmente, uma voz forte e expressiva à ideia colonial.[44] A espinha dorsal desse projeto imperial era a diferença racial, que ganhava peso em uma série de disciplinas como a etnologia, a geografia ou a missiologia. Por seu lado, a temática da diferença racial passou por uma normalização no seio da cultura de massas, por meio do estabelecimento de instituições tais como os museus e zoológicos humanos, a publicidade, a literatura, as artes, a instauração de arquivos, a disseminação de narrativas fantásticas reportadas pela imprensa popular (caso do *Journal Illustré*, do *L'Illustration*, do *Tour du Monde* e dos suplementos ilustrados do *Petit Journal* e do *Petit Parisien*) e a realização de exposições internacionais.

Várias gerações de franceses foram expostas a essa pedagogia de naturalização do racismo, que se apoiava, em sua

---

44. Ver Christopher M. Andrew e Alexander S. Kanya-Forstner, "The French Colonial Party: Its Composition, Aims and Influence, 1885–1914", *Historical Journal*, vol. 14, nº 1, 1971, p. 99-128; Raoul Girardet, *L'Idée coloniale en France de 1871 à 1962*, La Table ronde, Paris, 1972.

essência, no princípio segundo o qual a relação com os negros era uma relação de não reciprocidade. E essa não reciprocidade era justificada pela *diferença de qualidade entre as raças*, tema indissociável da velha temática do sangue, que se sabe ter sido utilizada outrora para assegurar os privilégios da nobreza. Ela voltou a ser propagada, desta vez pelo projeto colonial. As pessoas eram persuadidas de que seria com o sangue branco que se criaria a civilização do futuro. Todos os povos que aceitassem o cruzamento de raças cairiam em desgraça. A salvação estaria na separação absoluta das raças. As multidões negra e amarela eram prolíficas — acumulando rebanhos que era preciso deportar para algum lugar ou, como alguns mais tarde se esforçariam para implementar, cujos machos deveriam, no limite, ser esterilizados.[45] Sonhava-se também com o dia futuro em que seria possível fabricar a vida, obter tudo o que, na condição de seres vivos com poder de escolha, se desejasse. O projeto colonial se alimentou de forma inédita da raciologia, que tem como uma de suas pedras angulares o sonho de revolucionar as regras da vida e, por fim, possibilitar a criação de uma raça de gigantes.

O tema da diferença de qualidade entre as raças é antigo.[46] Ele parasitou e atravessou a cultura ao longo de todo o último quarto do século XIX. Mas foi nos anos 1930 que se banalizou a ponto de se tornar senso comum.[47] Alimentava então os temores diante do declínio populacional, da imigração do "enxerto racial", incluindo fantasmas que aventavam a

---

45. Charles Richet, *La Sélection humaine*, Félix Alcan, Paris, 1919.
46. Sean Quinlan, "Colonial Bodies, Hygiene and Abolitionist Politics in Eighteenth-Century France", *History Workshop Journal*, nº 42, 1996, p. 106-125.
47. William S. Schneider, *Quality and Quantity. The Quest for Biological Regeneration in Twentieth-Century France*, Cambridge University Press, Cambridge, 2001.

possibilidade de um imperialismo asiático.[48] Eram múltiplas as rotas vicinais pelas quais caminhavam, assim como a ideia colonial, também o *ethos* racista que era seu corolário. Uma delas era o poder escolar. Pierre Nora situa, por exemplo, o *Petit Lavisse* entre os seus "lugares franceses da memória", da mesma forma que o *Le Tour de France par deux enfants* (1887), de "G. Bruno" (pseudônimo de Augustine Fouillée), e *À la recherche du temps perdu*, de Marcel Proust. No *Petit Lavisse*, em especial, o discurso republicano está embebido de valores nacionalistas e militaristas.[49] O sistema educacional e o sistema militar se comunicavam, muito antes da adoção das Leis Ferry de 1881–1882, que tornaram obrigatória a escolarização. Os estudantes eram educados para se tornarem cidadãos-soldados. Pedagogia cidadã e pedagogia colonial se propagaram num contexto de crise da masculinidade e de aparente desarmamento moral. Com efeito, a partir dos anos 1880, todos os estudantes de dez anos deveriam estudar a obra colonial de seu país a partir de manuais de História (Augé e Petit, em 1890; Cazes, em 1895; Aulard e Debidour, em 1900; Calvet, em 1903; Rogie e Despiques, em 1905; Delagrave, em 1909; Lavisse).[50] A esse esquema prescritivo de regularidades, acrescia-se a literatura juvenil (caso das obras de Júlio Verne,

---

48. Jean Pluyette, *La Doctrine des races et la sélection de l'immigration en France*, Pierre Bossuet, Paris, 1930; Arsène Dumont, *Dépopulation et civilisation. Étude démographique*, Lecrosnier et Babé, Paris, 1890; Paul Leroy-Beaulieu, *La Question de la population*, Félix Alcan, Paris, 1913.

49. Denis M. Provencher e Luke L. Eilderts, "The Nation According to Lavisse: Teaching Masculinity and Male Citizenship in Third Republic France", *French Cultural Studies*, vol. 18, nº 1, 2007, p. 31-57.

50. Ver Hélène D'Almeida-Topor, "L'histoire de l'Afrique occidentale enseignée aux enfants de France", em Catherine Coquery-Vidrovitch (ed.), *L'Afrique occidentale au temps des Français. Colonisateurs et colonisés, 1860–1960*, La Découverte, col. "Textes à l'appui", Paris, 1992, p. 49-56.

jornais ilustrados como *Le Petit Français Illustré*, *Le Petit Écolier*, *Le Saint-Nicolas*, *Le Journal de la Jeunesse*, *L'Alliance Française Illustrée* e por aí afora).

Em todas essas obras, o africano é apresentado não apenas como uma criança, mas como uma criança idiota, presa de um punhado de régulos, potentados cruéis e implacáveis. Essa idiotia seria consequência de um defeito congênito da raça negra. A colonização seria uma forma de assistência, de educação e de tratamento moral dessa idiotia, além de um antídoto para o espírito de brutalidade e para o funcionamento anárquico das "tribos nativas". Desse ponto de vista, representava uma benção da civilização. Seria a regra geral de tratamento da idiotia das raças predispostas à degenerescência. Foi o que o próprio Léon Blum chegou a dizer em 1925: "Admitimos o direito e até o dever das raças superiores de atrair a si aquelas que não alcançaram o mesmo grau de cultura, de chamá-las para os progressos realizados graças aos sacrifícios da ciência e da indústria".[51] Os colonos eram, não senhores cruéis e ávidos, mas sim guias e protetores. As tropas francesas eram heroicas e intrépidas, arrancavam dos escravos os grilhões que os prendiam pelo pescoço e as cordas que os atavam pelas pernas. Esses pobres coitados, tão logo eram libertados, ficavam tão felizes que chegavam a dar pulos de alegria — o que atestava que a França era boa e generosa para os povos que subjugava. Foi o que também afirmou, por exemplo, Jean Jaurès, em 1884:

---

51. Frequentemente citada de forma abreviada, inclusive no original, a íntegra da declaração, de acordo com os arquivos da Assembleia Nacional, foi: *Nous admettons qu'il peut y avoir non seulement un droit, mais un devoir de ce qu'on appelle les races supérieures, revendiquant quelquefois pour elles un privilège quelque peu indu, d'attirer à elles les races qui ne sont pas parvenues au même degré de culture et de civilisation*". Cf. "Débat sur le budget des Colonies à la Chambre des députés, 9 juillet 1925", *Journal Officiel, Débats parlementaires, Assemblée, Session Ordinaire* (30 juin-12 juillet 1925), p. 848. [N.T.]

"Podemos dizer a esses povos sem os enganar que [...] lá onde a França se estabeleceu, ela é amada; que lá onde só esteve de passagem, sua falta é sentida; que, em todos os lugares onde sua luz resplandece, ela é benfazeja; que lá onde não brilha, ela deixou em seu rastro um longo e terno crepúsculo, ao qual os olhares e corações seguem ligados".[52]

À primeira vista, as razões expostas para justificar o colonialismo eram de ordem econômica, política, militar, ideológica ou humanitária: conquistar novas terras para nelas instalar nosso excedente populacional; encontrar novas saídas para os produtos de nossas fábricas e de nossas minas, assim como as matérias-primas para nossas indústrias; plantar o estandarte da "civilização" entre as raças inferiores e selvagens e penetrar as trevas que as envolvem; garantir, com nosso domínio, a paz, a segurança e a riqueza a tantos desafortunados que nunca puderam conhecer essas benesses; estabelecer em terras ainda infiéis uma população laboriosa, moral e cristã, propagando o Evangelho entre os pagãos, ou então pôr fim, pela via do comércio, ao isolamento engendrado pelo paganismo. Mas todas essas razões também mobilizavam o significante racial, que jamais fora, no entanto, considerado um fator subsidiário. No argumento colonial, a raça sempre aparecia ao mesmo tempo como uma matriz material, uma instituição simbólica e um componente psíquico da política e da consciência imperiais. Na defesa e na ilustração da colonização, nenhuma justificativa escapava *a priori* ao discurso geral a respeito daquilo que na época era designado como *atributos da raça*.

---

52. *Conférence de Jean Jaurès, maître de conférences à la Faculté des lettres de Toulouse*, brochure de l'Alliance française, association nationale pour la propagation de la langue française dans les colonies et à l'étranger, Imprimerie Pezous, Albi, 1884, p. 9.

Foi assim porque, sobretudo no final do século XIX e início do século XX, prevalecia no Ocidente um sistema de interpretação do mundo e da história que via nesta uma luta de morte pela existência. Como indicam em detalhe vários escritos publicados, por exemplo, nos anos 1920, por ensaístas mais ou menos conhecidos, essa época foi de fato marcada por um pessimismo racial radical, no seio de uma cultura obcecada pela ideia de degenerescência, o avesso do darwinismo social.[53] É verdade que essas ideias também foram contestadas e combatidas. Eram inúmeros, contudo, os que acreditavam firmemente que essa luta pela vida opunha grupos humanos, povos ou raças detentores de características supostamente estáveis e dotados de um patrimônio biológico próprio, que precisava ser defendido, protegido e mantido intacto. Essa crença não grassava apenas entre indivíduos particulares, mas constituía também uma dimensão crucial da política colonial dos Estados europeus e da maneira como estes concebiam o direito de guerra contra os povos e entes políticos não europeus.

Como explicou na época Paul Leroy-Beaulieu, a ordem colonial era um modo de validar as relações de força resultantes dessa luta. A colonização, afirmou, "é a força expansiva de um povo, é seu poder de reprodução, é sua dilatação e sua multiplicação através dos espaços; é a submissão do universo ou de uma vasta parte dele à sua língua, aos seus costumes, às suas ideias e às suas leis".[54] A ordem colonial se baseia na ideia de que a humanidade estaria dividida em espécies e subespécies que podem ser diferenciadas, separadas e classificadas hierarquicamente. Tanto do ponto de vista da lei quanto em termos

---

53. Ver, por exemplo, Émile Fournier-Fabre, *Le Choc suprême ou la mêlée des races*, G. Flicker, Paris, 1921; ou ainda Maurice Muret, *Le Crépuscule des nations*, Payot, Paris, 1925.
54. Paul Leroy-Beaulieu, *De la colonisation chez les peuples modernes*, Guillaumin, Paris, 1874, p. 605-606.

de configurações espaciais, essas espécies e subespécies deveriam ser mantidas à distância umas das outras. O *Précis de législation et d'économie coloniales* [*Manual de legislação e economia coloniais*] de Alexandre Mérignhac (publicado em 1912 e reeditado em 1925) é bastante explícito. Nele se lê que colonizar "é se relacionar com países novos, para aproveitar os recursos de todos os tipos desses países [...]. A colonização é, portanto, uma instituição fundada num país novo por uma raça de civilização avançada, para realizar o [...] objetivo que acabamos de indicar".[55] Assim, não seria de todo um exagero dizer que o Estado colonial opera por meio da estatização do biológico.

Frivolidade e exotismo

Em muitos aspectos, a lógica francesa de designação racial se caracteriza por três traços distintivos. O primeiro — e, sem dúvida, o principal — é a recusa em ver — e, portanto, a prática da ocultação e da negação. O segundo é a prática de encobrimento e de travestimento, e o terceiro, a frivolidade e o exotismo. Com efeito, existe na França uma longuíssima tradição de apagamento, de relegar a violência racial ao campo daquilo que não merece ser mostrado, sabido ou dado a ver. Essa tradição de dissimulação, negação e camuflagem, cuja reatualização para as condições contemporâneas podemos constatar, data justamente dos séculos XVI a XVII. Ela emerge num contexto fundador no momento em que a França começou a codificar as relações com seus escravos.

Com efeito, em 1570 foi promulgado um edital que impunha limites não apenas à entrada dos negros no território

---

55. Alexandre Mérignhac, *Précis de législation et d'économie coloniales*, Sirey, Paris, 1912, p. 205.

metropolitano, mas também à exibição ou o carregamento de escravos negros nos portos do país.[56] Com esse gesto inaugural, a França indicava sua vontade de nada querer saber a respeito das vítimas de sua lógica das raças — lógica da qual o escravo negro representava, na época, a testemunha por excelência. Que o escravo fosse submetido a uma tal interdição sem dúvida se explica, pois, pelo fato de que no escravo negro não haveria nada para ver, a não ser um "nada em si". Mas, ao excluir do campo do representável tudo o que nele fizesse surgir a figura do escravo negro, o que se buscava, sem dúvida, era lançar um véu sobre os mecanismos econômicos e mercantis pelos quais o escravo chegava a ser produzido e a existir enquanto tal.

Esse lento trabalho, no entanto, data pelo menos do tráfico de escravos. Foi, de fato, ao longo do século XVIII, isto é, em plena época das Luzes, que o tráfico atlântico atingiu seu ponto culminante. O desenvolvimento das novas ideias acerca das relações entre os súditos e a autoridade ocorreu enquanto a França estava profundamente implicada na "máquina triangular", ou seja, na produção da escravatura e da servidão ultramarinas. Em especial Rousseau e Voltaire reconheceram filosoficamente o caráter vil do comércio dos escravos, mas fingiram ignorar o tráfico então em curso e os grilhões reais que o tornavam possível. Inauguraram uma tradição que mais tarde se tornaria uma das características centrais da consciência imperial — fazer da escravidão uma metáfora da condição humana na sociedade europeia moderna. Esse gesto de metaforização dos acontecimentos trágicos envolvendo os selvagens — e nos quais nossa

---

56. Ver Sue Peabody e Tyler Stovall (eds.), *The Color of Liberty. Histories of Race in France*, Duke University Press, Durham, 2003.

responsabilidade está implicada — era também um gesto de ignorância e indiferença. Essa dialética da distância e da indiferença dominou o Iluminismo francês.[57]

O segundo traço distintivo da lógica francesa de designação racial foi a prática do encobrimento, da desfiguração e do travestimento. No caso que nos interessa, a designação do escravo negro ao campo do irrepresentável e *daquilo sobre o que nada se quer saber* não é o equivalente a uma interdição pura e simples da figuração ou da encenação do negro. Pelo contrário, desde a sua origem, a lógica francesa das raças sempre operou por meio da anexação do outro racial e seu encobrimento pela tripla trama do exotismo, da frivolidade e da diversão. Assim, o negro que admitimos ver deve sempre ser submetido de antemão ao disfarce, seja pela vestimenta, seja pela cor ou pela ornamentação. Até uma época relativamente recente na pintura ou no teatro, por exemplo, era sempre necessário disfarçá-lo com trajes orientais, turbantes e plumas, calções bufantes ou mantéus verdes.[58] Paradoxalmente, para que emerja na ordem do visível, sua figura não deveria de modo algum evocar a violência fundadora que, tendo-lhe previamente despojado sua humanidade pura e simples, reconstituía-o justamente como "negro".

Que a todos e todas se prefiram as negrinhas com tez de ébano, os pretinhos e pajenzinhos amouriscados que fazem as vezes de moços de companhia às senhoras que os tratam como periquitos, lulus e outros cãezinhos, os negros brincalhões, displicentes e bons dançarinos, os pretos bons e seus

---

57. Christopher L. Miller, *The French Atlantic Triangle. Literature and Culture of the Slave Trade*, Duke University Press, Durham, 2008.
58. Ver Ulrike Schneebauer, *Le Personnage de l'esclave dans la littérature francophone contemporaine à travers trois œuvres de Maryse Condé, Mahi Binebine et Aimé Césaire*, dissertação de mestrado em filosofia, Universidade de Viena, 2009.

bons amos, libertos mas eternamente gratos e fiéis, cujo papel é o de validar a magnanimidade do branco — nada disso é de hoje. O hábito sedimentou-se progressivamente. Desde o século XIX são esses os negros que são tolerados na corte, nos salões, na pintura, no teatro. Como aponta Sylvie Chalaye, "eles alegram as reuniões mundanas, trazem um toque de exotismo e de cor ao seio das festas elegantes, como mostram os pintores da época: Hogarth, Raynolds, Watteau, Lancret, Pater, Fragonard, Carmontelle".[59] Em grande medida, o racismo à francesa era, pois, de bom grado um racismo descontraído, libertino e frívolo.[60] Historicamente, ele sempre esteve profundamente associado a uma sociedade também despreocupada, ou mesmo ligeira, que jamais quis abrir os olhos para "a horrível imundície que se esconde sob os dourados e a púrpura".[61]

É importante nos determos por um instante na figura da negra, uma vez que ela desempenhou uma função-chave na articulação do racismo, da frivolidade e da libertinagem na França. As três instâncias privilegiadas dessa articulação foram a literatura, a pintura e a dança. Também neste aspecto a tradição é antiga. Não se exclui dessa lógica, por exemplo, que as baudelairianas flores do mal remetem diretamente à figura da negra que, como se sabe, paira sobre toda a extensão da obra do poeta. Quer se trate de Dorothée l'Africaine (encontrada na Ilha Bourbon, atual Reunião, em 1841) ou

---

59. Ver Petrine Archer-Straw, *Negrophilia: Avant-Garde Paris and Black Culture in the 1920's*, Thames & Hudson, Nova York, 2000.

60. George E. Beooks, "Artists' Depiction of Senegalese Signares: Insights Concerning French Racist and Sexist Attitudes in the Nineteenth-Century", *Journal of the Swiss Society of African Studies*, vol. 18, nº 1, 1979, p. 75-89.

61. Sylvie Chalaye, *Du Noir au nègre. L'image du Noir au théâtre (1550–1960)*, L'Harmattan, Paris, 1998.

de Jeanne Duval (nascida no Haiti e de quem Baudelaire foi amante durante vinte anos), a evocação das "belezas negras" sempre vem acompanhada de sua esbelta voluptuosidade, seus seios nus, suas ancas e suas cintas de plumas, vestidas ou não com calcinhas de cetim.[62] A negra constitui para o poeta uma das mais fecundas fontes da criação artística. Figura central do exotismo francês, não lhe falta, no entanto, ambivalência. Por um lado, interpela os sentidos do mundo físico, o ritmo e as cores. Por outro, é associada ao ideal da hermafrodita. Aliás, as "belezas negras" seriam mulheres indolentes, disponíveis e submissas. É na condição de exemplos vivos do triunfo da lubricidade que instigam as pulsões fantasiosas do macho francês, que logo se imagina como o explorador branco nos confins da civilização. Ao descobrir os selvagens, mistura-se a eles fazendo amor com uma ou várias de suas mulheres, numa paisagem pontuada por navios ancorados, paraíso tropical de palmeiras cintilantes e aromas das flores insulares.

Nas páginas de Chateaubriand, cenas coloridas como essas são intercaladas com a cópula dos leões. Livre sob as bananeiras, cachimbos carregados de incenso, leite de coco sob a arcada de figueiras e de florestas de craveiros-da-índia e cajueiros, quisera eu, diz um de seus heróis, "devorar os lençóis da tua cama, pois teu sono é divino como o ninho das andorinhas africanas, como esse ninho servido à mesa dos nossos reis e que os mais preciosos condimentos compões com sobejos de flores".[63] Em sua *Rainha negra*, Apollinaire recorre à mesma verve poético-exótica, conjugando beleza,

---

62. Elvire Jean-Jacques Maurouard, *Les Beautés noires de Baudelaire*, Karthala, Paris, 2005.

63. François-René De Chateaubriand, *Les Natchez*, Éditions G. Chinard, p. 398-399.

nudez e sensualidade. Sua negra se caracteriza enfim pelos dentes brancos, os cabelos escuros, o corpo azul e os seios empinados. De resto, são conhecidas a *Haitiana*, de Matisse (1945), e seus murmúrios rendados, símbolo da luz do desejo e da sensualidade feliz; *As meninas de Avignon* (1907), a *Mulher nua* (1910) e a *Mulher à beira-mar* (*Banhista*, 1909), de Picasso, e o furtivo olhar que lançam sobre a fantasia de uma devoradora sexualidade feminina negra; ou ainda *A mulher sentada*, de Braque (1911).

No imaginário exótico da França, foi sem dúvida a personagem de Joséphine Baker que cimentou na cultura popular essa forma de racismo desenvolto, displicente e libertino. O relato a seguir de duas cenas apresentadas pela trupe de Baker durante um ensaio em Paris nos anos 1920 resume bem essa modalidade de racismo: "Não se compreende a língua deles, nem tentamos reatar o fio das cenas, mas são todas as nossas leituras que desfilam diante de nossa imaginação encantada: romances de aventura, gravuras vistas de relance ou enormes navios engolindo porções de negros carregados com grandes fardos, uma sirene a apitar num porto desconhecido repleto de sacos e de homens de cor, histórias de missionários e de viajantes, Stanley, os irmãos Tharaud, Batouala, as danças sagradas, o Sudão, as seminudezes ilustradas da farsa de uma claque, paisagens de plantações, toda a melancolia das canções de amas crioulas, toda a alma negra com suas convulsões animais, suas alegrias pueris, a tristeza de um passado de servidão, tivemos tudo isso quando ouvimos essa cantora com voz de floresta virgem".[64]

---

64. Phyllis Rose, *Joséphine Baker. Une Américaine à Paris*, Fayard, Paris, 1982.

Autocegamento

A outra pedra angular da consciência imperial sempre foi a formidável vontade de ignorar, que, a cada vez, tenta se disfarçar de saber. A ignorância de que falamos aqui é de uma espécie particular — uma ignorância desenvolta e frívola, que arruína de antemão qualquer possibilidade de encontro e de relação que não sejam baseados na força. Em sua *Lettre sur l'Algérie* (1837), Tocqueville põe o dedo justamente na ferida dessa política da ignorância. Sugere que, no contexto da política do império (que é outro nome para a política da guerra), essa vontade de ignorar se assenta no princípio segundo o qual, "num campo de batalha, a vitória é [...] do mais forte e não do mais sábio".[65] O fato de não sabermos praticamente nada e não nos preocuparmos em aprender se explica pela convicção de que, nas relações com os africanos, a força sempre compensará a ausência de verdade e a vacuidade do direito.

No imaginário ocidental, durante muito tempo, a África fez parte das terras desconhecidas. Mas isso nunca impediu que filósofos, naturalistas, geógrafos, missionários, escritores, ou quem quer que fosse, se pronunciassem sobre um ou outro aspecto de sua geografia ou então da vida, dos hábitos e dos costumes de seus habitantes. Apesar do afluxo de informações a que tivemos acesso de lá para cá e da quantidade de estudos científicos de que dispomos hoje em dia, não se pode afirmar que essa vontade de ignorar tenha desaparecido, e menos ainda essa predisposição secular a se pronunciar sobre assuntos dos quais nada ou muito pouco se sabe. A ideia de

---

65. Alexis de Tocqueville, *De la colonie en Algérie*, Complexe, Bruxelas, 1988, p. 38. Falando sobre os primeiros momentos da presença francesa na Argélia.

que, em se tratando da África, pouco importa a verdade foi resumida de modo lapidar por Jean-Baptiste Labat, em 1728, quando proclamou: "Eu vi a África, mas nunca lá pus os pés".[66] Justamente, a partir do século XVIII, floresceram na França e em grande parte da Europa relatos de todo gênero contidos em enciclopédias, obras de geografia, tratados de história natural, de moral ou de estética, romances, peças de teatro e até compilações de poesia. Muitas dessas lendas, devaneios etnográficos e, por vezes, relatos de viagens têm a África como tema. O continente se tornou, desde o início do tráfico atlântico, um inesgotável poço de fantasias, matéria de um gigantesco trabalho imaginativo, cujas dimensões políticas e econômicas jamais serão suficientemente ressaltadas e do qual jamais se dirá o bastante que continua a informar, até ao presente, as nossas representações dos africanos, de sua vida, de seu trabalho e de sua linguagem.

Como dito há pouco, esse falso saber é, antes de mais nada, desconhecimento e fabulação. Mas, neste caso, só se fabula para melhor excluir, para melhor se fechar em si mesmo. Só se fabula para melhor disfarçar o tipo de desprezo altivo que sempre acompanha a reivindicação de que o outro é nosso "amigo", seja essa "amizade" real ou imaginária, recíproca ou não. Até hoje, essa variante francesa da violência da raça sinaliza um rosto que, tão logo surja à vista, deve ser imediatamente tornado invisível. Até hoje, trata-se de invocar uma voz que, tão logo se torne audível, deve ser imediatamente abafada, reduzida ao silêncio e impedida de se exprimir na primeira pessoa do singular. O objeto imaginário que irrompeu

---

66. Jean-Baptiste Labat, *Nouvelle Relation de l'Afrique occidentale*, vol. 1, G. Cavalier, Paris, 1728, citado em Andrew Curran, "Imaginer l'Afrique au siècle des Lumières", *Cromohs*, nº 10, 2005.

na vida psíquica do Ocidente no limiar do tráfico negreiro tem duas faces que se alternam entre si, como uma máscara e o seu duplo, num trágico jogo de espelhos.

De início, há uma face diurna — um local geográfico e uma região do mundo sobre a qual quase nada sabemos, mas que se descreve com uma aparente autoridade, a autoridade da ficção. Tal descrição oscila constantemente entre dois extremos. Assim, a África tanto pode ser uma terra estranha, maravilhosa e deslumbrante, quanto uma zona tórrida e inóspita. Por vezes, aparece como região flagelada por uma irremediável esterilidade, noutras como região abençoada por uma fecundidade espontânea. Também é, com muita frequência, o nome de algo distinto, colossal e impenetrável, cuja enormidade se confunde com todas as figuras do monstruoso e da licença plena — por vezes poética, por vezes carnavalesca, demasiado frequentemente cínica e tenebrosa, uma assustadora mistura de feitiçaria e canibalismo. Mas, qualquer que seja a beleza ou a hediondez de sua face, o destino da África é o de ser possuída.

Foi o que Victor Hugo explicou em termos fálicos a propósito de um banquete comemorativo da abolição do tráfico de escravos em 1879: "Ei-lo, diante de vós, esse bloco de areia e cinza, esse amontoado inerte e passivo que há seis mil anos serve de obstáculo à caminhada universal, esse monstruoso Cam que detém Sem com a sua enormidade: a África. Que terra é essa África! A Ásia tem sua história, a América tem sua história, mesmo a Austrália tem sua história, que data de sua entrada na memória humana. A África não tem história. Uma espécie de lenda vasta e obscura a envolve. Roma a atingiu para a suprimir e, quando se julgou livre da África, Roma lançou sobre essa morte imensa um daqueles epítetos que não se traduzem. *Africa portentosa*, é mais e menos que o prodígio, é aquilo que é absoluto em seu horror; o fulgor tropical, com efeito, é a África, e parece que ver a África é ser cegado: um excesso de Sol é um excesso de noite".[67]

E reforçou a injunção: "A África impõe ao universo uma tal supressão de movimento e de circulação que entrava a vida universal, e a marcha humana não pode tolerar por mais tempo que um quinto do globo esteja paralisado [...] Tornar a velha África acessível à civilização, eis o problema. A Europa o resolverá. Ide, povos, apossai-vos dessa terra! Tomai-a! De quem? De ninguém! Tomai essa terra de Deus. Deus dá a terra aos homens. Deus oferece a África à Europa. Tomai-a! [...] Derramai vossa abundância nessa África e resolvei, ao mesmo tempo, os vossos problemas sociais. Fazei de vossos proletários proprietários [...] Ide, fazei estradas, fazei portos, fazei cidades, crescei, cultivai, multiplicai, e que sobre essa terra, cada vez mais livre de padres e de príncipes, o espírito divino se afirme pela paz e o espírito humano pela liberdade".[68]

Na época, o conhecimento que existia sobre o continente africano estava cheio de lacunas, baseava-se essencialmente em rumores, crenças errôneas e inverificáveis, fantasias e suposições, que não se sabe se funcionavam como metonímia das carências morais da época ou como mecanismo pelo qual a Europa da época buscava ganhar autoconfiança e superar seu próprio sentimento de insuficiência, mas pouco importa. Como observa Jonathan Swift em *On Poetry* (1733), a propósito dos mapas da África, os sagazes geógrafos não se cansavam de preencher "cada lacuna com desenhos selvagens". E,

---

67. Victor Hugo, "Discours sur l'Afrique", *Actes et Paroles*, vol. 4, Laffont, col. "Bouquins", Paris, p. 1010.
68. *Ibid.*

"nas colinas onde não mora ninguém", colocaram "um elefante, por falta de cabana".[69]

E então há a face noturna. Com efeito, não se cria somente um objeto imaginário, mas também um homem imaginário, o "negro". De início, ele é chamado de "preto" (espécie de homem-matéria, dado que é mercadoria quantificável), depois de "homem negro" e nele perceberão uma substância imperecível que será designada como a "alma negra". Originariamente, o vocábulo "homem negro" servia, em primeira linha, para descrever e imaginar a diferença africana, pouco importava que "preto" designasse o escravo, enquanto que "negro" se referia ao africano ainda não escravizado.[70] Especialmente a partir da época do tráfico de escravos, foi o seu suposto vazio de humanidade que caracterizou essa diferença. Desse ponto de vista, a cor não era mais que o sinal exterior de uma indignidade ínsita, de uma degradação primordial. Ao longo dos séculos XVIII e XIX, era a esse vazio inaugural que remetia o epíteto ou o atributo "negro". Nessa época, o termo "homem negro" era o nome dado a uma espécie de homem que, embora fosse homem, não merecia o nome de homem. Essa espécie de homem que não sabemos se o é verdadeiramente, descrita ora como "a mais atroz criatura da raça humana", ora como uma massa obscura e um material indiferenciado composto de carne e osso, ou ainda como um homem simplesmente "natural", a exemplo de François Le Vaillant, em 1790.

O vocábulo "homem negro" é também o nome que se dá ao polígamo, cujos temperamento e miséria predispõem ao

---

69. Ver Harold Williams (ed.), *The Poems of Jonathan Swift*, vol. 2, Oxford University Press, Oxford, 1958, p. 645-646.

70. Ver nota na página 55 acima a respeito desse contraste entre preto/*nègre* e negro/*noir*, eficaz no francês, mas sem congruência de sentidos no português. [N.T.]

vício, à indolência, à luxúria e à mentira. Aliás, ao tratar mais tarde da sexualidade dessa espécie de homem, o escritor Michel Cournot dele disse que tinha uma "espada": "Quando [a espada do negro] passou tua mulher a seu fio, ela sentiu qualquer coisa" da ordem da "revelação".[71] Mas tal espada deixou também atrás de si um abismo. E, neste abismo, explicou, "o teu penduricalho fica perdido".[72] E se dedica a comparar o pênis do negro à palmeira e ao pé de fruta-pão, dizendo que não se poria em debandada por um império. Era um homem cujas mulheres, geralmente numerosas, eram escravas de danças lascivas e de prazeres sensuais, como já demostrou Olfert Dapper em 1686.[73] A essa hipersexualidade se junta a idolatria, o primitivismo e o paganismo que, de resto, andam sempre juntos. Afinal, a diferença do "homem negro" se reconhece nitidamente pela tez negra, pela cabeleira lanosa, pelo cheiro e pelas limitadas faculdades intelectuais.

No dispositivo lexical do século XIX, o termo é uma peça-chave da taxonomia da segregação que domina o discurso acerca da diversidade humana. O termo servia para designar "esse homem" diante do qual a Europa não para de se interrogar: "Será um outro homem? Será outra coisa que não homem? Será mais um exemplar do mesmo ou um outro que não o mesmo?" Em suma, dizer de alguém que é um "homem negro" equivale a dizer que se trata de um ser predeterminado biológica, intelectual e culturalmente por sua irredutível diferença. Pertenceria a uma espécie distinta. E era como uma espécie distinta que deveria ser descrito e catalogado. Pela mesma razão, deveria ser submetido a uma classificação

---

71. Michel Cournot, *Martinique*, Gallimard, Paris, 1949, p. 13.

72. *Ibid.*

73. Olfert Dapper, *Description de l'Afrique*, W. Waesberge, Amsterdã, 1686, p. 5.

moral também distinta. No discurso protorracista europeu que abordamos aqui, dizer "homem negro" implicava, pois, evocar as disparidades da espécie humana e remeter ao estatuto de ser inferior que fora designado para o negro, a um período da história em que todos os africanos tinham um estatuto potencial de mercadoria ou, como se dizia na época, de *peça da Índia*.[74]

Limites da amizade

Abordemos este outro aspecto do vocabulário da época, que se refere à amizade para com os africanos. Quanto a isso também existe uma velha tradição francesa que tampouco carece de ambiguidade,[75] que tem por fim dar cabo da hostilidade racial característica da consciência escravagista e da consciência imperial. É uma tradição de duas faces. Por trás de sua face principal, essa amizade é impulsionada principalmente por uma lógica de universalização, na qual intervinham diretamente questões éticas e jurídicas, e, se não de igualdade propriamente dita, ao menos de equidade e de justiça. Essa amizade não decorria de nenhum laço de parentesco ou mesmo de familiaridade ou proximidade com os negros. Pretendia ser uma amizade de citação e uma apóstrofe – citação do escravo, de quem a sociedade francesa nada queria saber, e apóstrofe, protesto, que então ganhava uma dimensão política. Enunciava-se em nome de uma política distinta da política da hostilidade e do pessimismo racial. Essa outra política exigia que a conduta em relação aos

74. Ver Stanley Engerman, Seymour Drescher e Robert Paquette (eds.), *Slavery*, Oxford University Press, Oxford, 2001, p. 184.
75. Ver o estudo de Marcel Dorigny e Bernard Gainot, *La Société des Amis des Noirs (1788–1799). Contribution à l'histoire de l'abolition de l'esclavage*, Unesco, Paris, 1998.

negros fosse justa, reconhecendo que entre nós e eles existia certa mutualidade — a obrigação de responder por eles. Na raiz dessa amizade estava a ideia de que, ao fim e ao cabo, a diferença entre nós e eles não era irredutível.

Sob sua face secundária, essa amizade era fundamentalmente uma amizade de compaixão, de empatia e de simpatia diante dos sofrimentos de que os negros foram vítimas. A partir do século XVIII e sob a influência de autores como Jean-Baptiste Du Tertre e Jean-Baptiste Labat, ou ainda dos trabalhos do Abade Raynal (*Histoire des deux Indes* [*História das duas Índias*], 1770), de Louis-Sébastien Mercier (*L'An 2440* [*O ano 2440*], 1771), do Marquês de Condorcet (*Réflexions sur l'esclavage des Nègres* [*Reflexões sobre a escravidão dos negros*], 1781), o público francês tomou conhecimento do caráter cruel e desumano do tráfico negreiro. No entanto, a maioria desses trabalhos militava somente pela aplicação esclarecida das políticas coloniais e do Código Negro instituído por Luís XIV em 1685, embora alguns defendessem a causa da igualdade das raças. A ideia dominante na época era que, devido à sua inferioridade, os negros eram aptos à escravidão, e sua felicidade só poderia ser alcançada a serviço de um bom senhor. Sob diversos aspectos, a atuação da Sociedade dos Amigos dos Negros se inscreve nessa política da bondade.

Essa política da bondade marca também a ficção e o romance da época. Podemos encontrá-la, por exemplo, no livro de Aphra Ben, *Oroonoko*, traduzido ao francês em 1745. Esse livro abriu caminho para uma corrente negrófila na literatura francesa, que se manifestou nas obras de Jean-François Saint-Lambert (*Ziméo*, 1769), Joseph Lavallée (*Le Nègre comme il y a peu de Blancs*, 1789), Germaine de Staël (*Mirza*, 1795). A peça de Olympe de Gouges, *L'Esclavage des Noirs*, foi encenada na Comédie-Française em 1789. Mas essa simpatia decresceu muito na esteira da insurreição dos escravos em Santo Domingo e dos massacres de colonos em Guadalupe nos anos 1790. Esses acontecimentos permitiram silenciar inúmeros abolicionistas nos decênios seguintes, sobretudo sob Napoleão, cuja política era profundamente negrofóbica.[76] Somente a partir dos anos 1820 foi que se viu ressurgirem ondas de simpatia em relação aos negros, com Prosper Mérimée (*Vivre*, 1829), Claire Duras (*Limites*, 1823), George Sand (*Indiana*, 1832) e Alphonse de Lamartine (*Louverture*, 1850). Algumas variantes desse tipo de amizade fundada na política da bondade não questionavam a fundo o preconceito de inferioridade ligado aos negros. Elas se atinham à ideia de que o "homem negro" vivia numa condição miserável e sórdida e que existiam disparidades físicas, anatômicas e mentais entre europeus e africanos. No entanto, ponderavam que, apesar desse estatuto de inferioridade, os africanos eram dotados de fala. Mereciam a compaixão devida aos outros seres humanos. Sua inferioridade não nos conferia de modo algum o direito de abusar de suas fraquezas. Pelo contrário, impunha-nos o dever de salvá-los e elevá-los até nós.

Assim, durante o período do tráfico de escravos, os "Amigos dos Negros" estavam, em sua maioria, convencidos de que os africanos eram inferiores. Mas não pressupunham que merecessem ser reduzidos à escravidão em decorrência dessa pretensa inferioridade.[77] Eles atribuíam ao "homem negro" um papel alegórico no seio de uma história da humanidade que era, em grande medida, especulativa. Para eles, o negro era o símbolo vivo de uma humanidade antiga, feliz e simples.

76. Yves Benot, *La Révolution française et la fin des colonies, 1789–1794*, La Découverte, Paris, 2004.

77. Sobre este assunto, ver Roxann Wheeler, *The Complexion of Race*, University of Pennsylvania Press, Filadélfia, 2000, p. 256.

No período colonial, esse título é atribuído ao "camponês africano", protótipo da humanidade-criança e da vida simples, alegre e desprovida de artifícios. Em sua nobreza selvagem, a humanidade-criança, envolta na noite da inocência dos tempos primordiais, vivia em harmonia com a natureza e com os espíritos que povoavam a floresta e cantavam nas fontes. Os "Amigos dos Negros" eram capazes de rejeitar a instituição da escravatura e condenar seus efeitos. Face à crueldade e à cupidez dos colonos escravistas, Voltaire, por exemplo, soube dar provas de universalismo e piedade. Porém, ao mesmo tempo que denunciava o sistema iníquo da escravidão, continuava a inscrever seu discurso no paradigma da condescendência.

Assim, em seu *Essai sur les moeurs et l'esprit des nations* [*Ensaio sobre os costumes e o espírito das nações*] (1756), chegou a afirmar: "Seus olhos redondos, seu nariz achatado, seus lábios sempre grossos, suas orelhas desenhadas de forma diferente, a lã da sua cabeça, a própria medida de sua inteligência implicam diferenças prodigiosas entre eles e as outras espécies de homens. E o que demonstra que essas diferenças de modo nenhum se devem ao seu clima é que os negros e as negras transportados aos países mais frios continuam a produzir ali animais da sua espécie, e os mulatos não passam de uma raça impudente de um negro e de uma branca ou de um branco e de uma negra".[78] Já Victor Hugo se desfaz por um detalhe, "que não passa de um detalhe, mas que é imenso: [...] o branco fez do negro um homem; [...] a Europa fará da África um mundo".[79] Foi esse mesmo detalhe que evocou em 1885 Jules Ferry em sua defesa de uma política colonial que desprezava os direitos do homem — doutrina

78. Voltaire, *Oeuvres complètes*, vol. 11, Garnier Frères, Paris, 1878, p. 6.
79. Victor Hugo, "Discours sur l'Afrique", *loc. cit.*

que os sucessivos governos da França desde então se esforçariam por aplicar na África. "É preciso falar mais alto e mais franco!", exclamava Ferry, acrescentando: "É preciso dizer abertamente que de fato as raças superiores têm um direito em face das raças inferiores [...]". A Declaração dos Direitos do Homem não "foi escrita pelos negros da África Equatorial". "Insisto que às raças superiores corresponde um direito porque a elas corresponde um dever. Elas têm o dever de civilizar as raças inferiores".[80]

Esse dogma da "missão civilizadora" minou a maior parte das tentativas de solidariedade com os negros, inclusive durante as lutas anticoloniais. O anticolonialismo francês nunca foi coeso.[81] Incluía, por um lado, aqueles que queriam um império colonial, mas um império fundado no humanismo e na eficácia, e, por outro, aqueles que se recusavam a reconhecer o direito da França a impor sua vontade aos povos estrangeiros, mesmo que em nome da civilização. Entre os anos 1890 e o início do século XX, por exemplo, Jean Jaurès abraçou o conceito de missão civilizadora, que definiu em termos de serviços prestados em caráter de voluntariado. Sua posição mudou por volta de 1905, quando Gustave Rouanet, do jornal *L'Humanité*, revelou os escândalos no Congo.[82] Antes de se converter ao nacionalismo, Charles Péguy publicou em seus *Cahiers de la Quinzaine* relatos sobre as condições nos dois Congos.[83] Apelava à reforma e não ao abandono da mis-

80. *1885: le tournant colonial de la République*, La Découverte, Paris, 2006, p.60-61.

81. Henri Brunschwig, *Mythes et réalités de l'impérialisme colonial français, 1871–1914*, Armand Collin, Paris, 1960, p. 173-184; Charles-Robert Ageron, *L'Anticolonialisme en France de 1871 à 1914*, PUF, Paris, 1973.

82. Harvey Goldberg, *The Life of Jean Jaurès*, University of Wisconsin Press, Madison, 1968, p. 202-203.

83. Pierre Mille e Félicien Challaye, "Les Deux Congos. Devant la Belgique et devant la France", *Cahiers de la Quinzaine*, Paris, 1906.

são civilizadora. Não obstante, era possível encontrar uma crítica sem concessões ao colonialismo no trabalho do socialista Paul Louis e também entre os anarquistas.[84] Paul Louis, em especial, considerava o colonialismo a manifestação orgânica do capitalismo na era do aprofundamento da mecanização, da ruína da pequena indústria e do crescimento contínuo do exército proletário. A crítica anticolonial era feita a partir de uma posição que privilegiava a classe operária — instituição de unificação da humanidade futura. Essa crítica era feita em nome da capacidade do colonialismo de universalizar os conflitos de classe e propagou-se numa época em que as lutas operárias começavam a impor uma certa limitação às formas de sobre-exploração nos países do capitalismo central. Surgia um assalariado relativamente integrado aos circuitos da acumulação ampliada. Para que esse frágil equilíbrio pudesse ser mantido, os métodos mais brutais de sobre-exploração foram transferidos para as colônias. Para atenuar as crises de acumulação, o capital não podia de modo algum abrir mão de subsídios raciais.

---

84. Paul Louis, *Le Colonialisme*, Société Nouvelle de Librairie et d'Édition, Paris, 1905; Paul Vigne d'Octon, *Les Crimes coloniaux de la IIIe République*, vol. 1: "La Sueur du burnous", Éditions de la Guerre sociale, Paris, 1911.

Capítulo 3

DIFERENÇA E AUTODETERMINAÇÃO

Quer se trate de literatura, filosofia, artes ou política, o discurso negro foi dominado por três acontecimentos: a escravidão, a colonização e o *apartheid*. Eles constituem uma espécie de prisão na qual, até hoje, esse discurso ainda se debate. Uma certa inteligência se esforçou em atribuir a esses acontecimentos significados canônicos, dos quais três, em particular, merecem ser evocados. Em primeiro lugar, como sugerimos nos capítulos precedentes, o da *separação de si mesmo*. Essa separação teria acarretado uma tal perda de familiaridade consigo mesmo que o sujeito, tornado estranho para si mesmo, teria sido relegado a uma identidade alienada e quase inerte. Assim, em vez do ser junto a si mesmo (outro nome da tradição), que deveria ter sido sempre a sua experiência, ter-se-ia constituído numa alteridade na qual o eu teria deixado de se reconhecer: o espetáculo da cisão e do desmembramento.[1] Em seguida, a ideia da *desapropriação*.[2] Esse processo remeteria, por um lado, a procedimentos de ordem jurídico-econômica

---

1. Seja chamando-o de alienação ou desenraizamento, a crítica francófona foi a que melhor soube conceitualizar esse processo de "saída de si". Ver especialmente Aimé Césaire, *Discurso sobre o colonialismo*, tradução de Noémia de Sousa, Sá da Costa, Lisboa, 1978; Frantz Fanon, *Pele negra... op. cit.*; Cheikh Hamidou Kane, *L'Aventure ambiguë*, Julliard, Paris, 1961; Fabien Eboussi Boulaga, *La Crise du Muntu, op. cit.*; e, do mesmo autor, *Christianisme sans fétiche. Révélation et domination*, Présence africaine, Paris, 1981.

2. Isso se aplica especialmente aos trabalhos anglófonos de economia política marxista. Acontece que os mesmos se baseiam em teses nacionalistas e dependentistas. A título de exemplo, ver Walter Rodney, *How Europe Underdeveloped Africa*, Howard University Press, Washington, 1981; ou então os trabalhos de autores como Samir Amin, *Le Développement inégal. Essai sur les formations sociales du capitalisme périphérique*, Minuit, Paris, 1973.

que teriam acarretado expropriação e despossessão material, e, por outro, a uma singular experiência de sujeição, caracterizada pela falsificação de si pelo outro e em seguida o estado de máxima exterioridade e de empobrecimento ontológico que daí decorreria.[3] Esses dois gestos (a expropriação material e o empobrecimento ontológico) constituíram os elementos singulares da experiência negra e do drama que seria seu corolário. Por fim, a ideia da *degradação*: a condição servil não teria somente mergulhado o sujeito negro na humilhação, no rebaixamento e num sofrimento inominável. No fundo, ele teria experimentado uma morte civil, caracterizada pela negação da dignidade, pela dispersão e pelo tormento do exílio.[4]

Nos três casos, os acontecimentos fundantes — a escravidão, a colonização e o *apartheid* — teriam servido de núcleo aglutinador do desejo do negro de *se saber ele mesmo* (o momento da soberania) e de *se manter por si mesmo* no mundo (o movimento de autonomia).

Liberalismo e pessimismo racial

É verdade que, de um ponto de vista histórico, a emergência de instituições como a *plantation* e a colônia coincide com o longo período em que se esboça e, por fim, se afirma uma nova razão governamental no Ocidente. Trata-se da razão mercantil, que tem no mercado o mecanismo por excelência

---

3. Em se tratando-se da falsificação e da necessidade de "restabelecer a verdade histórica", ver, por exemplo, os trabalhos dos historiadores nacionalistas: Joseph Ki-Zerbo, *Histoire de l'Afrique d'hier à demain*, Hatier, Paris, 1972; Cheikh Anta Diop, *Antériorité des civilisations nègres*, Présence africaine, Paris, 1967.
4. Sobre a problemática da escravidão como "morte social", ver Orlando Patterson, *Slavery and Social Death. A Comparative Study*, Harvard University Press, Cambridge, 1982.

das trocas e o local privilegiado de veridição tanto da política quanto do valor e da utilidade das coisas em geral. A expansão do liberalismo como doutrina econômica e arte específica de governar foi financiada pelo comércio de escravos, num momento em que, submetidos a uma acirrada concorrência, os Estados europeus se esforçavam para ampliar seu poder e consideravam o resto do mundo sua propriedade e seu domínio econômico.

Em gestação desde a segunda metade do século XV, a *plantation* em particular e, mais tarde, a colônia constituíram, nessa perspectiva, engrenagens essenciais de um novo tipo de cálculo e de consciência planetária. Esse novo tipo de cálculo concebia a mercadoria como a forma elementar da riqueza, sendo o modo de produção capitalista, nessas condições, uma imensa acumulação de mercadorias. As mercadorias só têm valor porque contribuem para a formação de riqueza. É, aliás, nesse sentido que são utilizadas ou trocadas. Na perspectiva da razão mercantilista, o escravo negro é simultaneamente um objeto, um corpo e uma mercadoria. Enquanto corpo-objeto ou objeto-corpo, possui uma forma. É também uma substância potencial. Essa substância, que gera seu valor, deriva de sua energia física. É a substância-trabalho. O negro é, desse ponto de vista, uma matéria energética. Essa é sua primeira porta de entrada no processo de troca.

Existe uma segunda porta, à qual ele acede por via de seu estatuto de objeto de uso, que pode ser vendido, comprado e utilizado. O fazendeiro que compra um escravo negro não o compra nem para o destruir nem para o matar, mas para utilizá-lo, para que produza e aumente sua própria força. Nem todos os escravos negros têm o mesmo preço. A variação de preços diz algo a respeito da suposta qualidade formal de cada um deles. O mais mínimo uso do escravo já reduz, porém, essa suposta qualidade formal. E uma vez desgastado, consumido ou exaurido por seu proprietário, o objeto retorna à natureza, estático e, dali em diante, inutilizável. No sistema mercantilista, o negro é, portanto, esse corpo-objeto e essa mercadoria que passa de uma forma a outra e, quando chega à fase terminal, atingida a exaustão, sofre uma desvalorização universal. A morte do escravo assinala o fim do objeto e sua saída do estatuto de mercadoria.

A razão mercantilista considera o mundo, acima de tudo, como um mercado ilimitado, um espaço de livre concorrência e de livre circulação. A ideia do mundo como superfície percorrida por relações comerciais que atravessam as fronteiras dos Estados e ameaçam tornar obsoleta sua soberania é, sob muitos aspectos, contemporânea do nascimento do direito internacional, do direito civil e do direito cosmopolita, que teria por objetivo garantir a "paz perpétua". A ideia moderna de democracia, tal como o próprio liberalismo, é portanto inseparável do projeto de planetarização comercial, que teve como cadeias nodais a *plantation* e a colônia. Ora, sabemos que tanto a *plantation* quanto a colônia eram, em sua origem, dispositivos raciais num cálculo geral sustentado pela relação de troca assentada na propriedade e no lucro. Existe, portanto, tanto no liberalismo como no racismo uma componente derivada do naturalismo.

No seu curso sobre o *Nascimento da biopolítica*, Foucault afirmou que, na origem, o liberalismo "implica em seu cerne uma relação de produção/destruição [com a] liberdade",[5] mas se esqueceu de explicar que, historicamente, a escravidão dos negros representou o ponto culminante dessa destruição da liberdade. Segundo Foucault, o paradoxo do liberalismo

5. Michel Foucault, *Nascimento da Biopolítica, op. cit.*, p. 87.

é que "[é] necessário, de um lado, produzir a liberdade, mas esse gesto mesmo implica que, do outro lado, se estabeleçam limitações, controles, coerções, obrigações apoiadas em ameaças etc."[6] A produção da liberdade tem, portanto, um custo e seu princípio de cálculo, como acrescentou Foucault, são a segurança e a proteção. Em outras palavras, a economia do poder típica do liberalismo e da democracia de mesma extração se assenta no jogo cerrado da liberdade, da segurança e da proteção contra a onipresença da ameaça, do risco e do perigo. Tal perigo pode decorrer do descompasso na mecânica dos interesses dos diversos componentes da comunidade política. Mas pode se referir também a perigos de origem exterior. Em ambos os casos, "[o] liberalismo se insere num mecanismo em que terá, a cada instante, de arbitrar a liberdade e a segurança dos indivíduos em torno da noção de perigo".[7] O escravo negro representa esse perigo.

A movimentação permanente, a revalidação e a propagação da tópica do perigo e da ameaça — e, consequentemente, o estímulo a uma cultura do medo — fazem parte dos motores do liberalismo. E se esse estímulo à cultura do medo foi a condição, "o correlato psicológico e cultural interno do liberalismo",[8] então, historicamente, o escravo negro foi seu canal. O perigo racial, em particular, constituiu desde as origens um dos pilares dessa cultura do medo intrínseca à democracia liberal. A consequência desse medo, como lembrou Foucault, sempre foi a colossal extensão dos procedimentos de controle, coação e coerção, que, longe de serem aberrações, representam a contrapartida das liberdades. A

6. *Ibid.*

7. *Ibid.*, p. 90.

8. *Ibid.*, p. 91.

raça, e especialmente a existência do escravo negro, desempenhou um papel central impulsionando a formação histórica dessas contrapartidas.

O problema colocado pelo regime de *plantation* e, mais tarde, pelo regime colonial era, na verdade, o da raça enquanto princípio de exercício de poder, regra de sociabilidade e mecanismo de adestramento das condutas com vistas ao aumento da rentabilidade econômica. As ideias modernas de liberdade, igualdade e democracia são, desse ponto de vista, historicamente inseparáveis da realidade da escravidão. Foi no Caribe, mais precisamente na pequena ilha de Barbados, que essa realidade tomou forma pela primeira vez, antes de se disseminar pelas colônias inglesas da América do Norte, onde a dominação de raça sobreviveu a quase todos os grandes momentos históricos: à revolução do século XVIII, à Guerra Civil e à Reconstrução no século XIX e até mesmo às grandes lutas pelos direitos civis um século depois. A revolução feita em nome da liberdade e da igualdade se acomodou, pois, muito bem à prática da escravidão e da segregação racial.

Esses dois flagelos estiveram, no entanto, no centro dos debates sobre a independência. Aos escravos, os ingleses acenaram com a promessa de libertação. Procuraram recrutá-los para suas fileiras, no combate à revolução. O espectro de uma insurreição generalizada de escravos — velho medo do sistema americano, desde suas origens — continuava a pairar sobre a guerra de independência. De fato, durante os conflitos, dezenas de milhares de escravos proclamaram sua libertação. Consideráveis deserções ocorreram na Virgínia. Havia um fosso entre a maneira como os negros concebiam sua libertação (como algo a conquistar) e a ideia que dela faziam os revolucionários (como algo que lhes deveria ser gradualmente concedido). Encerrado o conflito, o sistema escravista não estava de modo algum desmantelado. A Declaração de Independência e a Constituição representavam manifestamente textos de libertação, exceto no que dizia respeito à raça e à escravidão. No momento em que se libertavam de uma tirania, outra se consolidava. Já a ideia de igualdade formal entre cidadãos brancos emergiu a reboque da revolução, consequência de um esforço consciente de criação de uma distância social entre os brancos, de um lado, e os escravos africanos e os índios, de outro, cuja exploração seria justificada em razão de sua preguiça e luxúria. E se, mais tarde, durante a Guerra Civil, houve relativa igualdade no sangue vertido por brancos e negros, a abolição da escravatura não implicou nenhuma compensação em favor dos antigos escravos.

Interessante a esse respeito é o capítulo que Alexis de Tocqueville dedicou, em seu retrato da democracia americana, ao "estado atual e o futuro provável das três raças que habitam o território dos Estados Unidos". Tratava-se, de um lado, da raça dos homens "por excelência", os brancos, primeiros em brilho, pujança e fortuna; e, de outro, das "raças infortunadas", representadas por negros e índios. Essas três formações raciais não pertencem à mesma família. Elas não se distinguem apenas umas das outras. Tudo, ou quase, as separa — a educação, a lei, a origem, a aparência — e a barreira que as divide é, de seu ponto de vista, quase insuperável. O que as une é sua potencial inimizade, estando o branco "para os homens das outras raças como o próprio homem está para os animais", na medida em que "ele os faz servir a seu uso e, quando não os pode dobrar, os destrói".[9] Os negros foram particularmente afetados por este processo

---

9. Alexis de Tocqueville, *A democracia na América, vol.1 – Leis e Costumes*, tradução de Eduardo Brandão, 2ª. ed., Martins Fontes, São Paulo, 2005, p. 374.

de destruição, uma vez que a opressão lhes suprimiu "quase todos os privilégios de humanidade". O negro dos Estados Unidos, acrescentou Tocqueville, "perdeu até mesmo a lembrança de seu país: não ouve mais a língua que seus pais falaram, abjurou a religião e esqueceu os costumes deles. Deixando assim de pertencer à África, não adquiriu, porém, nenhum direito aos bens da Europa; deteve-se entre as duas sociedades; ficou isolado entre os dois povos; vendido por um e repudiado pelo outro, não encontrando no universo inteiro senão o lar de seu amo para lhe fornecer uma imagem incompleta da pátria".[10]

Para Tocqueville, o escravo negro apresenta todos os traços da degradação e da abjeção. Ele suscita aversão, repulsa e nojo. Animal de manada, é o símbolo de uma humanidade castrada e atrofiada, da qual emana uma exalação envenenada, uma espécie de horror constitutivo. Deparar-se com o escravo é experimentar um vazio tão espetacular quanto trágico. O que o caracteriza é a impossibilidade de encontrar um caminho que não leve constantemente de volta ao ponto de partida que é a escravidão. É o gosto do escravo pela submissão. Ele "admira seus tiranos mais ainda do que os odeia e encontra sua alegria e seu orgulho na servil imitação dos que o oprimem".[11] Propriedade de outro, é inútil a si mesmo. Não dispondo da propriedade de sua pessoa, "o cuidado com sua própria sorte não lhe cabe; o próprio uso do pensamento lhe parece um dom inútil da Providência, e ele desfruta calmamente de todos os privilégios de sua baixeza".[12] Esse gozo dos privilégios da baixeza é uma predisposição quase inata. É ainda um escravo que

10. *Ibid.*
11. *Ibid.*, p. 375.
12. *Ibid.*

não está em luta contra o seu senhor. Não arrisca nada, nem mesmo a sua vida. Não luta para satisfazer suas necessidades animais, e menos ainda para exprimir qualquer soberania que seja. Prefere a servidão e sempre recua diante da morte. "O cativeiro o embrutece e a liberdade o faz perecer".[13] Em contrapartida, o senhor vive no medo constante da ameaça. O terror que o circunda é a possibilidade de ser morto por seu escravo, ou seja, por uma figura de homem que ele de modo nenhum reconhece como inteiramente humano.

O fato de não existir negro algum que tenha aportado livremente às margens do Novo Mundo, aos olhos de Tocqueville, é justamente um dos dilemas insolúveis da democracia americana. Para ele, não há solução para o problema das relações entre raça e democracia, já que o fato primordial da raça constitui um dos perigos futuros da democracia: "O mais temível de todos os males que ameaçam o futuro dos Estados Unidos vem da presença dos negros em seu solo".[14] E acrescenta: "Você pode tornar livre o negro, mas não conseguirá que ele não esteja, diante do europeu, na posição de um estrangeiro".[15] Em outras palavras, o alforriamento dos escravos não apaga nenhuma das manchas de ignomínia que os maculam em decorrência de sua raça — ignomínia que faz com que negro necessariamente rime com servidão. "A lembrança da escravatura desonra a raça, e a raça perpetua a lembrança da escravatura", salienta Tocqueville. Além disso, "nesse homem que nasceu na baixeza, nesse estrangeiro que a servidão introduziu entre nós, mal reconhecemos os traços gerais da humanidade. Seu rosto nos parece hediondo, sua inteligência nos

13. *Ibid.*
14. *Ibid.*, p. 394.
15. *Ibid.*, p. 395.

parece limitada, seus gostos são vis; por pouco não o tomamos por um ser intermediário entre a besta e o homem."[16]

Na democracia liberal, a igualdade formal pode, portanto, caminhar lado a lado com o preconceito natural que leva o opressor, muito tempo ainda após a alforria do escravo, a seguir desprezando aquele que fora seu inferior. Aliás, sem a destruição do preconceito, essa igualdade é apenas imaginária. A lei viria a fazer dele nosso igual, sem que o negro jamais chegasse a ser nosso semelhante. Um "espaço intransponível", insiste Tocqueville, separa assim o negro da América do europeu. Essa diferença é imutável, funda-se na própria natureza, e o preconceito que a envolve é indestrutível. É a razão por que as relações entre as duas raças só podem oscilar entre a degradação ou a escravização dos negros pelos brancos, de um lado, e o risco de destruição dos brancos pelos negros, de outro. Tal antagonismo é intransponível.

A segunda forma assumida pelo medo sentido pelo senhor branco é o de ser confundido com a raça aviltada e se assemelhar ao seu antigo escravo. Deve, portanto, mantê-lo cautelosamente à distância e dele se afastar o máximo que puder. É o que explica a ideologia da separação. O negro pode ter obtido a liberdade formal, "mas não pode compartilhar nem os direitos, nem os prazeres, nem os trabalhos, nem as dores, nem mesmo o túmulo daquele de quem foi declarado igual; em nenhum lugar poderia encontrar-se com este, nem na vida nem na morte".[17] E Tocqueville explica: "Não lhe fecham as portas do céu, porém a desigualdade mal se detém à beira do outro mundo. Quando o Negro falece, jogam seus ossos em separado, e a diferença de condição se encontra até mesmo

16. *Ibid.*, p. 396.
17. *Ibid.*, p. 397-398.

na igualdade da morte".[18] Aliás, o preconceito racial "parece aumentar à proporção que os negros deixam de ser escravos e a desigualdade se grava nos costumes à medida que se apaga nas leis".[19] A abolição do princípio de escravidão não significa necessariamente a libertação dos escravos e a igualdade distributiva. Apenas contribui para fazer deles "desgraçados destroços",[20] destinados à destruição.

Tocqueville avalia que a questão das relações entre raça e democracia só podem ser reguladas de duas maneiras: "os negros e os brancos terão de se confundir inteiramente ou se separar".[21] Mas afasta definitivamente a primeira solução: "Não creio que a raça branca e a raça negra chegarão, em lugar nenhum, a viver em pé de igualdade"[22] —, pois, segundo ele, tal "mistura" só poderia ser consumada sob um regime despótico. Na democracia, a liberdade dos brancos só é viável se for acompanhada pela segregação dos negros e o isolamento dos brancos na companhia de seus semelhantes. Ou seja, se a democracia é fundamentalmente incapaz de resolver a questão racial, a pergunta passa a ser como poderá a América se livrar dos Negros. Para evitar a luta de raças, os negros devem desaparecer do Novo Mundo e regressar ao seu lar, de onde vieram originariamente. Assim, os brancos se desenvencilhariam da escravidão "sem nada ter a temer dos negros libertos".[23] Qualquer outra opção só pode ter como resultado a "ruína de uma das duas raças".[24]

18. *Ibid.*, p. 397.
19. *Ibid.*, p. 398.
20. *Ibid.*, p. 406.
21. *Ibid.*, p. 411.
22. *Ibid.*
23. *Ibid.*, p. 416.
24. *Ibid.*

Um homem como os outros?

Na época de Tocqueville, eram claros os termos em que a questão se colocava: seriam os negros capazes de se autogovernar? A dúvida acerca da aptidão dos negros para se autogovernarem remete a outra, mais fundamental, e que, esta sim, se inscrevia no modo como os tempos modernos haviam resolvido o complexo problema da alteridade, de um modo geral, e, em específico, do estatuto do *signo africano* no seio dessa economia da alteridade. Para apurar as implicações políticas desses debates, talvez seja preciso lembrar que, a despeito da revolução romântica, uma tradição bem estabelecida da metafísica ocidental definia o ser humano com base no domínio da linguagem e da razão. De fato, não existe humanidade sem linguagem. A razão, em especial, confere ao ser humano uma identidade genérica, de essência universal, a partir da qual emana um conjunto de direitos e valores. A razão une a todos os seres humanos. Ela é idêntica em cada um deles. É do exercício dessa faculdade que provêm não apenas a liberdade e a autonomia, mas também a capacidade de conduzir a vida individual de acordo com princípios morais e uma ideia do bem. Sendo assim, a questão na época era saber se os negros eram seres humanos como todos os outros. Era possível encontrar neles também a mesma humanidade, apenas dissimulada sob designações e figuras diferentes? Pode-se identificar em seu corpo, em sua linguagem, em seu trabalho e em sua vida o produto de uma atividade humana, a manifestação de uma subjetividade, em suma, a presença de uma consciência como a nossa — presença que nos autorizaria a considerar cada um deles, tomados individualmente, como um *alter ego*?

Essas questões ensejaram três tipos de respostas a implicações políticas relativamente distintas. A primeira resposta consistia em situar a experiência humana do negro na ordem da diferença fundamental. A humanidade do negro não possuía história enquanto tal. Essa humanidade sem história não conhecia nem o trabalho, nem a proibição e menos ainda a lei. Não estando de modo nenhum liberta da necessidade animal, dar ou receber a morte não significava qualquer violência aos olhos do negro. Um animal podia sempre comer um outro. O *signo africano* possuía assim algo de distinto, de singular e de indelével que o separava de todos os outros signos humanos. Nada dava melhor testemunho dessa especificidade que o corpo, suas formas e suas cores.[25] Ele não abrigava consciência nenhuma, nem apresentava traços quaisquer de razão e de beleza. Consequentemente, não se lhe podia dar o sentido de um corpo de carne semelhante ao meu, uma vez que ele consistia tão somente em matéria estendida e em objeto fadado ao perigo e à destruição. É essa centralidade do corpo — e sobretudo da sua cor — no cálculo da sujeição que explica a importância que ganharam, ao longo do século XIX, as teorias da regeneração física, moral e política dos negros. Estes tinham desenvolvido concepções de sociedade, de mundo e do bem que em nada atestavam o poder de invenção e da universalidade próprios à razão. Nem suas representações, nem sua vida, nem seu trabalho, nem sua linguagem e nem seus atos, incluindo a morte, obedeciam a regra ou lei nenhuma da qual fossem capazes, por conta própria, de conceber o sentido ou justificar a validade. Era em virtude dessa diferença radical, desse *ser-à-parte*, que se justificava sua exclusão, de fato e de direito, da esfera da cidadania humana plena: nada

25. Sobre a centralidade do corpo enquanto unidade ideal do sujeito, lugar de reconhecimento de sua unidade, de sua identidade e de sua verdade, ver Umberto Galimberti, *Les Raisons du corps*, Grasset/Mollat, Paris/Bordeaux, 1998.

teriam a contribuir para o trabalho do espírito e nem para o projeto do universal.[26]

Um deslocamento significativo se operou na época do abolicionismo e do ocaso do tráfico negreiro. Decerto persiste a tese do negro como "homem à parte", mas ocorre uma ligeira variação no bojo da antiga economia da diferença, fazendo emergir o segundo tipo de resposta. A tese da *não similitude* não foi repudiada, porém não mais se fundava unicamente no vazio do signo enquanto tal. Tratava-se, agora, de preencher o signo com um conteúdo. Se o negro era um ser à parte, isso se devia ao fato de haver coisas suas, costumes, que não caberia abolir nem destruir, mas sim corrigir. Tratava-se de inscrever a diferença numa ordem institucional distinta, ao mesmo tempo que se obrigava essa ordem distinta a operar num quadro fundamentalmente desigual e hierarquizado. O súdito dessa ordem era o nativo e o modo de governo que lhe convinha era a administração indireta — forma de domínio pouco onerosa e que, nas colônias britânicas sobretudo, permitia comandar os nativos de maneira regular, com poucos soldados, mas se servindo de suas paixões e costumes e opondo-os uns aos outros.[27] A diferença era assim, relativizada mas ela continuava a justificar simultaneamente o direito de mando e a relação de desigualdade. Tida, aliás, como natural, essa desigualdade

26. Sobre esse ponto e tudo o que o precede, ver, entre outros, Pierre Pluchon, *Nègres et Juifs au XVIIIe siècle. Le racisme au siècle des Lumières*, Tallandier, Paris, 1984; Montesquieu, *De l'esprit des lois*, vol. 1, Garnier/Flammarion, Paris, 1979 [*O espírito das leis*, tradução Cristina Murachco, Martins Fontes, São Paulo, 2000]; Voltaire, "Essais sur les mœurs et l'esprit des nations et sur les principaux faits de l'histoire depuis Charlemagne jusqu'à Louis XIV", em *Œuvres complètes*, vol. 16, Imprimerie de la Société littéraire et typographique, Paris, 1784-1789; Emmanuel Kant, *Observations sur le sentiment du Beau et du Sublime*, Vrin, Paris, 1988.

27. Thomas R. Metcalf, *Ideologies of the Raj*, Cambridge University Press, Cambridge, 1995.

não é menos justificada pela diferença.[28] Mais tarde, o Estado colonial utilizaria os costumes, isto é, o princípio da diferença e da desigualdade, para fins de segregação. Seriam produzidas formas de saber específicas (a ciência colonial) com o objetivo de documentar a diferença, de eliminar a pluralidade e a ambivalência e de fixá-la num cânone. O paradoxo desse processo de abstração e reificação é que, por um lado, tem a aparência de reconhecimento; por outro, constitui em si um juízo de moralidade, uma vez que o costume, afinal, só é singularizado para melhor indicar a que ponto o mundo do nativo, em sua naturalidade, em nada coincide com o nosso; em suma, não faz parte do nosso mundo e, por isso, não poderia servir de base à experiência de uma cidadania comum.

Um terceiro tipo de resposta advém da chamada política de assimilação. Por princípio, a ideia de assimilação se baseia na possibilidade de uma experiência do mundo que fosse comum a todos os seres humanos ou, melhor, na experiência de uma humanidade universal, fundada numa semelhança essencial entre os seres humanos. Nem esse mundo comum a todos os seres humanos nem essa semelhança seriam, no entanto, dadas de antemão ao nativo. Ele ainda teria de ser convertido. Sua educação seria a condição para que fosse percebido e reconhecido como nosso semelhante e para que sua humanidade deixasse de ser irrepresentável e inapreensível. Nessas condições, o *assimilado* seria um indivíduo pleno e não um súdito dos costumes. Poderia deter direitos e usufruí-los, não em virtude de seu pertencimento a um grupo étnico, mas

---

28. A forma institucional mais acabada dessa economia da alteridade é o regime do *apartheid*, no qual as hierarquias são de ordem biológica. Sua versão menor é o *indirect rule*. Ver Lucy P. Mair, *Native Policies in Africa*, Routledge and Kegan Paul, Londres, 1936; Frederick D. Lugard, *The Dual Mandate in British Tropical Africa*, W. Blackwood & Sons, Londres, 1980.

devido ao seu estatuto de sujeito autônomo, capaz de pensar por si mesmo e de exercer esta faculdade precipuamente humana que é a razão. Seria a prova da possibilidade de que o negro se poderia tornar, sob determinadas condições, se não nosso igual, pelo menos nosso *alter ego*, e de que a diferença poderia ser abolida, eliminada ou reduzida. Assim, a essência da política de assimilação era dessubstancializar a diferença, por todos os meios, para uma categoria de nativos dessa forma cooptados para o espaço da modernidade por terem sido "convertidos" e "educados", ou seja, tornados aptos para a cidadania e para o gozo dos direitos civis.

O universal e o particular

Quando a crítica negra se apoderou da questão do autogoverno ao fim do tráfico atlântico e mais tarde no rastro das lutas pela descolonização, ela herdou essas três respostas e as contradições que engendravam. Essa crítica aceitou em sua essência as categorias de base de que se servia na época o discurso ocidental para dar conta da história universal. A noção de "civilização" era uma delas.[29] Ela autorizava a distinção entre o humano e aquilo que não o é de modo nenhum ou não o é o bastante ainda, mas que pode se tornar humano mediante um adestramento adequado.[30] Considerava-se então que os três vetores desse adestramento eram a conversão ao cristianismo, a introdução à economia de mercado pela via da arregimentação para o trabalho, e a adoção de

29. Ver os textos reunidos em Henry S. Wilson (ed.), *Origins of West African Nationalism*, Macmillan-St. Martin's Press, Londres, 1969.
30. Ver, por exemplo, Nicolas de Condorcet, "Réflexions sur l'esclavage des nègres" [1778], in *Œuvres*, vol. 7, Firmin-Didot, Paris, 1847-1849, p. 79.

formas racionais e esclarecidas de governo.[31] Para os primeiros pensadores africanos modernos, a libertação da escravatura equivalia antes de mais nada à aquisição do poder formal de decidir sobre si mesmo de modo autônomo. Seguindo nisso as tendências do momento, os nacionalismos africanos do pós-guerra substituíram o conceito de "civilização" pelo de "progresso". Mas foi para melhor abraçar as teleologias da época.[32] A possibilidade de uma modernidade alternativa não estava excluída *a priori*. Daí a aspereza dos debates sobre "o socialismo africano", por exemplo. Mas a questão da conquista do poder dominava o pensamento e a prática dos nacionalismos anticoloniais. Foi o caso da maioria das situações de luta armada. Na justificativa do direito à soberania e à autodeterminação e na luta para chegar ao poder, duas categorias centrais foram mobilizadas: por um lado, a figura do negro enquanto "vontade sofredora" e sujeito vitimado e lesado; por outro, a recuperação e a reutilização, pelos próprios negros, da temática da diferença cultural, que, como acabamos de ver, estava no centro das teorias coloniais da inferioridade e da desigualdade.

Essa maneira de se autodefinir se apoiava numa leitura do mundo que foi amplificada mais tarde pelas correntes ideológicas que reivindicavam tanto o progressismo e o radicalismo quanto o nativismo. No cerne do paradigma da vitimização se encontrava uma visão da história enquanto série de fatalidades. Esta seria essencialmente comandada por forças que nos escapam, seguindo um ciclo linear livre de acidentes, sempre

31. Ver Edward W. Blyden, *op. cit.*; e, do mesmo autor, *Liberia's Offering*, J. A. Gray, Nova York, 1862.
32. Ver, a título de exemplo, os textos reunidos por Aquino de Bragança e Immanuel Wallerstein (eds.), *The African Liberation Reader*, 3 volumes, Zed Press, Londres, 1982.

o mesmo, espasmódico, repetindo-se infinitas vezes, segundo a trama da conspiração, urdida por um inimigo externo, mais ou menos oculto, sempre apoiado em cumplicidades íntimas. Era essa leitura conspiratória da história que se apresentava como discurso radical da emancipação e da autonomia, fundamento de uma pretensa política da africanidade. Mas, por detrás da neurose da vitimização, se escondia, na verdade, um pensamento negativo e circular. Para funcionar, ele precisava de superstições, tinha que criar as suas próprias lendas que, subsequentemente, passavam por coisas reais. Precisava fabricar máscaras que eram conservadas na medida em que eram remodeladas em função das épocas. O mesmo ocorria com a dupla formada pelo carrasco (o inimigo) e sua vítima (inocente). O inimigo — ou o carrasco — encarnaria a maldade absoluta. A vítima, cheia de virtudes, seria incapaz de violência, terror ou corrupção. Nesse universo fechado, no qual "fazer a história" se resumia a caçar os inimigos e a tentar aniquilá-los, qualquer dissensão era interpretada como uma situação extrema. O sujeito negro só existia na luta violenta pela conquista do poder — e sobretudo do poder de derramar sangue. O negro, sujeito castrado e instrumento passivo da fruição do outro, só se torna ele mesmo no ato por meio do qual arrebatava ao colono o poder de derramar sangue e o exercia ele mesmo. A história participaria, afinal, de uma grande economia da feitiçaria.

Como já assinalamos, outro traço preponderante do discurso negro consistia em retomar, internalizar e empregar em benefício próprio a ideologia da diferença cultural. Esta se apoiava em três bengalas — a raça, a geografia e a tradição. De fato, a maior parte das teorias políticas do século XIX estabeleceram uma estreita relação entre o sujeito humano e o sujeito racial. Em grande medida, liam previamente o sujeito humano através do prisma da raça. A própria raça era entendida como um conjunto de propriedades fisiológicas visíveis e de características morais discerníveis. Eram essas propriedades e características que, conforme se pensava, distinguiam as espécies humanas entre si.[33] As propriedades fisiológicas e as características morais permitiam, além disso, classificar as espécies humanas no interior de uma hierarquia cujos efeitos de violência são tanto políticos quanto culturais.[34] Como já indicado, ocorre que a classificação em vigor ao longo do século XIX basicamente excluía os negros do círculo da humanidade ou, em todo caso, designava-lhes um estatuto de inferioridade na escala das raças. Foi essa recusa de humanidade (ou esse estatuto de inferioridade) que obrigou o discurso dos negros a se inscrever, desde as suas origens, numa tautologia: "nós também somos seres humanos".[35] Ou então: "nós temos um passado glorioso que comprova esta humanidade".[36] Foi também essa a razão que fez com que o discurso sobre a identidade negra, desde a sua origem, contivesse em seu âmago uma tensão da qual tem até hoje dificuldade para se libertar: o negro faz parte da identidade humana genérica?[37] Ou então, em vez disso, deveria insistir, em nome da diferença e da singularidade, na possibilidade de diversas figuras culturais de uma mesma

33. Ver Emmanuel Kant, *Anthropology from a Pragmatic Point of View*, Southern Illinois Press, Chicago, 1978.
34. Ver Pierre Guiral e Émile Temine (eds.), *L'idée de race dans la pensée politique française contemporaine*, Éditions du CNRS, Paris, 1977.
35. Ver a importância dessa temática em Frantz Fanon, *Pele negra...*, *op. cit.*; em Aimé Cesaire, *Discurso sobre o colonialismo*, *op. cit.*; e, de maneira geral, na poesia de Léopold Sédar Senghor.
36. William E. B. Dubois, *The World and Africa. An Inquiry into the Part which Africa has Played in World History*, International Publishers, Nova York, 1946.
37. Ver, a respeito disso, as últimas páginas de Frantz Fanon, *Pele negra...*, *op. cit.*

humanidade — figuras cuja vocação não fosse a de se bastarem a si mesmas e cuja destinação final fosse universal?[38]

A reafirmação de uma identidade humana negada por outrem, nesse sentido, fazia parte do discurso da refutação e da reabilitação. Porém, se o discurso da reabilitação procurava confirmar a *copertença* negra à humanidade geral, ele tampouco não recusava — exceto em raras ocasiões — a ficção de um sujeito racial ou da *raça em geral*.[39] Na realidade, ele abraça essa ficção. Isso era válido tanto para a Negritude quanto para as diversas variantes do pan-africanismo. De fato, nessas proposições — todas elas portadoras de um imaginário da cultura e de um imaginário da política —, era a raça que efetivamente permitia fundamentar não apenas a diferença em geral, mas também a própria ideia de nação e de comunidade, uma vez que eram os determinantes raciais que deviam servir de base moral à solidariedade política. A raça servia de prova (ou talvez de justificação) para a existência da nação. Era ela que era, ao mesmo tempo, o sujeito moral e o fato imanente da consciência. Numa grande parte do discurso negro, os alicerces fundamentais da antropologia do século XIX — a saber, o preconceito evolucionista e a crença no progresso — permaneceram intactas, com a racialização da nação e nacionalização da raça andando lado a lado.

No fosso da raça, desaparece, de fato, a tensão latente que sempre marcou a reflexão sobre a identidade negra em geral.

38. Tese de Léopold Sédar Senghor, "Negritude: A Humanism of the Twentieth Century", em Patrick Williams e Laura Chrisman (eds.), *Colonial Discourse and Postcolonial Theory. A Reader*, Harvester Wheatsheaf, Nova York, 1994, p. 27-35.
39. Ver, quanto a isso, a crítica que Kwame Anthony Appiah faz dos textos de Alexander Crummel e William E. B. Dubois em *My Father's House. Africa in the Philosophy of Culture*, Methuen, Londres, 1992 (capítulos 1 e 2). Ver também o seu "Racism and Moral Pollution", *Philosophical Forum*, vol. 18, nº 2-3, 1986-1987, p. 185-202.

Essa tensão opunha uma abordagem universalizante e que invocava a *copertença* à condição humana a outra, particularista, que insistia na diferença e no dessemelhante, pondo o acento não na originalidade enquanto tal, mas no princípio da repetição (os costumes) e nos valores da autoctonia. Na história do pensamento negro dos dois últimos séculos, o ponto de reconciliação dessas duas abordagens político-culturais foi a raça. A defesa da humanidade do negro esteve quase sempre ligada à reivindicação do caráter específico da sua raça, das suas tradições, dos seus costumes e da sua história. Toda a linguagem se desenvolveu ao longo desse limite do qual decorreram todas as representações do que era "negro". A revolta se erguia não contra a pertença do negro a uma raça distinta, mas contra o preconceito de inferioridade agregado a essa raça. A dúvida não incidia sobre a especificidade da cultura dita africana: o que se proclamava era a relatividade das culturas em geral. O "trabalho em prol do universal" consistia, nessas condições, em enriquecer a *ratio* ocidental com a contribuição que constituem os "valores de civilização" negros, o "gênio próprio" da raça negra, cuja pedra angular seria especialmente a "emoção". Senghor chamou a isso de "encontro entre o dar e o receber", que deveria ter como um de seus resultados a mestiçagem das culturas.[40]

Foi a partir desse fundo de crenças comuns que se desenvolveram os discursos sobre a diferença cultural. Os defensores da diferença negra, da ideia de uma autoctonia africana, tentaram, a partir do século XIX, encontrar uma denominação geral e um lugar onde ancorar essa narrativa. Esse local geográfico seria a África tropical, por linha de ficção que fosse.

---

40. Léopold Sédar Senghor, *Liberté I: négritude et humanisme,* Seuil, Paris, 1964; e depois *Liberté III: négritude et civilisation de l'universel,* Seuil, Paris, 1977.

Tratava-se de abolir a anatomia fantasiosa inventada pelos europeus e que fora ecoada por Hegel e outros.[41] Fosse como fosse, os membros apartados seriam colados de volta. O corpo fragmentado seria reconstituído no zênite imaginário da raça e, se necessário, nos traços irradiantes do mito.[42] O esforço, em seguida, seria reencontrar a tal africanidade num conjunto de traços culturais específicos que a pesquisa etnológica se encarregaria de fornecer. Por fim, a historiografia nacionalista vasculharia os impérios africanos de outrora, talvez o Egito faraônico, em busca dos remanescentes que faltassem.[43] Pelo que aqui se considera, essa abordagem — retomada por correntes ideológicas que invocam o progressismo e o radicalismo — consistiu em estabelecer de início uma quase equivalência entre raça e geografia e, depois, em derivar a identidade cultural a partir da relação entre os dois termos, sendo a geografia o lugar favorecido para que as instituições e o poder da raça tomem corpo.[44] O pan-africanismo de fato definia o nativo e o cidadão identificando-os com o negro. O negro se tornava cidadão porque era um ser humano dotado, como todos os outros, de razão; mas a isso se acrescia o duplo fato da sua cor e do privilégio de ser autóctone. Autenticidade racial e territorialidade se confundiam e,

41. Georg Wilhelm Friedrich Hegel, *A Razão na História...*, *op. cit.*

42. Ver, em especial, no mundo francófono, os trabalhos de Cheikh Anta Diop, e, no mundo anglófono, as teses sobre o afrocentrismo de Molefi Asante, *Afrocentricity*, Africa World Press, Trenton, 1988.

43. Ver, entre outros, os trabalhos de Théophile Obenga, *L'Afrique dans l'Antiquité. Égypte pharaonique — Afrique noire*, Présence africaine, Paris, 1973.

44. Encontra-se, paradoxalmente, o mesmo impulso e o mesmo desejo de confluência da raça e da geografia nos escritos racistas dos colonos brancos na África do Sul. Para maiores detalhes, ver John M. Coetzee, *White Writing. On the Culture of Letters in South Africa*, Yale University Press, New Haven, 1988. Ver especialmente os capítulos que dizem respeito a Sarah Gertrude Millin, Pauline Smith e Christiaan Maurits van den Heever.

nessas circunstâncias, a África passou a ser o país dos negros. Desde logo, tudo o que não era negro não era de lá e, consequentemente, não podia reivindicar nenhuma africanidade. Corpo espacial, corpo racial e corpo cívico não passavam de uma só coisa. O primeiro atestava a autoctonia comum, em virtude da qual todos os nascidos nesta terra ou que partilhassem a mesma cor e os mesmos ancestrais seriam irmãos ou irmãs. O referente racial se encontrava, pois, na base do parentesco cívico. Para determinar quem era negro e quem não era, a imaginação identitária não teria valor algum sem a consciência racial. Doravante, o negro seria não um qualquer que simplesmente participasse da condição humana, mas sim *aquele que, nascido na África, vivesse na África e fosse de raça negra*. A ideia de uma africanidade que não fosse negra era simplesmente da ordem do impensável. Nessa lógica de designação das identidades, os não negros não eram daqui (autóctones), pois vieram de fora (assentados). Daí a impossibilidade de conceber, por exemplo, a existência de africanos de origem europeia.

Ora, em decorrência do tráfico de escravos, existem negros que vivem em países longínquos. Como dar conta da sua inserção numa nação definida racialmente quando a geografia os desligou do seu lugar de nascença e do lugar onde vivem e trabalham? Para consagrar sua africanidade, foi proposto que regressassem pura e simplesmente à África, pois o espaço geográfico africano constituiria o lar natural dos negros, que viveriam em condição de exílio desde que a escravidão os afastara do seio africano.[45] Em grande medida, o horizonte

---

45. Devem "regressar à terra dos [seus] pais [...] e ficar em paz" (*return to the land of [their] fathers and be at peace*), resume Blyden (em *Christianity, Islam and the Negro Race, op. cit.*, p. 124.)

de um eventual regresso (o *Back-to-Africa movement*) atravessava o movimento pan-africanista. Ainda mais fundamentalmente, o pan-africanismo se desenvolveu no seio de um paradigma racista cujo momento de triunfo foi representado do pelo século XIX europeu.[46] Discurso da inversão, obteve suas categorias fundamentais nos próprios mitos aos quais pretendia se opor e reproduziu as suas dicotomias (diferença racial entre negro e branco, confronto cultural entre civilizados e selvagens, oposição religiosa entre cristãos e pagãos, convicção de que a raça funda a nação e vice-versa). Inscrevia-se numa genealogia intelectual fundada na *territorialização da identidade, por um lado, e na racialização da geografia, por outro,* na qual o mito de uma cidade (*polis*) racial fazia esquecer que, na origem do exílio, certamente estava a avidez do capitalismo, mas lá estava também a perseguição e morte entre membros da família, lá estavam fratricidas.[47]

Tradição, memória e criação

Mostramos que, por trás de uma certa retórica da diferença cultural, operou-se, na verdade, um trabalho político de seleção numa memória que se acreditava ordenada em torno do duplo desejo de soberania e de autonomia. Paradoxalmente, esse trabalho apenas serviu para reforçar nos negros o ressentimento e a neurose da vitimização. Como retomar, da estaca zero, a interrogação sobre a diferença negra, compreendida

46. A África enquanto mitologia racial pode ser encontrada tanto nos trabalhos de William E. B. Dubois quanto nos de Cheikh Anta Diop, ou ainda nos de Wole Soyinka. Deste último, ver *Myth, Literature and the African World*, Cambridge University Press, Cambridge, 1976.

47. Joseph C. Miller, *Way of Death. Merchant Capitalism and the Angolan Slave Trade* (1730–1830), University of Wisconsin Press, Madison, 1988.

desta vez não como um gesto de ressentimento e de nostalgia, mas como um gesto de autodeterminação? Esta nova interrogação pode ser feita sem uma crítica da memória e da tradição, isto é, sem um esforço consciente para discernir aquilo que, na diferença, é capaz de oferecer possibilidades de criação ou recriação?

Essa foi a questão que, já em 1885, Alex Crummel colocou, nos termos de uma possível política do futuro, do "tempo por vir" (*the time to come*).[48] O tempo que ele tinha em mente era uma categoria simultaneamente política e existencial. Segundo Crummel, o ponto de partida de um pensamento sobre o "tempo por vir" é o reconhecimento do fato de que não se pode viver no passado. O passado pode servir como motivo de inspiração. Pode-se aprender com o passado, mas os conceitos morais de dever, de responsabilidade e de obrigação decorrem diretamente do nosso entendimento do futuro. O tempo do futuro é o da esperança. O presente é o tempo do dever. Crummel criticou os negros por modelarem excessivamente sua conduta pelos "filhos de Israel". "Muito tempo depois do seu êxodo e da sua libertação da escravidão, muito tempo depois da derrota do Faraó, já deveriam ter fixado seus olhos na Terra prometida e começado a aspirar à liberdade, mas ainda não deixaram de olhar para trás, para o Egito", afirmou. Qualificou de "mórbida" qualquer economia da memória que leve o sujeito a converter em morada "coisas repugnantes", a "se apegar àquilo que é sombrio e triste", tudo isso levando à degeneração. O que explica esse apego, prosseguiu, é o apetite pela morte. A essa memória que se desdobra nos termos de um irrefreável apetite pela

---

48. Alex Crummel, *Africa and America. Addresses and Discourses*, Negro Universities Press, Nova York, 1969 [1891], p. 14.

morte, ele opôs dois tipos de capacidades e de práticas: a esperança e a imaginação. Crummel introduziu uma distinção entre a memória da escravidão e o apelo perene a um passado de desventura e de degradação. A passagem da escravidão à liberdade não exigia apenas um tratamento sutil da memória. Requeria ainda uma reformulação das inclinações e dos gostos. Ao sair da escravidão, a reconstrução do indivíduo implicava, pois, um enorme trabalho sobre si mesmo, trabalho este que consistia em inventar uma nova interioridade.[49]

Fabien Eboussi Boulaga, por sua vez, propôs reler a diferença a um só tempo como memória vigilante, modelo de identificação crítica e modelo utópico.[50] A diferença negra, por si só, não constituía nem um gesto de inocência, nem um gesto de autodeterminação. Enquanto memória, tratava-se de uma diferença que fora vencida ou humilhada. No fundo, alguns elementos desta diferença sofreram uma perda irremediável, a ponto de jamais poderem ser recuperados. Poderiam apenas ser evocados. Essa função evocativa poderia ser uma função libertadora — sob a condição de não se perder de modo algum em meio à nostalgia e à melancolia. Em toda diferença existem aspectos internos que as expõem ao risco de serem violadas ou, nas palavras de Eboussi Boulaga, "convidam ao atentado".[51] Existem maneiras de invocar a diferença que se assemelham a um consentimento à escravização, assim como só existe alienação quando, para além da coerção, se sucumbe à sedução. Determinadas formas da

49. *Ibid.*, p. 14-36.
50. Para aquilo que vem a seguir, encontramos abundante inspiração nas reflexões de Fabien Eboussi Boulaga sobre a "tradição". Ver *La Crise du Muntu, op. cit.*, p. 152-172.
51. *Ibid.*, p. 152.

diferença carregam em si os próprios germes mortais, a sua finitude. Existe, portanto, um paradigma negativo da diferença, na medida em que esta abre caminho às forças da desumanização. Não existe, *a priori*, razão nenhuma para se apegar a isso cegamente.

Ao tratar da "tradição", Eboussi Boulaga afirmou que a função da vigilância era impedir a repetição. "A memória vigilante se impõe para se livrar da repetição da alienação da escravatura e da colonização", isto é, "a domesticação do homem, sua redução à condição de objeto", a espoliação do seu mundo, "a ponto de ele próprio se renegar ou se destruir, estrangeiro em sua terra, em sua língua, em seu corpo, excedente na existência e na história".[52] Outras modalidades da diferença se traduzem seja pela rejeição ou pela fetichização de tudo o que é estrangeiro, ou então, em certos casos, retraduzem qualquer novidade em termos antigos — o que permite negá-la ou neutralizá-la. Outras instâncias da diferença negativa se relacionam com o abandono da responsabilidade, com a culpabilização de todos, menos de si mesmo, com a constante imputação da escravização inicial à ação exclusiva de forças externas e com a exoneração dos seus próprios poderes. Dito isso, não é que Eboussi recuse a diferença em si. Para ele, o reconhecimento da existência daquele que não corresponde a si mesmo ou que não remeta a si mesmo acompanha necessariamente o gesto de separação dos outros e de identificação consigo mesmo. Existe um momento de autonomia em relação aos outros seres humanos que não é, em princípio, um momento negativo. Devido a vicissitudes da história, esse momento, se for bem vivido, permite ao negro se redescobrir como fonte autônoma de criação, demonstrar que é humano,

52. *Ibid.*, p. 153.

DIFERENÇA E AUTODETERMINAÇÃO

encontrar sentido e fundamento naquilo que é e naquilo que faz.[53] Por outro lado, a diferença positiva é uma abertura ao futuro. Remete não a uma apologética, mas ao reconhecimento daquilo que cada um, como humano, faz na obra de constituição do mundo. Em todos os casos, a destruição das diferenças e o sonho de imposição de uma língua única para todos estão fadados ao fracasso. A unidade não passa de outro nome para a multiplicidade e a diferença positiva só pode ser uma diferença viva e interpretante.[54] É fundamentalmente uma orientação rumo ao futuro.

Resta desconstruir a própria tradição, que frequentemente serviu de contraponto ao discurso sobre a diferença, revelando seu caráter inventado. De acordo com esse ponto de vista, a África enquanto tal — acrescida do negro — só existe a partir do texto que a constrói como ficção do outro.[55] É a esse texto que se atribui em seguida uma potência tão estruturante que o indivíduo que quiser falar com uma voz autenticamente sua sempre incorre no risco de somente conseguir se exprimir a partir de um discurso pré-constituído, que ou mascara o seu próprio discurso, ou o censura ou o impele à imitação. Em outras palavras, a África só existe a partir de uma biblioteca colonial que se imiscui e se insinua por todo lado, até mesmo no discurso que a pretende refutar, a ponto de se tornar, em matéria de identidade, tradição ou autenticidade, se não impossível, ao menos difícil, distinguir o original de sua cópia e de seu simulacro. Sendo assim, só é possível problematizar a identidade negra enquanto identidade em devir. Nessa perspectiva, o mundo já não representa, em si,

53. *Ibid.*, p. 156.
54. *Ibid.*, p. 158
55. V. Y. Mudimbe, *The Invention of Africa*, Indiana University Press, Bloomington, 1988; e *The Idea of Africa*, Indiana University Press, Bloomington, 1994.

uma ameaça. Ele surge, pelo contrário, como uma vasta rede de afinidades.[56] Não existe identidade negra tal como existem os Livros Revelados. Há uma identidade em devir que se alimenta ao mesmo tempo das diferenças entre os negros, sejam étnicas, geográficas ou linguísticas, e das tradições herdadas do encontro com *Todo-Mundo*.[57]

A circulação dos mundos

De fato, nas práticas culturais históricas, a diferença se constituiu por meio de um triplo processo de entrelaçamento, mobilidade e circulação. Tomemos, a título de exemplo, as duas disciplinas do islã e do cristianismo. Como um dos invólucros mais antigos das identidades negras, pelo menos em algumas regiões do continente, o islã precedeu em muito o tráfico atlântico e o momento colonial propriamente dito. É composto por diferentes tradições organizadas em confrarias nas quais as elites religiosas reinterpretam o Corão, ensinam-no e tentam traduzir seus protocolos em uma ordem jurídica passível de ser imposta tanto aos crentes como aos não crentes. Desse ponto de vista, o islã funciona como um dispositivo formal de governança, como uma fábrica de sujeitos e como uma figura da soberania.

56. Kwame Anthony Appiah, *In My Father's House, op. cit.*, p. 284 e segs. Num estudo posterior, Appiah denuncia a estreiteza das posições nacionalistas, afirmando a possibilidade da dupla ancestralidade e invocando um cosmopolitismo liberal. Ler Kwame Anthony Appiah, "Cosmopolitan Patriots", *Critical Inquiry*, vol. 23, nº 3, 1997, p. 617-639.

57. No original, italicizado pelo autor, *Tout-Monde*, termo da lavra do escritor martinicano Édouard Glissant, amplamente desenvolvido em seu *Traité du Tout-monde* (Gallimard, Paris, 1997), onde diz chamar de "Todo-mundo nosso universo conforme muda e permanece em permutação, e, ao mesmo tempo, a 'visão' que temos dele. A totalidade-mundo em sua diversidade física e nas representações que ela nos inspira" (p. 176). [N.T.]

A despeito de sua diversidade, há algo que une essas diferentes tradições: o privilégio que conferem à fé na determinação das relações entre identidade, política e história. Sob vários aspectos, a autoridade de que se revestem essas tradições é uma autoridade conquistadora e segura de si. As maneiras de governar, as maneiras de crer e as maneiras de fazer comércio estão interligadas segundo o princípio dos vasos comunicantes. E, se algo separa o islã das outras religiões na África, é sem dúvida o modo como o ato de piedade responde, feito um eco, ao ato guerreiro. Com efeito, no afã de se impor, a fé islâmica não se priva nem do uso da força nem de uma certa estética da violência. As ditas guerras santas e conversões forçadas são legitimadas e autorizadas pelo imperativo da retidão e da salvação. Quando a conversão forçada suplanta a adesão livre, uma relação senhor-escravo acaba por se sobrepor à relação crente-infiel.

Na medida em que as leis da religião definem modalidades de pertença e de exclusão, a observância dos preceitos religiosos (como viver moralmente aos olhos de Deus) se tornam a condição de admissão numa nação imaginária cujas fronteiras físicas e simbólicas se estendem ao longe: a comunidade dos crentes. Fora desse domínio que constitui a comunidade de crentes, suas cidades, suas caravanas, seus negociantes e seus homens letrados, não há nada além de impiedade. Tudo o que se situa para além dos limites do mundo da Revelação (o *dar al-islam*, ou o império do islã) pode ser arrasado e tem por vocação ser reduzido à escravidão. Estritamente falando, as novas terras que ainda não se abriram ao islã compõem o *dar al-harb*, o terreno da guerra. Em sua penetração na África, essa ambição belicosa (assim como o apetite pelo luxo e a brutalidade que foram seus corolários) não impediu, contudo, que o islã também se apresentasse aos convertidos como uma proposta de vida ética plena.

A segunda disciplina foi o cristianismo. Em sua origem, a relação judaico-cristã com a África era dominada pelo tema das trevas, tragédia primordial que consistiu em encobrir a verdade com toda espécie de superstições. Na narrativa judaico-cristã, a África constitui a metáfora por excelência da queda. Habitada por figuras humanas acorrentadas na noite sombria, viveria afastada de Deus. Seria essa, aliás, a essência do paganismo: por todo lado dissimulação, ausência de discernimento, desatino, recusa em ver a luz, em suma, corrupção do ente humano. Porém, em vez da relação belicosa típica do islã, o judeo-cristianismo oferecia uma outra figura da violência: a da misericórdia e da piedade. O projeto, com efeito, era se libertar dos grilhões, isto é, separar o que vinha do mundo das aparências e do regime da falsidade daquilo que emanava da verdade. Pois as aparências simulam uma presença e é essa presença que é preciso despertar (teologia das pedras de espera).

Era por isso que, em lugar de uma vida puramente objetal, pois desprovida de qualquer conteúdo moral e estético, em lugar de um mundo estático e imutável, povoado por máscaras e fetiches, em lugar da miríade de objetos profanos e em lugar de um material humano bruto, o cristianismo propunha aos nativos uma maneira de iniciação na busca da verdade, um projeto de libertação e de cura, em suma, a promessa de uma vida nova. Fazendo isso, não abolia pura e simplesmente o mundo da alegoria, mas estabelecia uma nova relação entre este e o mundo do acontecimento. O acontecimento é a promessa de eleição para a salvação, que consiste num conjunto de ideias que, por seu caráter encantatório, poderiam ser qualificadas de mágico-poéticas. É o caso da ressurreição dos mortos, sonho sublime dominado pelo desejo de um tempo absoluto, essa amplidão infinita que são o tempo e o espaço da imortalidade. O preço do acesso a essa promessa reside no abandono de uma existência dissipada em troca da redenção. A conversão à verdade revelada acarreta, por sua vez, um verdadeiro trabalho sobre si mesmo, a supressão de qualquer identidade distinta e separada, a abolição da diferença e a adesão a uma humanidade doravante universal.

O mesmo projeto de universalização era encontrado na colonização, que se apresentava, pelo menos no plano retórico, como herdeira do Iluminismo. Enquanto tal, afirmava derivar seu governo da razão universal. A razão universal supõe a existência de um sujeito homônimo, cuja universalidade é encarnada por sua humanidade. Seria o reconhecimento dessa humanidade comum que autorizaria o acolhimento da personalidade jurídica de cada indivíduo no seio da sociedade civil. De resto, não se pode falar de sujeito universal sem que se admita uma noção do direito na qual todos sejam idênticos, todos tenham valor. A disciplina colonial formalizou dois mecanismos de organização da sociedade e da política que buscou justificar por referência à razão: o Estado e o mercado. O Estado apareceu primeiro sob a sua forma primitiva, a do "comando", antes de se converter em dispositivo de civilização dos costumes. Em sua vertente primitiva, o mercado, por sua vez, se inscreveu no imaginário autóctone em seu aspecto mais abjeto: o tráfico de seres humanos. Seria apenas progressivamente, com a intensificação do apetite pela mercadoria que se transformaria numa imensa máquina produtora de desejos. Após a Segunda Guerra Mundial, a disciplina colonial acenou aos colonizados com três outras espécies de bens — a cidadania, a nação e a sociedade civil. Porém, impediu que tivessem acesso a elas até sua fase terminal. Assim como o islã e o cristianismo, a colonização também foi um projeto de universalização. Sua finalidade era inscrever os colonizados no espaço da modernidade. Mas a sua vulgaridade, a sua brutalidade tão habitualmente desenvolta e a sua má-fé fizeram do colonialismo um exemplo perfeito de antiliberalismo.

A formação das identidades africanas contemporâneas não se fez de modo algum por referência a um passado vivido à maneira de uma sorte lançada de uma vez por todas, mas no mais das vezes com base na capacidade de colocar o passado entre parênteses — condição de abertura ao presente e à vida em curso. É o que indica, por exemplo, uma leitura histórica das reapropriações locais das três disciplinas acima evocadas. Assim, ao projeto islâmico os africanos responderam com o que poderíamos qualificar de assimilação criativa. No seio dessas culturas marcadas pela oralidade, a hegemonia do Livro foi relativizada. O núcleo da doutrina foi reinterpretado de uma maneira que deixou amplamente aberta a resposta à questão de saber o que constituiria, exatamente, uma sociedade ou um governo islâmico. Desta abertura — que era ao mesmo tempo uma recusa a encerrar qualquer possibilidade de encontro — emergiram práticas populares de observância da fé e da lei que deixaram amplo espaço às artes da cura e da adivinhação, por exemplo, ou ainda à interpretação de sonhos, em suma, aos recursos do misticismo e aos abundantes repertórios órficos das tradições locais.

A África muçulmana também produziu seus eruditos e seus reformadores. Em sua maioria, eram também guerreiros. Outros eram grandes negociantes, envolvidos em trocas comerciais longínquas. Escribas, sábios, legistas e exegetas do Corão, alguns deles meros escravos e griôs, edificavam a cidade terrestre e reinterpretavam as histórias herdadas do

Profeta, com os olhos fixos nas mercadorias e, no caso de alguns deles, suscetíveis ao apelo do luxo. Atentos aos detalhes de cada lugar e situação, reescreveram tanto o próprio islã quanto a identidade africana, não raro de forma inusitada, num audacioso comércio com o mundo. Desse processo emergiram diversas variantes do islã e uma pluralidade de culturas políticas do religioso. No centro de algumas dessas tradições, o Estado, por exemplo, é apenas uma das várias formas possíveis de organização social, incapaz, por si só, de abarcar o imaginário da comunidade. Noutras, é a própria autoridade política que é eivada de suspeição. Não correria ela o risco de corromper o religioso? Daí, por exemplo, a tese do "retraimento" defendida por muitos estudiosos. Aliás, o modelo islâmico de organização da cidade não se baseia nos estatutos herdados, mas na submissão espiritual ao xeique (caso dos sufis). E mais ainda, a adesão voluntária à confraria sobrepuja a conscrição religiosa.

Em todo caso, a pluralidade de respostas doutrinárias é manifesta, tanto do ponto de vista teológico quanto do ponto de vista das práticas populares da fé. As três categorias do juízo racional (o necessário, o impossível e o contingente) abrandam consideravelmente o dogma do absoluto divino. Por fim, uma pedagogia fundada na memorização deu origem a uma cultura religiosa e profana em que não era necessário dominar a língua árabe de ponta a ponta e em que os sinais esotéricos tinham tanto peso quanto as realidades objetivas, se não mais. De todos os encontros entre a África e as religiões monoteístas, é sem dúvida alguma ao islã que melhor se aplica a metáfora das "bodas da árvore e da linguagem" evocada por Walter Benjamin. Os ramos e a copa se curvam com altivez. Os galhos não escondem nem sua inclinação, nem sua inacessibilidade. A folhagem se eriça e estremece diante das carícias de uma corrente de ar ou, por vezes, as confronta. Enquanto isso, o tronco tem sempre os pés fincados em suas raízes.[58]

Diversos fatores explicam esta labilidade. O primeiro se refere à capacidade de extensão e dispersão espacial, e, portanto, de negociação das distâncias. Assim, na África Ocidental, vários feixes ligam os mundos árabe-berberes aos mundos africanos negros. As confrarias estão dispersas em volta de polos geográficos a partir dos quais se disseminam. Deriva daí o caráter organizado das migrações e das trocas comerciais de longa distância. Mas, qualquer que seja a distância, uma estreita relação sempre liga o migrante ao seu local de partida. Há algo da ordem da imagem que sempre o prende e traz de volta. A identidade, por sua vez, é composta na interface entre esse ritual do enraizamento e essa rítmica do afastamento, na passagem constante do espacial ao temporal e do imaginário ao órfico.

O segundo se refere a uma prática da fronteira que privilegia as *identidades itinerantes,* de circulação. Historicamente, o apego ao território e ao solo na África sempre foi contextual. Em alguns casos, as entidades políticas eram delimitadas não por fronteiras, no sentido clássico do termo, mas por uma imbricação de espaços múltiplos, constantemente feitos, desfeitos e refeitos tanto pelas guerras e pelas conquistas quanto pela mobilidade de bens e pessoas. Escalas de medição bastante complexas permitiam estabelecer correspondências

---

58. A passagem parafraseia parte do aforismo benjaminiano: "Os ramos, e com eles a copa, balançavam-se pensativos ou dobravam-se renunciantes; os galhos mostravam-se complacentes ou arrogantes; a folhagem eriçava-se contra uma rude corrente de ar, estremecendo diante dela ou lhe fazendo frente; o tronco dispunha de um bom pedaço de solo sobre o qual se assentar". Cf. Walter Benjamin, *Rua de mão única. Obras escolhidas, vol. 2,* tradução de Rubens Rodrigues Torres Filho e José Carlos Martins Barbosa, Brasiliense, São Paulo, 1987, p. 264. [N.T.]

produtivas entre as pessoas e as coisas, podendo umas ser convertidas nas outras, como foi o caso durante o período do tráfico de escravos. Poder-se-ia dizer que, operando por empurrões, desgarramentos e cisões, a territorialidade pré--colonial era uma *territorialidade itinerante*. Essa também era uma das modalidades de constituição das identidades.

Noutros casos, o domínio dos espaços se firmava no controle dos homens; noutros ainda, no das localidades e, por vezes, na combinação de ambos. Entre entidades políticas distintas podiam-se espalhar vastas extensões, verdadeiras zonas-tampão sobre as quais não havia nem controle direto, nem domínio exclusivo, nem tutela próxima. Por vezes ainda, as dinâmicas espaciais tendiam a fazer da fronteira um verdadeiro limite físico e social, acompanhando o princípio da dispersão e da desterritorialização das lealdades. Com efeito, estrangeiros, escravos e súditos podiam depender de diversas soberanias ao mesmo tempo. A própria multiplicidade das lealdades e das jurisdições vinha em resposta à pluralidade das formas de territorialidade. Disso resultava, com frequência, uma extraordinária sobreposição de direitos e um emaranhado de laços sociais que não tinham relação nem com o parentesco, nem com a religião e nem com a casta considerados isoladamente. Esses direitos e laços se combinavam com as figuras da localidade, mas ao mesmo tempo as transcendiam. Vários centros de poder podiam incidir sobre um mesmo lugar, que, por sua vez, podia depender de um outro lugar próximo, longínquo ou até imaginário.

Fosse ela estatal ou de outra extração qualquer, a fronteira só tinha sentido nas relações que mantinha com as outras formas de diferença e de discriminação social, jurisdicional e cultural, com as formas de contato e de entrelaçamento em operação num determinado espaço. Tratava-se, pois, não de fronteiras no sentido legal do termo, mas de confins de países e de espaços imbricados, considerados no seu conjunto. Podiam também ser ampliados, a reboque de conquistas ou aquisições. Eram fronteiras frequentemente caracterizadas pela extensibilidade e pela incompletude. É, portanto, plausível que, no passado, os processos de formação identitária tenham sido regidos pela mesma lógica que regia a instituição da fronteira e as próprias lutas sociais: a lógica das redes imbricadas umas nas outras segundo o princípio de entrelaçamento. As instituições encarregadas de negociar a fronteira eram as mesmas que tinham a incumbência de negociar as identidades, regular o comércio caravaneiro, cimentar as alianças verticais e laterais e, eventualmente, conduzir a guerra. Aliás, na maioria dos casos, guerra, mobilidade e comércio se combinam, especialmente quando a guerra e o comércio acompanham a propagação do islã. Não existe comércio, aliás, se não houver capacidade de criar alianças transversais, de ampliar e fortalecer pontos nodais num espaço incessantemente móvel. Da mesma forma, a guerra é sempre uma guerra de movimento. A verdadeira identidade, nesse contexto, não é necessariamente a que fixa a um lugar, mas a que permite negociar a travessia de espaços que, por conta de sua geometria variável, estão eles próprios em circulação.

Por fim, o gênio mimético. Mais do que pelo rigor crítico, a história cultural do islã na África foi marcada de ponta a ponta por um extraordinário poder de imitação e um dom inigualável para produzir semelhanças a partir de diferentes signos e linguagens. Inúmeras tradições islâmicas africanas resolveram o problema da estraneidade do islã de maneira complexa. A sua identidade religiosa se construiu reunindo palavras que significavam coisas distintas em diferentes línguas e ordenando-as em torno de um significado central que funcionaria então ao mesmo tempo como imagem e miragem, parábola e alegoria. E assim, por ter conseguido engendrar relações onomatopeicas entre a escrita e a linguagem, o islã consiste no arquivo mais perfeito da semelhança na história da formação das identidades na África.

Se for comparado com a longa duração do islã no continente, o processo de osmose entre o cristianismo e as formas simbólicas autóctones sem dúvida é recente. As reações africanas ao projeto universalista judaico-cristão não foram menos complexas. Sabe-se que, seguindo nisso o discurso nativista, a teologia cristã africana se cristalizou, desde suas origens, na noção da perda, da cisão e da supressão da identidade que teria resultado do encontro entre o dogma cristão e os universos autóctones de significações.[59] A história e a antropologia recentes revelam, no entanto, que a prática dos indivíduos foi totalmente diferente. Longe de ser o movimento de abolição de si mesmo temido pelos teólogos da aculturação, o cristianismo, sem se despojar do seu conceito, foi tomado pelo avesso, decomposto, depois recoberto com a máscara e a parafernália ancestrais. Ele apareceu inicialmente aos negros como um imenso campo de sinais que, uma vez decodificados, abriram caminho a uma profusão de práticas sempre mais distantes da ortodoxia.[60] Os africanos beberam nessa fonte como que diante de um espelho no qual viam refletida sua sociedade e sua história.

Assim se explica, em grande medida, a aparente facilidade com que o cristianismo pode ser domesticado e traduzido em sistemas locais de inteligibilidade. Ele se apresentou aos

---

59. Oscar Bimwenyi-Kweshi, *Discours théologique négro-africain. Problème des fondements*, Présence africaine, Paris, 1981.
60. Jean Comaroff e John Comaroff, *Of Revelation and Revolution*, vol. 2, Chicago University Press, Chicago, 1990.

africanos, ademais, como alegoria e como estética, donde o imenso trabalho sobre as formas e sobre as linguagens a que foi submetido. Uma dessas linguagens é a do Espírito e da sua força absoluta, via de entrada para a utopia, ao mesmo tempo que um espetáculo que constantemente permitiu um desdobramento do tempo e uma apreensão do mundo e das coisas pelo avesso. Por fim, não se pode subestimar o seu poder de encantamento. Tal como o colonialismo, o cristianismo foi recebido como uma magia: combinação de terror e sedução traduzida com perfeição pelas categorias de salvação e redenção. Dessa perspectiva, foi crucial na recepção do cristianismo entre os negros o desejo de soberania, tão bem sintetizado na ideia de ressurreição dos mortos. O poder dessa metáfora reside em sua profundidade trágico-poética, em sua violência onírica e em sua capacidade de simbolização. Por um lado, é a manifestação, em todo o seu esplendor e miséria, dos limites do próprio princípio divino: a história de um Deus cuja existência se acaba numa cruz. Por outro lado, nesse sonho reside um poder de encantamento da vida humana naquilo que ela tem de mais inapreensível: o triunfo de um homem recoberto com todos os atributos da soberania divina e cuja onipotência resplandece na noite da morte, ao sair do sepulcro.

Na maior parte dos movimentos pentecostais da África, esse poder de encantamento e de simbolização é utilizado como um recurso que permite ao crente conceber sua existência não tanto de forma puramente político-instrumental, mas sim como gesto artístico e projeto estético, que se abre tanto à ação sobre si mesmo e sobre o mundo quanto à meditação e à contemplação. Não seria possível existir discurso nenhum sobre as formas contemporâneas da identidade africana que não leve em conta esse gênio herético que se encontra na base do encontro entre a África e o mundo. Desse gênio herético emana a capacidade dos africanos de habitar vários mundos e de se situar nos dois lados da imagem ao mesmo tempo. Esse gênio opera por enrolamento do sujeito no acontecimento, cindindo as coisas, desdobrando-as, intensificando a teatralidade que sempre acompanha qualquer manifestação da vida. É esse mesmo gênio herético que, levado ao extremo, produz situações de extraordinária instabilidade, volatilidade e incerteza. Se, como se tende a acreditar, a África foi falsificada no contato com o exterior, como dar conta da falsificação à qual os negros, por sua vez, em seu esforço para ingerir o mundo, submeteram o mundo?

183

Capítulo 4

O PEQUENO SEGREDO

O capítulo a seguir se afasta em muitos aspectos das preocupações de praxe nos debates sobre a memória, a história e o esquecimento. Meu interesse não é precisar o estatuto da memória na operação historiográfica e nos processos de conhecimento em geral e ainda menos destrinchar as relações entre a memória coletiva e a memória individual, a memória viva e a memória morta. Decerto são complexas as distâncias (mas também os parentescos) entre a memória enquanto fenômeno sociocultural e a história enquanto epistemologia, como são manifestas as interferências entre o discurso histórico e o discurso da memória. O que, sim, me interessa é dizer algo sobre a forma como poderíamos pensar os modos de inscrição da colônia no texto negro.

Essa maneira de definir o tema apresenta dificuldades evidentes. As formas negras de mobilização da memória da colônia variam segundo as épocas, as questões e as situações. Quanto aos modos de representação da experiência colonial propriamente dita, vão desde a comemoração ativa até o esquecimento, passando pela nostalgia, pela ficção, pelo recalque, pela amnésia, pela reapropriação e por diversas formas de instrumentalização do passado nas lutas sociais em curso. A contrapelo das leituras instrumentalistas do passado, sustento, porém, que a memória, tal como a lembrança, a nostalgia ou o esquecimento, é constituída em primeira linha por um entrelaçado de imagens psíquicas. É sob esta forma que ela surge no campo simbólico, também no campo político ou ainda no campo da representação. Seu conteúdo são imagens de experiências primordiais e originárias situadas no passado e que não se pôde necessariamente testemunhar. O importante na memória, na lembrança ou no esquecimento não é pois tanto a verdade, mas o jogo de símbolos e a sua circulação, os desvios, as mentiras, as dificuldades de articulação, os pequenos atos falhos e os lapsos, em suma, a resistência à admissão. Enquanto complexos de representação poderosos, a memória, a lembrança e o esquecimento são, estritamente falando, atos sintomáticos. Esses atos só têm sentido em relação a um segredo, que não chega realmente a sê-lo, mas que nos recusamos a admitir. É nesse aspecto que derivam de uma operação psíquica e de uma crítica do tempo.

Interessamo-nos particularmente pelos aspectos da memória negra da colônia que fazem desta, por um lado, o lugar da perda e, por outro, o lugar da constituição de uma dívida. Que, nos textos canônicos negros, a colônia apareça sobretudo como lugar de uma perda — o que, por sua vez, possibilita a reclamação de uma dívida entre o ex-colonizado e o ex-colonizador — é algo que não deixa de estar relacionado à própria natureza do potentado colonial e à maneira como ele fez uso de duas alavancas: por um lado, as funções de terror (seu lado maldito) e, por outro, as funções fantasmáticas (seu pequeno segredo). Dito isso, resta o fato de que construir a memória da colônia não é apenas se envolver num trabalho psíquico. É também operar uma crítica do tempo e dos artefatos que pretendem ser os substitutos últimos da própria substância do tempo (estátuas, lápides, monumentos, efígies).

Histórias do potentado

Nas escritas negras de si, a colônia aparece como uma cena original que não preenche somente o espaço da lembrança, à maneira de um espelho. Ela é representada também como uma das matrizes significantes da linguagem sobre o passado e o presente, a identidade e a morte. Ela é o corpo que dá carne e peso à subjetividade, algo que não só relembramos como continuamos a experimentar, visceralmente, muito tempo depois de sua desaparição formal. Fazendo isso, os negros lhe outorgam os atributos de uma potência inaugural, dotada de uma *psyché,* esse duplo do corpo vivo, "réplica que tomamos pelo próprio corpo, que dele tem a exata aparência, as vestes, os gestos e a voz", ao mesmo tempo que participa de uma sombra cuja essência é a evanescência — o que só agrega ao seu poder morfogênico.[1]

Por meio da sua literatura, das suas músicas, religiões e artefatos culturais, os negros desenvolveram, assim, uma fenomenologia da colônia que lembra, em muitos aspectos, aquilo que em psicanálise se chama de "experiência do espelho", nem que seja apenas porque nessa cena parece ser representado não somente o confronto do colonizado com o seu reflexo especular, mas também a relação de captura que ancorou sua descendência na imagem aterrorizante e no demônio do outrem no espelho, no seu totem. Mais radicalmente, nos textos canônicos negros, a colônia surge sempre como a cena onde o eu foi roubado do seu teor e substituído por uma voz cujo condão consiste em ganhar corpo num signo que desvia, revoga, inibe, suspende e erradica qualquer vontade de autenticidade. É a razão pela qual, nesses textos, construir a memória da colônia é quase sempre relembrar um descentramento primordial entre o eu e o sujeito.

Dessa difração original se deduz, geralmente, que *o eu autêntico se teria tornado um outro.* Um eu alheio (alienado) teria sido colocado no lugar do eu próprio, fazendo assim do

---

1. Jean-Pierre Vernant, *Figures, idoles, masques,* Julliard, Paris, 1990, p. 29.

negro o portador, a despeito dele, de significados secretos, de obscuras intenções, de um inquietante estranhamento que comanda a sua existência sem seu conhecimento e que confere a certos aspectos da sua vida psíquica e política um caráter noturno e quiçá demoníaco. Logo se alega que o Ocidente seria inteiramente culpado por essa fratura interna, e o processo de cura visaria, então, pôr fim a essa fissura psíquica. Escapar *disto* (a colônia como figura da intrusão e da discordância) exigiria que fosse restaurada no sujeito uma matriz simbólica original (a tradição) capaz de impedir o desmembramento do corpo Negro. O ex-colonizado poderia então, dali em diante, nascer para si e para um mundo que seria inteiramente seu, de todos os pontos de vista, e a loucura à qual o espelho o levara seria enfim conjurada. Não chega a espantar, portanto, que uma posição tão central seja destinada à colônia no discurso sobre a estruturação do "eu" negro e nem que a colônia tenha sido considerada uma experiência tão crucial no advento do sujeito. Isso está associado, de um lado, com a natureza do potentado colonial e, por outro, com a maneira como esse potentado produziu seus súditos e como estes acolheram o poder que presidiu sua chegada ao mundo.

Frantz Fanon, que a experimentou diretamente, defendeu em sua época que a colônia era o resultado de uma "conquista militar continuada e reforçada por uma administração civil e policial"[2]. Em outras palavras, a matriz principal desta técnica da dominação que foi a colonização era originariamente a guerra, modalidade máxima da *luta até a morte*. Poder-se-ia acrescentar, parafraseando Michel Foucault, que,

---

2. Frantz Fanon, *Em defesa da revolução africana*, tradução de Isabel Pascoal, Sá da Costa, Lisboa, 1980, p. 90.

na colônia, essa luta até a morte é, no fundo, uma guerra das raças.[3] Foi essa relação de força originária, essa pioneira relação de enfrentamento que a administração civil e a polícia se esforçaram para transformar em relação social permanente e em fundamento indelével de todas as instituições coloniais de poder. É a razão por que Fanon diz da violência que não é apenas consubstancial à opressão colonial. A duração no tempo de um tal sistema, ele mesmo estabelecido pela violência, é, explica ele, "função da manutenção da violência".[4]

A violência tem uma tripla dimensão. É "violência no comportamento cotidiano" do colonizador em relação ao colonizado, "violência em relação ao passado" do colonizado, "que é esvaziado de qualquer substância", e violência e injúria em relação ao futuro, "pois o regime colonial se apresenta como algo que deve ser eterno".[5] Mas a violência colonial é, na realidade, uma rede, "ponto de encontro de violências múltiplas, diversas, reiteradas, cumulativas", vividas tanto no plano do espírito como no "dos músculos, do sangue".[6] Segundo Fanon, a dimensão muscular da violência colonial é tal que até os sonhos do nativo são profundamente afetados por ela. A tensão muscular do colonizado é liberada periodicamente, seja em explosões sanguinárias (principalmente em lutas tribais), seja na dança e na possessão. De resto, práticas como a dança e a possessão constituem, a seu ver, modos de relaxamento do

---

3. Michel Foucault, *Em defesa da sociedade, op. cit.*, p. 70. É preciso compreender que, para Foucault, o termo "raça" não tem um sentido biológico estável. Designa tanto clivagens histórico-políticas quanto diferenças de origem, de língua, de religião, mas sobretudo um tipo de vínculo que só é estabelecido por meio da violência da guerra (p. 95).

4. Frantz Fanon, "Pourquoi nous employons la violence", Anexo de *L'An V de la révolution algérienne*, em *Œuvres, op. cit.*, p. 414.

5. *Ibid.*, p. 414.

6. *Ibid.*

colonizado, que tendem a assumir a forma de uma "orgia muscular, no curso da qual a agressividade mais aguda e a violência mais imediata são canalizadas, transformadas, escamoteadas".[7]

Fanon mostrou em seguida que a colônia deveria ser entendida como uma formação de poder dotada de uma vida sensorial relativamente própria.[8] Para funcionar, essa formação de poder precisava se apoiar num dispositivo fantasmático sem o qual qualquer repetição do gesto colonial fundador teria sido fadada ao fracasso. Antes dele, Aimé Césaire havia afirmado que, em seu princípio, a colonização vinha carregada por duas sombras maléficas: de um lado, o que ele chamava de *apetite* ou então de *cupidez*; e, de outro, a força (e especialmente o fato de matar, pilhar e embrutecer). A isso acrescentava "as volúpias sádicas, as inomináveis delícias que fazem tremelicar a carcaça de Loti, quando retém, no fundo do seu binóculo de oficial, um bom massacre de anamitas".[9] Césaire e Fanon explicavam que este gesto arcaico (matar, pilhar e embrutecer) constituía a *parte maldita* da colônia e tinha sua fonte na razão sacrificial — aquela que, obstinando-se a "ver no outro o animal, se exercita a tratá-lo como animal" e, por fim, transforma-se o colono, "ele próprio, em animal".[10] Em outras palavras, as raízes profundas da colônia devem ser buscadas na experiência

7. Frantz Fanon, *Os condenados da terra*, Civilização Brasileira, Rio de Janeiro, 1968, p. 43.

8. *Ibid.*, p. 38 e segs.

9. Aimé Césaire, *Discurso sobre o colonialismo, op. cit.*, p. 23.

10. Aimé Césaire, *Discurso sobre o colonialismo, op. cit.*, p. 24. Tratando disso, Fanon se refere a "essa Europa que não cessa de falar do homem enquanto o massacra por toda a parte onde o encontra, em todas as esquinas de suas próprias ruas, em todas as esquinas do mundo". Ou então: "Essa Europa que nunca parou de falar do homem, de proclamar que só se preocupava com o homem, sabemos hoje com que sofrimentos a humanidade pagou cada uma das vitórias de seu espírito" (*Os condenados..., op. cit.*, p. 271-272).

sem reservas da morte ou então do dispêndio da vida — experiência que sabemos ter sido um dos principais traços da história da Europa, de suas operações sociais de produção e de acumulação, de sua forma estatal, de suas guerras e também de suas produções religiosas e artísticas —, mas cujo ponto de incandescência é a raça, uma vez que nela se manifesta o desejo de sacrifício.[11]

Fanon sustentava também que a vida da colônia não era feita apenas de pulsões e de tensões, de distúrbios psicossomáticos e mentais — uma vida nervosa, em estado de alerta — mas que, além disso, sustentavam o potentado colonial duas lógicas contraditórias, que, colocadas lado a lado, tinham como efeito anular pura e simplesmente a possibilidade de emergência de um sujeito autônomo nas condições coloniais. A primeira consistia em, apesar das aparências, não aceitar a diferença e a segunda em recusar as semelhanças. Nisso, o potentado colonial era um potentado narcísico.[12] Ao desejar que o colonizado se lhe assemelhasse ao mesmo tempo que o impedia, o potentado fazia da colônia a própria figura da "anticomunidade", um lugar onde, paradoxalmente, a divisão e a separação (aquilo que Fanon chama de "princípio de exclusão recíproca")[13] constituíam as formas próprias do *estar junto* e onde o principal modo de comunicação entre os súditos coloniais e seus senhores (a saber, a violência e as prebendas) vinha sempre reiterar a relação sacrificial e ratificar a permuta

---

11. Georges Bataille, *La Part maudite précédée de La Notion de dépense*, Minuit, Paris, 1967; Hannah Arendt, *As origens...*, *op. cit.*, (especialmente o capítulo 3 da Parte II, sobre "Raça e burocracia"); Ernst Jünger, *L'État universel...*, *op. cit.*; Emmanuel Levinas, *Quelques réflexions sur la philosophie de l'hitlérisme*, Payot & Rivage, Paris, 1997.

12. Guy Rosolato, *Le Sacrifice. Repères psychanalytiques*, PUF, Paris, 1987, p. 30.

13. Frantz Fanon, *Os condenados...*, *op. cit.*, p. 28.

ativa da morte, brevemente evocada acima.[14] Se há um domínio em que todos esses paradoxos se dão a ver mais claramente, é, de acordo com Fanon, na relação entre medicina (*cuidar*) e colonialismo (*ferir*).[15] O corpo que, num dado momento, é aprisionado, "desnudado, acorrentado, sujeito a trabalhos forçados, golpeado, deportado, condenado à morte", é o mesmo que, noutro, é "cuidado, educado, vestido, alimentado, remunerado".[16] Na colônia, o sujeito submetido aos cuidados é o mesmo que, em outro momento, sofre desfiguração.[17] É como dejeto humano, refugo e resíduo que ele faz sua aparição na instância da cura, uma vez que, sujeito decaído e incessantemente exposto ao ferimento, já terá sido devidamente desonrado de antemão, à maneira do escravo no regime da *plantation*.[18] Figura da indignidade e da vulnerabilidade, composto de cima a baixo de fragmentos de uma humanidade disparatada e irrisória, já não proporciona doravante senão a abjeção e as mesmas formas de miséria a que foi rebaixado.[19]

14. Essa impossibilidade da "comunidade" é expressa por Fanon da seguinte maneira: "[O] colonialismo não é uma máquina de pensar, não é um corpo dotado de razão. É a violência em estado bruto e só pode inclinar-se diante de uma violência maior." Ou ainda: "Para o colonizado, a vida só pode surgir do cadáver em decomposição do colono" (Frantz Fanon, *Os condenados...*, *op. cit.*, p. 46 e 73).

15. Ler a respeito o capítulo 5 ("Guerra colonial e perturbações mentais") em *Os condenados da terra*, assim como o capítulo 4 em *L'An V de la révolution algérienne*.

16. Jean-François Bayart, *Le Gouvernement du monde. Une critique politique de la globalisation*, Fayard, Paris, 2005, p. 208; Françoise Vergès, *Abolir l'esclavage: une utopie coloniale. Les ambiguïtés d'une politique humanitaire*, Albin Michel, Paris, 2001.

17. Frantz Fanon, *Pele negra...*, *op. cit.*

18. Saidiya V, Hartman, *Scenes of Subjetion. Terror, Slavery, and Self-Making in Nineteenth-Century America*, Oxford University Press, Oxford, 1997; Todd L. Savitt, *Medicine and Slavery. The Diseases and Health Care of Blacks in Antebellum Virginia*, University of Illinois Press, Urbana, 2002.

19. Megan Vaughan, *Curing Their Ills. Colonial Power and African Illness*, Polity Press, Cambridge, 1990; Nancy Rose Hunt, *A Colonial Lexicon of Birth Ritual, Medicalization, and Mobility in the Congo*, Duke University Press, Durham, 1999.

Assim, em vez de inspirar empatia, seu sofrimento e seus gritos só suscitam mais repulsa. Nessa relação entre cuidar e ferir aparece, pois, em toda a sua violência, o paradoxo do "comando", poder grotesco e brutal que, em seu princípio, reúne os atributos da lógica (*razão*), da fantasia (*arbitrária*) e da crueldade.[20] Quer se trate de atividades de destruição (como no exemplo das guerras, da tortura, dos massacres e genocídios), de fúria lançada contra o nativo ou das demonstrações de força contra ele, considerado mero objeto, ou de atividades puramente sexuais, não raro sádicas, a vida pulsional do "comando" é inseparável da maneira como o potentado colonial se compreende como potentado racial, isto é, em guerra contra as "raças inferiores".[21] Tratando especificamente da tortura, Fanon diz que ela "não é um acidente, nem um erro ou uma falta. O colonialismo não se compreende sem a possibilidade de torturar, de violar ou de massacrar. A tortura é uma modalidade das relações ocupante-ocupado".[22] Começa por uma cena pública: "pai detido na rua, em companhia de seus filhos, posto a nu ao mesmo tempo em que eles, torturado sob seus olhos".[23] Prossegue com o "eletrodo nas partes genitais",[24] antes de ganhar corpo no próprio fulcro das práticas voltadas à saúde do homem e destinadas a sarar as feridas e mitigar a dor

20. Achille Mbembe, *De la postcolonie. Essai sur l'imagination politique dans l'Afrique contemporaine*, Karthala, Paris, 2000 (capítulo 4).

21. Hannah Arendt, *As origens...*, *op. cit.* Ver também Olivier Lecour Grandmaison, *Coloniser. Exterminer. Sur la guerre et l'État colonial*, Fayard, Paris, 2005.

22. Frantz Fanon, *Em defesa...*, *op. cit.*, p. 73.

23. Frantz Fanon, *L'An V...*, *op. cit.*, p. 334. O capítulo 3 (*La famille algérienne*) de *L'An V de la révolution algérienne* foi traduzido por Heitor Loureiro e Raphaël Maureau e publicado no Brasil como Frantz Fanon, "A família argelina", África, São Paulo 33-34, 2013-2014, p.121-139. Nas passagens extraídas do capítulo 3, as referências à edição brasileira serão indicadas entre colchetes logo a seguir à referência original, com exceção da presente, loc. cit., p. 122.

24. Frantz Fanon, *Os condenados...*, *op. cit.*, p. 43.

— no conluio do corpo médico, do corpo policial e do corpo militar.[25] Mas a tortura tem também o efeito de perverter aqueles que lhe servem de instrumento. É notadamente o caso de certos policiais torturadores, assombrados pela imagem de suas vítimas, levados às raias da loucura durante a Guerra da Argélia: "Espancam seus filhos, pois acreditam ainda estar lidando com os argelinos. Ameaçam suas mulheres, pois, 'o dia inteiro eu ameaço e executo'. Não dormem, pois ouvem os gritos e os lamentos de suas vítimas".[26]

O potentado colonial se reproduz, assim, de várias maneiras. Primeiro, inventando o colonizado: "[Foi] o colono que *fez* e *continua a fazer* o colonizado".[27] Depois, esmagando essa invenção de inessencialidade, fazendo dela uma coisa, ora um animal, ora uma pessoa humana em perpétuo devir. E, por fim, ferindo constantemente a humanidade do subjugado, multiplicando as feridas sobre o seu corpo e atacando o seu cérebro com o intuito de lhe infligir lesões: "Por ser uma negação sistematizada do outro, uma decisão furiosa de recusar ao outro qualquer atributo de humanidade, o colonialismo compele o povo dominado a interrogar-se constantemente: "Quem sou eu na realidade?"[28] Basta, diz Fanon, "estudar, apreciar o número e a profundeza das feridas causadas a um colonizado no decorrer de um único dia passado no seio do regime colonial" para compreender a amplitude das patologias mentais produzidas pela opressão.[29] Aliás, "comandar" requer, acima de tudo, o poder de impor o silêncio ao nativo.

25. Ver Frantz Fanon, *L'An V...*, *op. cit.* (em particular o capítulo "Medicina e colonialismo").

26. Frantz Fanon, *L'An V...*, *op. cit.*, p. 748.

27. Frantz Fanon, *Os condenados...*, *op. cit.*, p. 26.

28. *Ibid.*, p. 212.

29. *Ibid.*

Sob vários aspectos, a colônia é um lugar onde não é permitido ao colonizado falar por si. Essa vedação da fala não deixa de estar relacionada com o confinamento do colonizado na esfera da aparição nua: quer como refugo e resíduo, quer como ente esvaziado de qualquer conteúdo, cuja vida, desprovida de qualquer significado a não ser aquele outorgado pelo senhor, tem valor única e exclusivamente por sua aptidão para o lucro. O corpo do colonizado deve se tornar o seu túmulo. O "comando" não busca apenas causar danos em nome da "civilização". Comandar sempre se faz acompanhar pela vontade de humilhar o nativo, de insultá-lo, de fazê-lo sofrer enquanto se obtém uma certa satisfação com esse sofrimento e com a pena ou a repulsa que ele eventualmente suscita. E se, afinal, for necessário lhe tirar a vida, sua morte deve ocorrer o mais perto possível da lama.[30] Convertido em sombra errante, deve chegar à morte sem cruzar seu caminho.

O potentado colonial se esforça, por outro lado, em criar um mundo próprio sobre os escombros daquele que ali encontrara. "Para melhor fazer desaparecer os vestígios da dominação inimiga, tivéramos previamente o cuidado de rasgar ou queimar todos os documentos escritos, registros administrativos, itens originais ou outros que pudessem perpetuar os vestígios do que fora feito antes de nós", conta Alexis de Tocqueville, a propósito da ocupação francesa da Argélia.[31] E prossegue: "A conquista foi uma nova era e, com

---

30. Ver, por exemplo, o relato do assassinato do líder nacionalista camaronês Ruben Um Nyobè e da profanação do seu cadáver, em Achille Mbembe, *La Naissance du maquis dans le Sud-Cameroun (1920–1960). Histoire des usages de la raison en colonie*, Karthala, Paris, 1986, p. 13-17. Ver também Ludo de Witte, *L'Assassinat de Lumumba*, Karthala, Paris, 2000, p. 223-278.

31. Alexis de Tocqueville, *De la colonie en Algérie*, Complexe, Bruxelas, 1988 [1841], p. 39.

receio de misturar de modo irracional o passado e o presente, destruímos um grande número de ruas de Argel, a fim de as reconstruir de acordo com o nosso método, e demos nomes franceses a todas aquelas que consentimos que continuassem a existir".[32] O potentado deseja organizar o mundo que encontrou segundo uma lógica de sua conveniência. Despende nessa tarefa uma enorme quantidade de afeto e de energia. Quer se trate de modificar os sistemas agrícolas, lidar com o dinheiro e o valor, transformar os modos de habitação, de vestir o colonizado ou de cuidar do nativo, em suma, de transformá-lo em novo "sujeito moral", o comando não se envergonha de seus fantasmas e mal os consegue dissimular.[33] É a razão por que o ato de colonizar tem algo de dionisíaco — uma grande efusão narcísica. A combinação de volúpia, frenesi e crueldade, de embriaguez e sonho, que é uma das dimensões estruturais do empreendimento colonial, só se compreende em relação a esta forma de encantamento que é ao mesmo tempo agitação e tumulto. O mundo colonial não abrange, afinal, a maioria das características que Nietzsche crê detectar na tragédia grega? — "aquele fenômeno, segundo o qual os sofrimentos despertam o prazer e o júbilo arranca do coração sonidos dolorosos", enquanto "[d]a mais elevada alegria soa o grito de horror ou o lamento anelante por uma perda irreparável".[34]

32. *Ibid.*

33. Acerca da colonização enquanto experiência de subjetivação, ver Jean-François Bayart, *Le gouvernement du monde*, op. cit., p. 197-250. Ver também John L. Comaroff e Jean Comaroff, *Of Revelation and Revolution*, op. cit. (especialmente os capítulos 3 a 8).

34. Friedrich Nietzsche, *O nascimento da tragédia*, São Paulo, Cia. das Letras, 1992, p. 34.

O espelho enigmático

No coração dessa tragédia se encontra a raça. Em grande medida, a raça é uma moeda icônica. Ela aparece por ocasião de um comércio – o dos olhares. É uma moeda cuja função é converter o que se vê (ou o que se prefere não ver) em espécie ou em símbolo no interior de uma economia geral dos signos e das imagens que se trocam, que circulam, às quais se atribui ou não valor e que autorizam uma série de juízos e de atitudes práticas. Pode-se dizer que a raça é simultaneamente imagem, corpo e espelho enigmático no interior de uma economia das sombras, cujo atributo precípuo consiste em fazer da própria vida uma realidade espectral. Fanon compreendera isso, e mostrou como, além das estruturas de coerção que presidem a organização do mundo colonial, o que constitui a raça é, antes de mais nada, um certo poder do olhar, que é acompanhado por uma modalidade da voz e, eventualmente, do toque. Se o olhar do colono me "fulmina" e me "imobiliza" e se sua voz me "petrifica", é porque minha vida não tem o mesmo peso que a sua, sustentou.[35] Expondo o que chamava de "a experiência vivida do negro"[36], ele analisou como um certo modo de distribuição do olhar acaba criando, fixando e destruindo seu objeto, ou então restituindo-o ao mundo, mas sob o signo da desfiguração ou, pelo menos, de um "outro eu", um eu objeto ou um *ser à parte*. Um determinado modo de olhar tem de fato o poder de bloquear a aparição do terceiro e a sua inclusão na esfera do humano: "Queria simplesmente ser um homem entre outros homens".[37] "[E] eis que me descubro objeto em

---

35. Frantz Fanon, *Os condenados...*, *op. cit.*, p. 34.
36. Título do Capítulo 5 de *Pele negra, máscaras brancas*, p. 103. [N.T.]
37. Frantz Fanon, *Pele negra...*, *op. cit.*, p. 106.

meio a outros objetos", escreveu.[38] Como é que, do desejo de ser uma pessoa humana como as outras, chegamos à conscientização de que somos apenas aquilo que o outro fez de nós — seu objeto? "Depois tivemos de enfrentar o olhar branco. Um peso inusitado nos oprimiu. O mundo verdadeiro invadia o nosso pedaço" de humanidade, prosseguiu.[39]

O litígio quanto ao pedaço de humanidade do "terceiro", eis, em última instância, a substância do racismo colonial. O primeiro objeto de fixação dessa disputa é o corpo. Para Fanon, a aparição do terceiro no campo do racismo se efetua primeiro sob a forma de um corpo. Em torno desse corpo "reina uma atmosfera densa de incertezas".[40] Num instante, o corpo se torna um peso — o peso de uma "maldição", que faz dele o simulacro do nada e da precariedade. Antes mesmo de aparecer, esse corpo já foi processado: "Eu acreditava estar construindo um eu", mas "o branco [...] os teceu para mim através de mil detalhes, anedotas, relatos".[41] O corpo se torna, em seguida, uma forma aparentemente informe que suscita surpresa, assombro e terror: "Olhe, um preto! [...] Mamãe, olhe o preto, estou com medo!" Ele só existe em decorrência de sua vistoria e de sua designação a um emaranhado de significações que o extrapolam: "Eu era ao mesmo tempo responsável pelo meu corpo, responsável pela minha raça, pelos meus ancestrais". Para que o negro seja visto e para que seja identificado como tal, é preciso que, de antemão, um véu tenha sido colocado sobre seu rosto e que isso tenha produzido um rosto "de onde fugiu qualquer traço de

38. *Ibid.*, p. 103.
39. *Ibid.*, p. 104
40. *Ibid.*
41. *Ibid.*, p. 105. As citações seguintes provêm da mesma página.

humanidade ".[42] Sem esse véu, não há negro. O negro é uma sombra no meio de um comércio de olhares. Esse comércio tem uma dimensão tenebrosa, quase fúnebre, tamanho é o grau de elisão e cegueira que exige para seu funcionamento.

Ver não é a mesma coisa que olhar. Pode-se olhar sem ver. E não há garantia de que o que se vê seja efetivamente aquilo que é. Olhar e ver têm em comum solicitar o juízo, encerrar o que se vê ou o que não se vê em inextricáveis redes de sentido — as tramas de uma história. Na distribuição colonial do olhar, sempre existe quer um desejo de objetificação ou de supressão, quer um desejo incestuoso,[43] quer um desejo de posse ou quiçá de estupro. Mas o olhar colonial tem também por função ser o próprio véu que esconde essa verdade. O poder na colônia consiste, pois, fundamentalmente, no poder de ver ou de não ver, de ser indiferente, de tornar invisível o que não se faz questão de ver. E se é verdade que "o mundo é aquilo que vemos",[44] pode-se então dizer que, na colônia, é soberano o que decide quem é visível e quem deve permanecer invisível.

A raça só existe por conta de "aquilo que não vemos". Para além de "aquilo que não vemos", não existe raça. Com efeito, o *poder-ver*[45] racial se exprime inicialmente no fato de que aquele que escolhemos não ver nem ouvir não pode existir nem falar por si só. No limite, é preciso calá-lo. Em todo caso, sua fala é indecifrável ou, no mínimo, inarticulada. É necessário que alguma outra pessoa fale em seu nome e em seu

---

42. Frantz Fanon, *Os condenados da terra...*, *op. cit.*, p. 32.

43. Frantz Fanon, *Pele negra...*, *op. cit.* (capítulos 2 e 3, sobre a sexualidade interracial).

44. Maurice Merleau-Ponty, *Le Visible et l'Invisible*, Gallimard, Paris, p. 17 [*O visível e o invisível*, tradução de José Artur Gianotti e Armando Mora d'Oliveira, Perspectiva, São Paulo, 2003, p. 15 .

45. No original, (*pou*)*voir*, destacando a presença do infinitivo do verbo ver (voir) como parte do substantivo poder (*pouvoir*). [N.T.]

lugar, para que aquilo que ele pretende dizer faça sentido na nossa língua. Como bem mostrou Fanon e, antes dele, W. E. B. Du Bois, aquele de quem foi suprimida a faculdade de falar por si mesmo é sempre forçado a se considerar, se não um "intruso", então alguém que aparece no campo social unicamente sob a forma de um "problema".

A raça é também a expressão de um desejo de simplicidade e de transparência — o anseio por um mundo sem surpresas, sem cortinas, sem formas complexas. Ela é a expressão da resistência à multiplicidade. É, por fim, um ato de imaginação, ao mesmo tempo que um ato de desconhecimento. É tudo o que subsequentemente se emprega em cálculos de poder e de dominação, visto que a raça não excita somente a paixão, mas faz também ferver o sangue e leva a gestos monstruosos. Todavia, considerar a raça como mera "aparência" não basta. Ela não é tão somente uma ficção reguladora ou um conjunto mais ou menos coerente de falsificações ou de inverdades. A força da raça deriva precisamente do fato de que, na consciência racista, a aparência é a verdadeira realidade das coisas. Em outras palavras, a aparência, neste caso, não é o contrário da "realidade". Como diria Nietzsche, "a aparência pertence, ela mesma, à realidade".[46]

O racismo colonial tem sua origem, afinal, naquilo que Fanon chamou ora de "intranquilidade sexual", ora de "ciúme racial". Se quisermos compreender psicanaliticamente a situação racial experimentada por consciências particulares, é preciso, disse Fanon, "dar uma grande importância aos fenômenos sexuais".[47] Mais precisamente, a origem arcaica

46. Friedrich Nietzsche, *A vontade de poder*, tradução de Marcos Sinésio Pereira Fernandes e Francisco José Dias de Moraes, Contraponto, Rio de Janeiro, 2011, p. 295.
47. Frantz Fanon, *Pele negra...*, *op. cit.*, p. 140.

do racismo e da negrofobia, seu objeto vacilante, é o medo da alucinante potência sexual atribuída aos negros. Para a maioria dos brancos, afirmou ele, o negro representa o instinto sexual não domesticado. "[O] branco que detesta o negro não é dominado por um sentimento de impotência ou de inferioridade sexual? Sendo o ideal de virilidade absoluto, não haveria aí um fenômeno de diminuição em relação ao negro, percebido como um símbolo fálico? O linchamento do negro não seria uma vingança sexual?"[48] Esse fenômeno não é, porém, especificamente colonial. O linchamento de homens negros no Sul dos Estados Unidos na época da escravidão e após a Proclamação de Emancipação (1862-1863) teve em parte a sua origem no desejo de os castrar. Tomados de angústia em relação à própria potência sexual, o branco pobre racista e o fazendeiro eram tomados pelo terror ao pensar no "gládio negro", que instilava medo não só pelo suposto volume, mas também pela essência penetrante e invasiva. No gesto obsceno do linchamento, buscava-se, assim, proteger a suposta castidade da mulher branca, levando o negro ao limite da sua morte. Pretende-se levá-lo a contemplar o ocaso e a extinção daquilo que se considera, na fantasia racista, o seu "sol sublime", o seu *phallos*. A rotura de sua masculinidade deve passar pela transformação de suas posses viris num campo de ruínas — sua separação das potências da vida. Isto porque, como disse Fanon, nesta configuração, o negro não existe. Ou melhor, o negro é, acima de tudo, um membro.

Para Fanon, dotar o negro de uma potência sexual que ele não tem decorre de uma lógica dupla: a lógica da neurose e a da perversão, à maneira de um ato sadomasoquista. A alucinação especular no centro da qual se encontra o falo negro

48. *Ibid.*, p. 139.

manifestaria, na realidade, o problema do incesto que habita toda e qualquer consciência racista. Seria, por outro lado, a manifestação de uma nostalgia: a das "épocas extraordinárias de permissividade sexual, cenas orgiásticas, estupros não sancionados, incestos não reprimidos"[49]. Projetando suas fantasias sobre o negro, o racista se comporta como se o negro de quem construiu a imago existisse realmente. A alienação começa de fato no momento em que o negro, em contrapartida, reproduz fielmente essa imago como se ela fosse não só verdadeira, mas também de sua autoria. Mas o que o racismo visa simbolicamente é realmente a castração ou então o aniquilamento do pênis, símbolo da virilidade. "[É] na corporeidade que se atinge o preto", precisou Fanon.[50] O paradoxo é que, nesse gesto, "não mais se percebe o preto, mas um membro: o negro foi eclipsado. Virado membro. Ele é pênis".[51]

Erótica da mercadoria

Paralelamente a essa parte maldita que encontra sua origem no terror, a colonização apresenta duas outras características às quais Fanon deu pouca atenção. A primeira é a *violência da ignorância* — essa "ignorância profunda" que já em 1837 Alexis de Tocqueville salientou em sua *Lettre sur l'Algérie*. Ele mencionou naturalmente a ignorância das línguas, das "diferentes raças" que habitavam a colônia, a divisão das "tribos", seus costumes, o "próprio país, seus recursos, seus rios, suas cidades, seu clima".[52] Os franceses, disse, "ignoravam tudo

49. *Ibid.*, p. 143.
50. *Ibid.*, p. 142.
51. *Ibid.*, p. 146.
52. Alexis de Tocqueville, *De la colonie en Algérie, op. cit.*, p. 38.

o que se referia à aristocracia militar dos cipaios e, quanto aos marabus, demoraram muito tempo para saber, quando se falava nisso, se se tratava de um túmulo ou de um homem". E concluiu: "Os franceses não sabiam nenhuma dessas coisas e, para dizer a verdade, não tinham preocupação nenhuma em aprendê-las".[53] A ideia era a de que a colônia consistia, acima de tudo, num campo de batalha. E, num campo de batalha, a vitória cabe ao mais forte, não ao mais sábio.

A segunda característica é que a colonização é uma prodigiosa máquina produtora de desejos e fantasias. Ela coloca em circulação um conjunto de bens materiais e de recursos simbólicos tanto mais cobiçados pelos colonizados quanto mais raros, sendo objeto de inveja e atuando como operadores de diferenciação (de prestígio, estatuto, hierarquia e também de classe). Corrupção, terror, encanto e estupefação constituem recursos que o potentado gere e administra. A administração do terror e a gestão da corrupção passam por uma certa modulação do verdadeiro e do falso, por um certo racionamento das prebendas e gratificações, pela produção de coisas ora tocantes, ora cativantes, mas sempre espetaculares, que o colonizado, porque estupefato, dificilmente esquece.[54] Desse ponto de vista, a dominação colonial requer um enorme investimento nos afetos e nas cerimônias e todo um ônus emocional, sobre os quais as análises até hoje fizeram pouco caso.

Essa economia emocional precisa envolver tudo o que carrega a marca da vida e da morte, da abundância e da plenitude, em suma, da riqueza. O desejo de riqueza tem de abrir caminho no corpo inteiro do colonizado e habitar todos os

---

53. *Ibid.*, p. 40

54. Ferdinand Oyono, *Une Vie de boy*, Julliard, Paris, 1960; Mongo Beti, *Perpétue et l'habitude du malheur*, Buchet/Chastel, Paris, 1974.

recantos da sua psique. "O país dos cabilas está fechado para nós, mas a alma dos cabilas está aberta e não nos é impossível penetrá-la", observou Tocqueville a respeito disso. A razão, dizia, é que "a grande paixão do cabila é o gosto pelos prazeres materiais e é por aí que podemos e devemos agarrá-lo".[55] Dos árabes, dizia que a ambição pessoal e a cupidez com frequência prevaleciam em seus corações. A seu ver, havia dois meios de domá-los: fosse aplacando suas ambições, servindo-se de suas paixões, opondo-os uns aos outros, mantendo-os na dependência do poder colonial, distribuindo dinheiro e favores; fosse atiçando os ódios, quebrantando-os e extenuando-os por meio da guerra.[56] O potentado tenta, assim, levar o nativo, se não a renunciar às coisas e aos desejos a que se sente apegado, então ao menos a complementá-los com novos ídolos, a lei de novas mercadorias, o preço de novos valores, uma nova ordem de verdade.

O dispositivo fantasmático do potentado se assenta, portanto, em dois pilares. O primeiro é a regulação das necessidades e o segundo é a regulação dos fluxos do desejo. Entre os dois se encontra a mercadoria, notadamente as formas da mercadoria que o colonizado admira e das quais deseja desfrutar. Em ambos os casos, a mercadoria é submetida a um triplo uso simbólico, psíquico e instrumental. Mas, acima de tudo, ela assume na colônia o caráter de um lugar imaginário. Ela representa um nódulo absolutamente essencial para qualquer operação colonial, um espelho resplandecente sobre cuja superfície a vida, o trabalho e a linguagem do colonizado são refletidos. Conforme o contexto, desempenha funções sedativas ou epiléticas. O potentado deixa antever ao

55. Alexis de Tocqueville, *op. cit.*, p. 46.
56. *Ibid.*, p. 74-75

colonizado a possibilidade de uma abundância sem limites de objetos e de bens. A pedra de toque do dispositivo fantasmático do potentado é a ideia de que não há *nenhum limite para a riqueza nem para a propriedade, e, portanto, nem para o desejo*. É esta ideia de um *imaginário sem simbólico* que constitui o "pequeno segredo" da colônia e que explica a potência imaterial do potentado colonial. Não se pode negar, aliás, que o êxito desse "imaginário sem simbólico" se deve ao fato dele encontrar profundos ecos e pontos de ancoragem na história e nas categorias simbólicas autóctones.

Sabe-se, por exemplo, que, quando dos primeiros contatos entre os mercadores europeus e as sociedades atlânticas, o poder que tinham os produtos de origem europeia para fixar e estruturar os fluxos do desejo prevalecia amplamente, pelo menos entre os africanos, sobre a ideia do lucro enquanto tal. O mistério que geralmente envolve o valor dos objetos se manifestava então na maneira como os africanos trocavam por ouro e marfim produtos aparentemente fúteis e sem valor econômico real. Mas, uma vez integrados nas redes locais de significação em que seus portadores as revestiam de poderes ampliados, essas bugigangas aparentemente sem valor econômico adquiriam subitamente um considerável valor social, simbólico e estético. Também se sabe o deslumbramento que despertavam nos africanos as armas europeias, o fascínio que a tecnologia ocidental exerceu em suas mentes (a começar pelos navios, mastros e velas, as escotilhas do casco, as bússolas e mapas), ou ainda o pânico que provocavam seus instrumentos de vigilância. O mundo material e o mundo dos objetos com que eles entraram em contato eram considerados veículos de causalidade, à maneira dos fetiches ancestrais. Que os objetos de importação tivessem tamanho efeito no imaginário autóctone se explica, em parte, pelo fato de que o culto dos "fetiches" era, estritamente falando, um culto materialista. Fossem objetos religiosos e sagrados, objetos eróticos e estéticos, objetos de valor comercial, objetos técnicos ou talismânicos, tudo era capaz de ocupar um lugar na economia do encanto e dos feitiços. A existência de um culto dos fetiches de essência propriamente materialista e cerimonial (amuletos, colares, pingentes, adereços, ornamentos e outras figuras) constituiu o substrato cultural a partir do qual a ideologia mercantil se desenvolveu enquanto *poder sobre a vida* (necromancia, invocação dos espíritos, feitiçaria) e figura da abundância. Aliás, inúmeros viajantes da época não hesitavam em afirmar que a religião do fetiche e a ordem social africanas se baseavam inteiramente no princípio do interesse.[57]

O mesmo ocorre com categorias do excesso e da duplicação ou com a existência de figuras monstruosas e criaturas ambivalentes, que, tendo assimilado os fetiches, se transformam em temíveis senhores das forças da noite e da sombra, capazes, por conta disso, de sublevar o mundo. Era o caso dos chefes que um dia bebiam cerveja na calota craniana de um dos seus predecessores ou inimigos e no dia seguinte eram simbolicamente mortos por intermédio de uma vítima humana substitutiva. Estes mesmos, libertos de qualquer vínculo clânico, afirmavam sua potência viril mantendo relações sexuais com uma irmã ou desposando uma sobrinha do seu próprio grupo familiar matrilinear, ou então simplesmente se transformando em leopardos. Que não exista limite algum para o desejo se explica também pela distribuição das diversas categorias dos espíritos, que respondem cada um deles à lógica da justaposição, da permuta e da multiplicidade. É preciso,

57. William Pietz, *Le Fétiche. Généalogie d'un problème*, Kargo & L'Éclat, Paris, 2005, p. 105.

diz Luc de Heusch, "reunir na mesma estrutura simbólica o conjunto dessas características, mais ou menos desenvolvidas de acordo com os casos específicos: o incesto real, a antropofagia, a assimilação do rei a um feiticeiro, os interditos que rodeiam a sua pessoa e, por fim, o regicídio", sendo todas coisas que "definem um formidável poder mágico que abole a fronteira entre a cultura — da qual o chefe se separa no momento da sua sagração — e a natureza de que ele soberanamente se investe".[58] É o caso dos objetos encantados que são investidos de uma força perigosa e que, ao fazê-lo, funcionam no mesmo registro que a parte maldita da própria realeza, pois seu segredo é participar da ressurreição das coisas.

Além disso, existe uma parte maldita constitutiva da história das relações entre a África e a mercadoria. Essa história ganha forma no tráfico atlântico. Contribuindo para o tráfico de escravos, a relação dos africanos com a mercadoria se estruturou rapidamente em torno do tríplice desejo de consumo/morte/genitalidade. Sob vários aspectos, a economia política do tráfico de escravos era uma economia fundamentalmente libidinosa. Ela tinha de específico o fato de que seu centro de gravidade, ou melhor, seu principal motor, era, de um lado, o desejo de consumo e, de outro, o desejo do absoluto e incondicional dispêndio. Esse desejo mantinha, em contrapartida, uma estreita relação com os procedimentos da reprodução sexual. Assumiu desde logo traços de uma corrupção que nem mesmo a perspectiva de autodestruição (a venda dos parentes próximos e a dissolução dos laços sociais) conseguia limitar. Ademais, pode-se dizer dessa

---

58. Luc de Heusch, *Le Sacrifice dans les religions africaines*, Gallimard, Paris, 1986 (especialmente o capítulo consagrado ao "rei na cena sacrificial"). Ver também, do mesmo autor, *Le Roi de Kongo et les monstres sacrés*, Gallimard, Paris, 2000.

economia que ela fez da autodestruição e do desperdício os indicadores máximos da produtividade. Durante o tráfico de escravos, o consumo das mercadorias europeias em troca do dispêndio de seu próprio povo pelos mercadores africanos de escravos se tornou o meio pelo qual estes sublimavam o desejo de morte típico de qualquer poder. Na época, de fato, o poder mantinha com a mercadoria uma relação que não era apenas objetal, mas também erótica, sendo que o gozo, nesse contexto, equivalia à licença plena, uma vez que era considerado poder tudo o que se encarnava, preferencialmente, numa prática de transgressão — mas uma prática que se pretendia ao mesmo tempo uma estética.

Quanto à dominação, ela consistia não tanto em explorar o trabalho daqueles que haviam sido subjugados, mas em transformá-los em objetos numa economia geral do dispêndio e das sensações cuja mediação era feita pela mercadoria. Consumir era, desde logo, a marca de um poder que não renunciava a seus desejos, mesmo que estes o levassem a uma colisão com o senhor absoluto — a morte. Os seres humanos, súditos do potentado ou prisioneiros de guerra, podiam ser convertidos em objetos/mercadorias que eram vendidos aos negreiros. Seu valor se media em função do valor das mercadorias que o soberano adquiria em contrapartida pela venda dos seres humanos. A conversão dos seres humanos em mercadorias podia inclusive atingir os membros da família próxima ou ampliada do potentado. Os objetos recebidos em troca eram em seguida empregados num duplo cálculo: o cálculo da dominação (na medida em que o comércio de escravos servia para firmar as bases do poder político) e o cálculo dos prazeres (fumar tabaco, admirar-se no espelho, beber rum e outras bebidas alcoólicas, comer, vestir-se, copular, acumular mulheres, crianças e dependentes). Existe, portanto, na história africana uma figura da mercadoria que tem como significante central o "parente vendido ou entregue à morte" em troca da mercadoria. Esse furo na estrutura do sujeito é o que se deve entender pelo termo desejo.

O instinto de fruição a que estavam sujeitas as elites africanas da época se apoiavam afinal num conjunto de repertórios simbólicos firmemente ancorados nas maneiras de pensar, agir e viver das sociedades que essas elites dominavam — uma metafísica da vida. Um dos pilares dessa metafísica da vida era o estado comunial entre o ser humano, de um lado, e, de outro, os objetos, a natureza e as forças invisíveis. O outro pilar era a crença numa divisão do mundo entre o visível e o oculto. Essa divisão atribuía supremacia ao universo invisível, origem secreta de toda soberania. Fazia da pessoa humana um joguete de realidades que a extrapolavam. Essa ausência de autonomia individual encontrava sua expressão numa economia da subordinação cujas formas variavam incessantemente. Mas a subordinação funcionava também como uma dívida de proteção. Aliás, durante o tráfico atlântico, tratava-se sobretudo de uma sujeição ao presente. Na maioria dos casos, tempo e valor eram considerados conteúdos do instante, e nele se esgotavam. Nada era certo e, tudo sendo possível, assumiam-se riscos em relação às mercadorias, do mesmo modo que em relação ao corpo, ao poder e à vida. Tanto o tempo em si quanto a morte se reduziam a um imenso jogo de azar.

Impunham-se, portanto, de um lado, uma aguda consciência da volatilidade e da frivolidade da riqueza e, de outro, uma concepção instantaneísta do tempo e do valor. A seguir vinha, como destacado mais acima, a sujeição das pessoas aos fetiches; ou então das mulheres aos homens, dos filhos aos pais e, ainda mais fundamentalmente, de todos aos antepassados, donde, pois, o poder da morte sobre o da vida. Esta era conduzida a partir de um postulado fusional que dizia respeito à relação tanto com as coisas quanto com a família. Tudo isso explica, mais do que gostaríamos de crer, a forma que assumiram as tiranias africanas da época ou ainda as formas de expressão da violência social — tangibilidade, tatilidade, palpabilidade. Num outro plano, a relação com os bens de consumo e com os bens de prestígio (incluindo mulheres, crianças e aliados) se abria então ao modelo da penetração da mercadoria na alma dos sujeitos, e a relação com as pessoas se reduzia a um bloco de dívidas, como no sistema dos "antepassados". Tudo, inclusive a violência social, se formava dali em diante na relação credor-devedor.

Em grande medida, a colonização apenas reforçou esses dispositivos. Muito da sujeição dos africanos à colonização passa pela mediação dos bens. O investimento libidinal nos bens e objetos é tanto mais exacerbado quanto mais eles brilham por sua raridade. Porém, tal como na época do tráfico, o desejo de bens é sustentado, se não pela morte, pelo menos por alguma figura da servidão. À semelhança do tráfico atlântico, a colonização marca, assim, a entrada dos africanos numa nova era, caracterizada pela corrida desenfreada na direção do desejo e do gozo — desejo sem responsabilidade e gozo como mentalidade.[59] Neste caso, a matéria-prima do gozo é o prazer dos sentidos. O tráfico de escravos, em especial, constitui um momento de extrema exuberância, durante o qual a equivalência entre os objetos e os seres humanos é quase total. Uns e outros são reduzidos ao estado de signos. A relação com os objetos é a do consumo imediato, do prazer bruto. O colonizado, tal como antes dele o comerciante de escravos, deixa-se fascinar e capturar pelo ídolo por trás do

59. Joseph C. Miller, *op. cit.*

espelho, o lado visível da imagem especular, que são os panos e as tangas, o rum, os fuzis e a quinquilharia, as estradas, os monumentos, o caminho de ferro, a ponte e os hospitais.

Porém, para adquirir esses novos bens, o colonizado deve se submeter a uma posição de servidão plena relativamente ao potentado. Deve-se inscrever numa relação de dívida — a dívida de dependência em relação ao seu senhor. Deve-se submeter também a uma pedagogia que se supõe lhe inculcar as paixões da venalidade, da vaidade e da cupidez. Pulsões de índole tanto quanto pulsões deliberadamente cultivadas, vaidade, venalidade e cupidez constituem as três manifestações por excelência dessa posição de servidão para com o senhor e do culto ao potentado. Portanto, um longo desvio é sempre necessário para usufruir desses novos bens ou então da promessa de cidadania, e a possibilidade de uma satisfação efetiva dos novos desejos é incessantemente adiada. É por isso que a colônia engloba sempre uma dimensão neurótica e uma dimensão lúdica, traços do acaso, uma radical ambivalência que a crítica recente não deixou de salientar. Não faz nascer no colonizado um mundo de sonhos que pode rapidamente se transformar em pesadelo? Essa dialética do sonho, que a qualquer momento se pode transformar em pesadelo é uma das forças motrizes do potentado, mas também o seu calcanhar de Aquiles. Sob vários aspectos, os nacionalismos africanos são o produto do conflito entre esses sonhos e a frustração nascida da impossibilidade de realmente os satisfazer.

Se existe um pequeno segredo da colônia, é certamente a *sujeição do nativo por seu desejo*. No palco colonial, é essa sujeição pelo desejo que, afinal, leva o colonizado para "fora de si", iludido pela vã quimera da imagem e do sortilégio. Deixando-se levar, o colonizado penetra um outro ser e vive dali em diante o seu trabalho, a sua língua e a sua vida como processo de enfeitiçamento e de travestimento. Foi devido a essa experiência de enfeitiçamento e de "estranhamento" (*estrangement*) que o encontro colonial deu origem a uma profusão de fantasmas. Ele desencadeou desejos que colonos e colonizados possivelmente precisaram esconder de si mesmos e que, justamente por isso, foram reprimidos e relegados ao inconsciente. Levando em conta tudo o que foi dito, a memória da colônia no texto negro assume necessariamente duas formas. A primeira consiste em inscrever a colônia numa mitologia do endividamento, ressaltando as perdas que a África teria sofrido em decorrência desse encontro que lhe foi infligido. Essa dívida teria, por sua vez, uma dupla dimensão. De um lado, seria uma dívida de procriação. De outro, seria uma dívida de hospitalidade. Em ambos os casos, o discurso da perda e da dívida tem como finalidade produzir efeitos de culpabilidade. O mundo africano resultante da colônia seria um mundo da perda — perda ocasionada por um crime. O responsável pelo crime estaria não apenas em situação de culpabilidade, mas também em dívida com aqueles cujos direitos naturais violou.

A memória da colônia assume, por outro lado, ares de um *trabalho psíquico* cuja meta final é a cura. Admitamos que a cura consiste, de modo geral, em trazer de volta à consciência dois tipos de segredo que Freud evoca em seu *O inquietante*: aqueles que conhecemos e que nos esforçamos por esconder, e aqueles que não conhecemos porque não se apresentam diretamente à consciência. No (con)texto negro, esses dois tipos de segredo são, na realidade, apenas um. A confissão que o texto africano se recusa a fazer é que o enigma da falta no vão do desejo é a principal razão da perda do nome próprio. É esse enigma que explica a "hiância do vazio" (Lacan) de que tratam as escritas de si africanas. É ele que notifica e ratifica a perda. Nessas condições, uma prática autêntica da cura consistiria, para os negros, em se libertarem desse pequeno segredo, reconhecendo de uma vez por todas "o outro em si" e assumindo esse "desvio pela alteridade" como fundamento de um novo saber sobre si mesmos — um saber necessariamente dividido, *um saber do hiato e da sua represen-tação*. Que nos procedimentos de constituição do sujeito continue a ser atribuído um peso psíquico tão enorme à colônia é, estritamente falando, uma consequência da resistência em confessar: a sujeição dos negros ao desejo; o fato de se terem deixado envolver, seduzir e enganar por esse "enorme cordel da maquinaria imaginária"[60] que foi a mercadoria.

O tempo negro

Acabamos de afirmar que os negros relembram o potentado colonial como um desastre originário e que, ao mesmo tempo, se recusam a admitir sua parcela de investimentos inconscientes na colônia enquanto máquina de produção do desejo. Tudo isso sem dúvida se explica pela maneira como operam a crítica do tempo. Ora, o que é o tempo e o que se deve entender por essa categoria? Merleau-Ponty fala do tempo como aquilo que inevitavelmente encontramos no caminho que nos conduz à subjetividade. Ele disse, além disso, que o tempo é "o caráter mais geral dos fatos psíquicos"[61] — pelo que se devem compreender duas coisas: por um lado, que entre o tempo e a subjetividade existe uma relação íntima, constituída por uma série de eventos

---

60. A expressão é de Gérard Guillerault, *Le Miroir et la Psyché*, Gallimard, Paris, 2003, p. 142.
61. Maurice Merleau-Ponty, *Fenomenologia da percepção*, tradução de Carlos Alberto Ribeiro de Moura, 2ª. ed., Martins Fontes, São Paulo, 1999, p. 549.

psíquicos; e, por outro, que tempo e sujeito mantêm uma conexão interna e que, consequentemente, analisar o tempo é ter acesso à estrutura concreta e íntima da subjetividade. Poderíamos facilmente estender à memória, e também à lembrança, aquilo que Merleau-Ponty disse do tempo, ainda mais que memória e recordação constituem, fundamentalmente, modos de presença do passado (de seus traços, de seus restos e fragmentos) na consciência, quer seja uma consciência racional ou uma consciência onírica, imaginante. Por conseguinte, as considerações a seguir visam mostrar como, por um lado, partindo do arquivo literário, obtêm-se os meios para explicar as razões para recusar a confissão evocada acima. Por outro, têm por objetivo indicar os parâmetros cognitivos e expressivos a partir dos quais se efetua a crítica negra do tempo e se elabora, de modo geral, a memória da colônia e, por decorrência, a do potentado.

Que, no caso dos negros, as linguagens da lembrança dependem, em grande medida, da crítica que se faz do tempo é uma evidência que o texto literário insiste em demonstrar. Tudo no romance negro parece indicar que, nesse caso, o tempo não é um processo que poderíamos nos limitar a registrar sob a forma, por exemplo, de uma "sucessão de agoras".[62] Em outras palavras, não existe tempo em si. O tempo nasce da relação contingente, ambígua e contraditória que mantemos com as coisas, com o mundo e também com o corpo e seus duplos. Como aliás indicou Merleau-Ponty, o tempo (mas se pode dizer o mesmo da lembrança) nasce de um determinado olhar que lanço sobre mim, sobre outrem, sobre o mundo e sobre o invisível. Ele surge de uma certa *presença* em todas essas realidades tomadas conjuntamente. Se existe

62. Maurice Merleau-Ponty, *op. cit.*, p. 552.

outra coisa que o romance africano mostra claramente é que o tempo tem sempre uma relação com seus duplos. Participar do tempo sempre é, em certa medida, já não saber em que se basear no que se refere ao próprio eu. É experimentar da "duplicação, divisão e permutação do Eu"[63]. Tanto para Amos Tutuola e Sony Labou Tansi quanto para Dambudzo Marechera e Yvonne Vera, ou ainda Yambo Ouologuem, a experiência do tempo se faz por meio das sensações (o ver, o ouvir, o tocar, o cheirar, o saborear).

A memória e a lembrança colocam efetivamente em jogo toda uma estrutura de órgãos, todo um sistema nervoso, toda uma economia das emoções, no centro das quais se situa necessariamente o corpo e tudo o que o extrapola. O romance mostra também como a lembrança pode ocorrer por meio da dança e da música, ou então do jogo de máscaras, do transe e da possessão.[64] Não existe, portanto, memória que, num dado momento, não encontre sua expressão no universo do sensível, da imaginação e da multiplicidade. Assim, em vários países Africanos que enfrentaram o drama da guerra, a lembrança da morte está diretamente escrita no corpo ferido ou mutilado do sobrevivente e é a partir desse corpo e das suas debilidades que se recria a memória do ocorrido. É combinando, portanto, imaginação e memória que se enriquece justamente o nosso conhecimento tanto de sua semântica quanto de sua pragmática.

---

63. Sigmund Freud, *O Inquietante*, tradução de Paulo César de Souza, em Freud, *Obras completas* 14, São Paulo, Cia das Letras, 2010, p. 351.

64. Entre os outros vetores da memória, Catherine Coquery-Vidrovitch inclui os bois sagrados, os túmulos de santos muçulmanos, as mesquitas e algumas máscaras e danças. Ver Catherine Coquery-Vidrovitch, "Lieux de mémoire et occidentalisation", em Jean-Pierre Chréetien e Jean-Louis Triaud (eds.), *Histoire d'Afrique. Les enjeux de mémoire*, Karthala, Paris, 1999, p. 378-379.

Dito isso, a crítica do tempo tal como se desenrola na ficção negra contemporânea também nos ensina que o tempo é sempre aleatório e provisório. Ele muda indefinidamente e suas formas são sempre incertas. Consequentemente, representa sempre uma área heterogênea, irregular e fragmentada da experiência humana. Sendo assim, a relação do sujeito com o tempo é uma relação que sempre visa, se não se esquivar tanto do passado quanto do futuro, pelo menos redimi-los e subsumi-los.[65] Isso não significa, contudo, que a distinção entre o antes e o depois, o passado e o futuro, não exista em absoluto. O presente, enquanto presente, se arrasta simultaneamente na direção do passado e do futuro, ou, mais radicalmente, busca aboli-los. Daí o predomínio, na escrita romanesca, de um tempo que poderia ser chamado de paradoxal, porque nunca é plenamente um tempo presente sem que seja totalmente apartado do passado e do futuro.[66] É um tempo com durações diferenciais, submetido a duas leis, a do deslocamento e a da simultaneidade (coocorrência). Portanto, é sempre no plural que o romance negro fala do tempo ou dos seus fluxos. A escrita romanesca está, assim, preocupada em descrever os processos de transmutação do tempo e também de empilhamento dos tempos.[67]

Além do mais, memória e lembrança só têm sentido em relação à ideia de que o tempo é, na realidade, uma espécie de *antecâmara do real e da morte*.[68] Nessa antecâmara jazem coisas inéditas, inauditas ou, de forma ainda mais radical,

---

65. Sami Tchak, *Place des fêtes*, Seuil, Paris, 2001.
66. Ahmadou Kourouma, *En attendant le vote des bêtes sauvages*, Seuil, Paris, 1998.
67. Amos Tutuola, *L'Ivrogne dans la brousse*, Gallimard, Paris, 2006.
68. Ver sobretudo Sony Labou Tansi, *La Vie et demie*, Seuil, Paris, 1979; *Les Yeux du volcan*, Seuil, Paris, 1988; *L'État honteux*, Seuil, Paris, 1981; *Le Commencement des douleurs*, Seuil, Paris, 1995.

"possibilidades ocultas", toda espécie de potencialidades simultaneamente inovadoras e destrutivas, um mundo invisível e secreto, que constitui a verdadeira face do real e sem a qual não pode haver redenção desse mesmo real.[69] É ao longo dessa superfície que se opera a passagem do real ao fantasmático, do avesso ao direito, a conversão de um no outro.[70] Nessas condições, relembrar é, acima de tudo, distribuir a diferença e produzir a duplicação, justamente porque sempre existe uma *discrepância* essencial entre as diferentes unidades do tempo em sua relação com o acontecimento.[71]

Em contrapartida, o acontecimento não ocorre simplesmente. Ainda é preciso ser capaz de decifrá-lo e exprimi-lo – daí a importância dos procedimentos divinatórios.[72] Mas como exprimir um "acontecimento" se não, de um modo geral, por uma associação de palavras e imagens, algumas palavras servindo claramente de formas vazias para serem preenchidas com imagens e outras devendo a sua existência unicamente à condição de servir de veículo para signos, sem que, no entanto, se resumam a eles? A lembrança só existe, então, no ponto de encontro entre um acontecimento, palavras, signos e imagens. Esse encontro pode desembocar posteriormente em rituais. Essa quase indissociabilidade entre palavras, signos e imagens não permite somente exprimir o acontecimento, mas também, de modo mais radical, manifestá-lo, como numa epifania.[73] Nos procedimentos da lembrança enquanto prática da cura, as imagens podem variar e

---

69. Mia Couto, "As baleias de Quissico", em *Vozes anoitecidas. Contos*, Cia. das Letras, São Paulo, 2013, p. 93-102.

70. Sony Labou Tansi, *L'Anté-peuple*, Seuil, Paris, 1983.

71. Amos Tutuola, *op. cit.*

72. Ahmadou Kourouma, *Allah n'est pas obligé*, Seuil, Paris, 2000.

73. Sony Labou Tansi, *Les Sept solitudes de Lorsa Lopez*, Seuil, Paris, 1985.

ser substituídas umas pelas outras. Nesse processo, uma relação extremamente complexa é estabelecida entre sentido/significação e designação ou, ainda, aquilo que acabo de chamar de manifestação. Quanto ao sujeito que se lembra, ele é em princípio um sujeito contestado. Essa contestação resulta de um evento inaugural, a perda aparente do nome próprio, perda essa tanto mais traumática por ser acompanhada por uma profunda instabilidade do saber, uma destruição do senso comum, uma incerteza radical quanto ao eu, ao tempo, ao mundo e à linguagem. Esse estado de incerteza radical constitui a estrutura objetiva do próprio acontecimento, mas também da narração, do relato que dele se faz. Ele impossibilita qualquer esforço de designação de identidades fixas. É, em parte, o que explica a relação tão estreita que o romance negro estabelece entre a perda do nome próprio (destruição da medida) e o enlouquecimento, isto é, a abertura a uma vida convulsiva e possivelmente ao suicídio.[74]

Nesse contexto, relembrar consiste sempre em operar uma extrapolação dos limites daquilo que é exprimível dentro de uma língua.[75] Daí o recurso a diversas linguagens simultâneas do tempo e também do corpo, na medida em que, como é por exemplo o caso com Amos Tutuola, todo corpo sempre penetra um outro e coexiste com ele, se não em todas as suas partes, pelo menos nas suas partes essenciais.[76] Estamos portanto perante um modo de lembrar que se manifesta sob a forma da gagueira quando se trata de dizer quem se

74. Cheikh Hamidou Kane, *L'Aventure ambiguë*, *op. cit.*
75. Ver, a título de exemplo, Yvonne Vera, *Papillon brûle*, Fayard, Paris, 2002. Ou então Sony Labou Tansi, *Le Commencement des douleurs*, *op. cit.*; e *L'Autre Monde. Écrits inédits*, Revue Noire, Paris, 1997.
76. Achille Mbembe, "Politiques de la vie et violence spéculaire dans la fiction d'Amos Tutuola", *Cahiers d'études africaines*, nº 172, 2003, p. 791-826.

é ou o que se passou. O mesmo tipo de procedimento se aplica quando se trata de relembrar o potentado pós-colonial, esplêndida manifestação de um tempo sem passado nem futuro, ou então de um passado decaído, que incessantemente se deseja ressuscitar, mas cujo sentido só aparece na fissura e na dissipação.[77]

Nesse sentido, tomemos o exemplo do primeiro capítulo de *La Polka*, de Kossi Efoui.[78] O romance se inicia com o relato de um narrador, sentado, com o olhar voltado para uma rua sem vida. Antes mesmo de conhecermos o nome do sujeito que narra, são seus sentidos que são convocados: neste caso específico, a visão. Mas a visão do quê, se não de um amontoado de escombros, de "pedaços de paredes caídas com portas e janelas e suas armações despidas pelo fogo"?[79] Por trás desses objetos, é da ruína que se trata — o tempo da ruína e da destruição. Consequentemente, o tempo se desvela inicialmente aqui por sua capacidade de deixar vestígios de um evento primordial — um evento destrutivo que tem no fogo um dos principais significantes. O tempo, por conseguinte, se vive, se vê e se lê na paisagem. Antes da lembrança, existe a visão. Relembrar é ver, literalmente, o vestígio deixado fisicamente no *corpo de um lugar* pelos acontecimentos do passado. Não existe, no entanto, corpo de um lugar que não esteja, de certo modo, relacionado ao corpo humano. A própria vida precisa "ganhar corpo" para ser reconhecida como real. Do corpo humano, o romancista confere uma atenção especial ao rosto e a seus traços, que explica que foram redesenhados

---

77. Alain Mabanckou, *Verre cassé*, Seuil, Paris, 2005.

78. Kossi Efoui, *La Polka*, Seuil, Paris, 1998.

79. *Ibid.*, p. 9.

"por algo que retornou brutalmente ao olhar".[80] Faz questão de mencionar, num só fôlego, corpos e rostos de mulheres, de homens e de animais identicamente imobilizados por esse algo cuja irrupção na vida se faz pela via da brutalidade. A distinção entre as espécies e os gêneros então se atenua. Uma comunidade de aparência, uma semelhança desde logo os associa uns aos outros. O próprio rosto mantém uma estreita relação com a máscara: "Homens e animais compartilham a mesma cara, a mesma máscara de espanto".[81]

Dissemos há pouco que a visão vem antes do nome. Na verdade, a visão e o nome se respondem em eco uma ao outro. O nome reaviva o olhar e vice-versa. Um não existe sem o outro e ambos remetem à voz, ao gesto e, por fim, à própria vida. Logo, o tempo da ruína é, segundo o romancista, o momento em que "os gestos de vida já não são seguidos pelo olhar".[82] É então que os corpos se tornam ancilosados e a voz, o seu timbre e o seu ritmo passam por todos os estados. Ora estremece, ora enrouquece. Noutros momentos se torna "asmática". Pode-se então adivinhar, "ao cabo de um instante, que cada palavra [emitida pela voz] é uma falsa saída", pois a voz agora "não segue em frente", cindida em duas.[83] Sem que a fala saiba mais "como reaver ou segurar o tempo presente" — ou, dito de outro modo, sem que o tempo se deixe prender nas mãos —, ele se vai "no movimento basculante entre antes e depois e de volta"; ele se lança "fora das palavras da vida".[84] Poderíamos acrescentar que esse movimento do tempo para fora das palavras da vida é o acontecimento.

80. *Ibid.*
81. *Ibid.*
82. *Ibid.*, p. 10.
83. *Ibid.*, p. 11.
84. *Ibid.*, p. 12.

Pode-se, além disso, dizer que *La Polka* é um romance que faz do corpo o lugar por excelência da memória. Por vezes, o corpo parece não pertencer a ninguém em particular. Pertence àquilo que se poderia chamar o *número*. Assim, no bar, às tantas da noite, no momento da entrega à devassidão no anonimato do álcool e das moças da vida: "As moças andam para lá e para cá e se engraçam com o da vez — quanto é o traseiro?"[85] No calor dos corpos e no abafamento do ar, "há os que apalpam [...] os que beliscam [...] os marinheiros que dão uma palmada e também aqueles que se contentam em olhar". Existe, sobretudo, o corpo da mulher: "Elas sabem dosar a energia dos seus corpos. Primeiro o sorriso, depois o frêmito do busto [...] Depois se recomeça com o sorriso, um olhar se acende — quanto é o traseiro? Mal se acendeu, já se abaixa rumo às coxas. A moça apaga o sorriso e coloca as pernas para trabalhar". E, como se tudo tivesse que passar por isso, é a cópula generalizada.[86]

Em *La Polka*, o corpo é submetido ao disfarce e aos adereços. É isso, em parte, o que lhe confere seu brilho: coroas de flores, chapéus gigantes com fitas, decorações de toda espécie — colares de pérolas à volta dos pescoços nus das moças, sininhos dourados cingindo os tornozelos dos músicos dançarinos. Porém, esse cerimonial nunca está longe de evocar a morte. Em cima do carro funerário coberto com palhas de palmeira trançadas, eis que se mantém "imóvel um morto vivo todo vestido de branco". É a mascote de uma festa de Carnaval.[87] Mas um risco pesa constantemente sobre o corpo da multidão. É o de serem reduzidos a corpos

---

85. *Ibid.*, p. 38. As citações que se seguem provêm da mesma página.
86. *Ibid.*, p. 54 e 111.
87. *Ibid.*, p. 58.

"descarnados, trôpegos, para os quais nenhuma roupa mais serve".[88] Mais grave ainda, é ser condenado a sair do tempo e a sair de si mesmo: "Passamos a noite a lutar contra os órgãos em debandada do nosso corpo: o estômago esfalfado que deixa um vazio onde antes havia fome e sede, a língua que se revira até a glote, os braços bamboleantes, os ombros completamente caídos e os olhos colados às costas. A boca se abre bruscamente, fica aberta, sem grito, mas à espera de um arroto, de uma repentina subida das vísceras ou de uma saída brutal, osso após osso, de toda a extensão da armação do corpo. Osso após osso, os longos, os curtos, os chatos, os que falsamente adivinhamos serem redondos e rugosos, um rosário de vértebras se precipitando por esta boca aberta até que a pele flácida caia e se revire e se distenda. Um corpo em suspenso, na iminência da queda, em alerta epilético".[89] Em *La Polka*, esse gigantesco tremor do corpo não deixa de estar ligado à morte ou ao desaparecimento — a questão do sepulcro. Segundo o romancista, o problema é que a morte não é necessariamente produtora de lembranças. Aliás, "esta cara de mortos que temos, de que serviria para fabricar a lembrança? A cada desaparecimento se estiola a memória dos nomes, como se todas essas vidas fossem casos já arquivados".[90] Assim, "a máscara de assombro é quando tudo se retrai e nada sobra além da ruminação de uma última imagem que procura o seu lugar entre o antes e o depois".[91] Pode ser também que o tempo se torne rebelde, que se recuse a se esgotar e se ponha a armar ciladas a toda a gente.

88. *Ibid.*
89. *Ibid.*, p. 59.
90. *Ibid.*, p. 64.
91. *Ibid.*, p. 65.

Corpos, estátuas e efígies

É justamente essa função de armadilha que as estátuas, efígies e monumentos coloniais desempenham. Para além de suas variedades, remetem a três nomes. São, na verdade, antes de mais nada, objetos. São feitos de todo tipo de materiais: mármore, granito, bronze, cobre, aço e assim sucessivamente. Enquanto objetos, constituem blocos inertes, eretos, aparentemente mudos. São, além disso, objetos que, em sua maioria, apresentam a forma de um corpo humano ou de um animal (caso do cavalo que carrega um conquistador). Representam mortos. Neles, o morto se torna uma coisa elaborada. Afinal, esses mortos foram, num dado momento da sua vida, sujeitos. É essa qualidade de sujeito que buscam preservar as estátuas que os representam. Não existe estátua alguma sem essa fusão de objetalidade, subjetividade e mortalidade. Aliás, não existe estátua colonial que não remeta a um modo de recuar no tempo. As estátuas e efígies coloniais testemunham, quase sem exceção, essa muda genealogia no seio da qual o sujeito supera a morte, que, por sua vez, supera o próprio objeto que supostamente ocupa a um só tempo o lugar do sujeito e do morto.

Juntamente às estátuas propriamente ditas existem outros objetos, monumentos e infraestruturas: as estações ferroviárias, os palácios dos governadores coloniais, as pontes, os campos militares e as fortalezas. No império colonial francês, a maioria dessas obras data dos séculos XIX e XX. Num plano puramente estético, foi uma época em que, para além da aparência de secularização, a missão da arte ainda era concebida num registro pararreligioso. Considerava-se que a arte deveria curar o Ocidente de sua infeliz memória e dos seus novos temores.[92] Ao fazê-lo, participava numa narrativa heroica. Para esse fim, precisava convocar as potências adormecidas, enquanto restabelecia, a seu modo, uma espécie de festa e de espetáculo. Na colônia, essa festa toma um rumo selvagem. As obras e outras infraestruturas (palácios, museus, pontes, monumentos e outros) não apenas integram novos fetiches. Para que viessem à tona, foi preciso muitas vezes que sepulcros fossem profanados. Crânios de reis mortos precisaram ser expostos à luz do dia e seus féretros removidos. Procedeu-se ao sequestro de todos os objetos que acompanhavam os corpos (joias, moedas, correntes e assim por diante), antes que os museus pudessem, por fim, acolher os objetos funerários arrancados às sepulturas.[93] O regresso dos mortos tem a função de induzir os colonizados ao transe, obrigados que são a celebrar dali em diante um "sacrifício sem deuses nem antepassados". A economia simbólica da colônia se torna, nesse contexto, uma grande economia do dom sem contrapartida. Em torno dessas obras e infraestruturas, ocorre uma espécie de troca que decorre da perda suntuária. Objetos considerados não permutáveis (pontes, museus, palácios, infraestruturas) são cedidos aos nativos por uma autoridade brutal no decorrer de uma festa selvagem onde o corpo e a matéria se entrelaçam.

Em se tratando das múltiplas significações das estátuas e dos monumentos coloniais que ocupam ainda as entradas dos lugares públicos africanos, muito tempo após a proclamação

---

92. Laurence Bertrand Dorléac, *L'Ordre sauvage. Violence, dépense et sacré dans l'art des années 1950–1960*, Gallimard, Paris, 2004.

93. Didier Nativel e Françoise Raison-Jourde, "Rapt des morts et exhibition monarchique. Les contradictions de la République colonisatrice à Madagascar", em Jean-Pierre Chréetien e Jean-Louis Triaud (eds.), *Histoire d'Afrique. Les enjeux de mémoire*, Karthala, Paris, 1999, p. 173-195. Na mesma obra, ver também Odile Goerg, "Le site du Palais du gouverneur à Conakry. Pouvoirs, symboles et mutations de sens" (p. 389-404).

das independências, é importante, pois, relacioná-los com uma forma do poder e da dominação. Esses *restos* do potentado são os signos da luta física e simbólica que essa forma de poder foi obrigada a travar com o colonizado. Sabe-se que, para ser duradoura, qualquer dominação precisa não apenas se inscrever no corpo dos seus súditos, mas também deixar marcas no espaço que eles habitam e traços indeléveis no seu imaginário. Deve envolver o subjugado e mantê-lo num estado mais ou menos permanente de transe, de intoxicação e de convulsão — incapaz de refletir por si só com plena clareza. Só assim pode levá-lo a pensar, a agir e a se comportar como se estivesse irrevogavelmente preso nas redes de um insondável sortilégio. A sujeição também precisa estar inscrita na rotina da vida cotidiana e nas estruturas do inconsciente. O potentado deve habitar o súdito de modo tal que este não possa mais exercer sua faculdade de ver, ouvir, cheirar, tocar, se mover, falar, se deslocar, imaginar, deixando até de sonhar sem que seja em referência ao significante mestre que agora o domina e o obriga a gaguejar e a titubear.[94]

O potentado colonial jamais derrogou essa regra. Em todas as etapas de sua vida cotidiana, o colonizado era submetido a uma série de rituais da submissão, uns sempre mais prosaicos que outros. Era possível, por exemplo, que lhe fosse exigido se sacudir, gritar e tremer, se prostrar aos frêmitos na poeira do chão, ir de um lado para o outro, cantando, dançando e vivendo a sua dominação como uma necessidade providencial. Era o que ocorria, por exemplo, durante a inauguração de diversos monumentos, no descerramento de placas comemorativas, em aniversários e outras festas comuns

---

94. Achille Mbembe, "La 'chose' et ses doubles dans la caricature camerounaise", *Cahiers d'études africaines*, vol. 36, nº 141-142, 1996, p. 143-170.

aos colonizadores e aos colonizados.[95] A consciência negativa (essa consciência de não ser nada sem o seu senhor, de tudo dever a ele, por vezes considerado um parente) devia ser capaz de comandar todos os momentos da sua vida e esvaziá-la de qualquer manifestação do livre arbítrio.[96] Compreende-se que, nesse contexto, as estátuas e os monumentos coloniais não fossem, em primeira linha, artefatos estéticos destinados ao embelezamento das cidades ou do quadro da vida em geral. Eram, de cima a baixo, manifestações do arbitrário absoluto, cujas premissas já se encontravam na maneira como foram conduzidas as guerras de conquista, as guerras de "pacificação" ou, ainda, na maneira de combater as insurreições armadas.[97] Poderes de travestimento, eram a extensão escultural de uma forma de terror racial. Ao mesmo tempo, eram a expressão espetacular do poder de destruição e escamoteação que, do princípio ao fim, moveu o projeto colonial.[98]

Mas, acima de tudo, não existe dominação sem uma forma de *culto dos espíritos* — nesse caso, o espírito-cão, o espírito-porco, o espírito-pulha, tão típicos, ontem como hoje, de qualquer imperialismo. Por sua vez, o culto dos espíritos exige, do começo ao fim, um modo de evocação dos mortos — uma necromancia e uma geomancia. Desse ponto de vista, as estátuas e os monumentos coloniais pertencem de fato a

---

95. Odile Goerg (ed.), *Fêtes urbaines en Afrique. Espaces, identités et pouvoirs*, Karthala, Paris, 1999, p. 201-207.

96. Achille Mbembe, *La Naissance du maquis dans le Sud-Cameroun, op. cit.*

97. René Pélissier, *Les Guerres grises. Résistance et révoltes en Angola, 1845-1941*, Éditions Pélissier, Montamets, 1978; *La Colonie du Minotaure. Nationalismes et révoltes en Angola, 1926-1961*, Éditions Pélissier, Montamets, 1979; *Les Campagnes coloniales du Portugal, 1844-1941*, Pygmalion, Paris, 2004; David Anderson, *Histories of the Hanged. The Dirty War in Kenya and the End of the Empire*, Norton, Nova York, 2005.

98. Para uma teorização desse terror, ver Alexis de Tocqueville, *De la colonie en Algérie, op. cit.*

esse duplo universo da necromancia e da geomancia. Constituem, por assim dizer, ênfases caricaturais desse espírito-cão, desse espírito-porco, desse espírito-pulha que animaram o racismo colonial e o poder homônimo — como, de resto, tudo o que viria depois: a *pós-colônia*. São a sombra ou o gráfico que recorta o seu perfil num espaço (o espaço africano) que jamais deixou de ser violado e desprezado.

Pois, ao ver essas faces da "morte sem ressurreição", é fácil compreender o que foi o potentado colonial — um poder tipicamente *funerário*, tamanha era sua tendência a reificar a morte dos colonizados e a negar a suas vidas qualquer tipo de valor.[99] A maioria dessas estátuas representa de fato velhos mortos das guerras de conquista, de ocupação e de "pacificação" — mortos funestos, alçados por vãs crenças pagãs ao patamar de divindades tutelares. A presença desses mortos funestos no espaço público tem por objetivo fazer com que o princípio do assassinato e da crueldade que personificaram continue a assombrar a memória dos ex-colonizados, a saturar o seu imaginário e os seus espaços de vida, neles provocando, assim, um estranho eclipse da consciência e impedindo-os, *ipso facto*, de pensar com clareza. O papel das estátuas e dos monumentos coloniais é, portanto, fazer ressurgir no palco do presente os mortos que, quando vivos, atormentaram, muitas vezes pelo fio da espada, a existência dos negros. Essas estátuas funcionam como ritos de evocação de defuntos, aos olhos dos quais a humanidade negra nunca contou para nada — razão pela qual jamais tiveram quaisquer escrúpulos em fazer, por nada, verter seu sangue.

---

99. Nasser Hussain, *The Jurisprudence of Emergency. Colonialism and the Rule of Law*, University of Michigan Press, Ann Arbor, 2003; Sidi Mohammed Barkat, *Le Corps d'exception. Les artifices du pouvoir colonial et la destruction de la vie*, Amsterdam, Paris, 2005.

Capítulo 5

RÉQUIEM PARA O ESCRAVO

Nos capítulos anteriores, afirmou-se como, ao longo da era moderna, as duas noções de "África" e de "negro" foram mobilizadas em processos de fabricação de sujeitos raciais — cuja degradação é sua marca preponderante e cujo atributo inerente consiste em pertencer a uma humanidade à parte, execrada, a dos dejetos humanos. Como recursos míticos, porém, a África e o negro, não servem apenas para alimentar um limite insustentável, a efração do sentido e uma alegre histeria.

No fundo, mesmo no zênite da lógica racial, essas duas categorias foram sempre marcadas por sua ambivalência — ambivalência da repulsa, do charme atroz e do gozo perverso. É que muitos viram na África e nas coisas negras duas forças ofuscantes, ora uma argila bruta quase intocada pela estatuária, ora um animal fantástico, sempre uma figura hierática, metamórfica, heterogênea e ameaçadora, capaz de rebentar em cascatas. É essa ordem em ebulição, metade solar e metade lunar, na qual o escravo ocupa uma posição crucial, que nos esforçamos por evocar neste capítulo, que representa, aliás, o subsolo de todo este livro, o seu nível zero. Ora, para compreender adequadamente o estatuto do escravo negro na época do primeiro capitalismo, é importante voltar à figura do espectro (*revenant*). Sujeito plástico que sofreu um processo de transformação através da destruição, o negro é, efetivamente, o espectro da modernidade. Foi se desprendendo da forma-escravo, comprometendo-se com novos investimentos e assumindo a condição de espectro que ele pôde conferir a essa transformação pela destruição um sentido de futuro.

No que se refere ao tráfico dos negros, ele precisa ser analisado no plano fenomenal, como uma manifestação emblemática da face noturna do capitalismo e do trabalho negativo de destruição, sem o qual não existe nome próprio. Dar conta dessa face noturna e do estatuto do espectro no interior dessa economia noturna exigiu que se recorresse a uma *escrita figural* — na verdade, uma complexa trama de aneis entrelaçados, oscilando incessantemente entre a vertigem, a dissolução e a dispersão, e cujas arestas e linhas se encontram no ponto de fuga. Foi preciso buscar esse estilo escritural, a realidade que evoca e as categorias e conceitos necessários à sua elucidação em três obras de ficção, *La Vie et demie*, de Sony Labou Tansi, *The Palm Wine Drinkard* e *My Life in the Bush of Ghosts*, de Amos Tutuola.

Multiplicidade e excedente

Uma dimensão central dessa economia noturna se relaciona com o fenômeno da *multiplicidade* e do excedente. De fato, no interior dessa economia, o que chamamos de real é, por definição, dispersivo e elíptico, fugaz e móvel, essencialmente ambíguo. O real é composto por várias camadas, vários estratos, vários invólucros. Só se pode apreendê-lo — algo nada fácil — por meio de fragmentos, provisoriamente, a partir de uma multiplicidade de planos. Por mais que se consiga agarrá-lo, jamais se poderá reproduzi-lo ou representá-lo nem por inteiro nem fielmente. No fundo, sempre existe um *excedente* do real a que só podem aceder aqueles e aquelas que forem dotados de capacidades extraordinárias.

Por outro lado, o real raramente se presta à medição precisa e ao cálculo exato. O cálculo é, por princípio, um jogo de probabilidades. Em grande medida, é o acaso que é preciso calcular. Adiciona-se, subtrai-se, multiplica-se, divide-se. Mas acima de tudo se evoca e se convoca o real, aferrando-o ao longo de uma linha fugidia e elíptica, ziguezagueante, interpretante, ora curva, ora aguda — a adivinhação. O encontro com o real só pode ser fragmentário, dilacerado, efêmero, feito de discordâncias, sempre provisório e sempre a ser retomado. Aliás, não existe real — nem vida, portanto — que não seja ao mesmo tempo espetáculo, teatro e dramaturgia. O acontecimento por excelência é sempre flutuante. A imagem, ou melhor, a sombra não é uma ilusão, mas um fato. Seu conteúdo sempre excede a forma. Existe um regime de troca entre o imaginário e o real, se ainda assim tal distinção fizer sentido. Pois, no fundo, um serve para produzir o outro. Um se articula com o outro, um pode ser convertido no outro e vice-versa.

O verdadeiro núcleo do real é uma espécie de reserva, de excedente situado em algum outro lugar, num devir. Sempre há uma sobrecarga, possibilidades de elipse e de disjunção, e são esses fatores que possibilitam os estados órficos, que tanto podem ser atingidos seja pela via da dança e da música, da possessão ou do êxtase. A verdade se encontra nessa reserva e nesse excedente; nessa saturação e nessa elipse — coisas às quais só se acede com o emprego de uma função de vidência que não coincide com a função visual enquanto tal.

A vidência consiste em decifrar as cintilações do real e interpretá-los conforme ocorram na superfície das coisas ou no seu subsolo; e conforme remetem às suas quantidades ou às suas qualidades. Tudo isso só se explica em relação ao mistério fundamental que, afinal, é a vida. A vida é um mistério, pois, ao fim e ao cabo, é feita de nós. É o resultado da combinação de coisas ocultas e manifestas, um conjunto de acidentes que só a morte ratifica e arremata, num gesto que tem ao mesmo tempo algo de recapitulação e de ressurgimento, ou então a emergência. Daí seu estatuto fundador. Enquanto operação de recapitulação, a morte não se situa apenas no fim da vida. No fundo, o mistério da vida é "a morte na vida", "a vida na morte", esse entrelaçamento que é o próprio nome do poder, do saber e da potência. As duas instâncias (a força de vida e a potência que provê a ciência da morte) não estão separadas. Uma trabalha a outra, é trabalhada pela outra, e a função de vidência consiste em trazer à luz do dia e do espírito esse trabalho recíproco — condição essencial para enfeitar a ameaça de dissipação da vida e de dessecação do vivente. A vida brota, portanto, da cisão, da duplicação e da disjunção. A morte também, na sua inevitável clareza, que também se assemelha a um começo de mundo — jorro, emergência e ressurgimento.

Face a um real que se caracteriza por sua multiplicidade e seu poder cambiante e quase ilimitado de polimorfia, em que consiste a potência? Como é obtida e preservada? Quais as suas relações com a força e o ardil? A potência se obtém e se conserva graças à capacidade de estabelecer relações cambiantes com o meio mundo das silhuetas ou então com o mundo dos duplos. É poderoso quem sabe dançar com as sombras e quem sabe tecer relações estreitas entre sua própria força vital e outras cadeias de forças sempre situadas num outro lugar, num espaço exterior para além da superfície do visível. Não é possível circunscrever o poder aos limites de uma forma única e estável, pois é de sua natureza participar do excedente. Todo poder, por princípio, só é poder por suas capacidades de metamorfose. Hoje leão, amanhã búfalo ou javali, no dia seguinte elefante, pantera, leopardo ou tartaruga. Sendo assim, os verdadeiros senhores do poder e os detentores da verdade são os que sabem retraçar o curso da sombra que chama, que é preciso abraçar e atravessar com o objetivo preciso de se tornar outro, de se multiplicar, de estar sempre em movimento. Ter poder é, portanto, saber dar e receber formas. Mas é também saber se desprender das formas dadas, mudar tudo permanecendo o mesmo, esposar formas de vida inéditas e entrar em relações sempre novas com a destruição, a perda e a morte.

O poder é também corpo e substância. À primeira vista, é um corpo-fetiche e, como tal, um corpo-remédio. Enquanto corpo-fetiche, exige ser tanto venerado quanto alimentado. O corpo do poder só é fetiche porque participa do corpo de um outro qualquer, de preferência um morto outrora dotado de potência, de quem aspira assumir o duplo. Desse ponto de vista, pelo menos em sua variante noturna, é um corpo-cadáver. Também é um corpo-adereço, um corpo-ornamento, um corpo-adorno. Relíquias, cores, concocções e outros "medicamentos" lhe outorgam sua força germinativa (fragmentos de pele, um pedaço de crânio ou de antebraço, unhas e mechas de cabelo, preciosos fragmentos de cadáveres de antigos soberanos ou de inimigos ferozes). O poder é farmácia, pela sua capacidade de transformar os recursos da morte em força germinativa — a transformação e a conversão dos recursos da morte em capacidade de cura. É a esse duplo título de força vital e de princípio de morte que ele é a um só tempo reverenciado como temido. Mas a relação entre o princípio vital e o da morte é fundamentalmente instável. Dispensador que é de fertilidade e abundância, o poder precisa estar em plena posse de sua potência viril.

É uma das razões para estar no centro de uma vasta rede de troca de mulheres e de clientes. Mas, acima de tudo, precisa ser capaz de matar. No fundo, é reconhecido tanto por sua capacidade de gerar quanto por sua equivalente, de transgressão — quer se trate da prática simbólica ou real do incesto e do estupro, da absorção ritual da carne humana ou da capacidade de dispêndio irrestrito. Em certos casos, matar com as próprias mãos uma vítima humana é a condição primordial de qualquer ritual de regeneração. Por outro lado, para se manter, o poder deve ser capaz de infringir a lei fundamental, quer se trate da lei familiar ou de algo relacionado com o assassinato e a profanação — a possibilidade de dispor de vidas humanas, inclusive a dos seus. Portanto, não existe poder sem um lado maldito, um lado canalha, um lado sujo, que se tornou possível pela duplicação e que sempre se paga ao preço de uma vida humana, seja a de um inimigo ou, se necessário — o que com frequência é o caso —, a de um irmão ou parente.

Nessas condições, a ação eficaz consiste em operar montagens e combinações, em avançar mascarado, sempre pronto a recomeçar, a improvisar, a se instalar no provisório antes de buscar ultrapassar os limites, fazer o que não se diz e a dizer o que não se faz; dizer várias coisas ao mesmo tempo e esposar os contrários; e, acima de tudo, operar metamorfoses. A metamorfose só é possível porque a pessoa humana jamais se remete a si mesma sem se referir a outra força qualquer, a um outro si-mesmo — a capacidade de sair de si, de duplicação e de estranheza, antes de mais nada em relação a si mesmo. O poder consiste em estar presente em vários mundos e sob diferentes modalidades simultaneamente. Nisso, ele é como a própria vida. É potência aquilo que conseguiu escapar à morte e regressou dos mortos. Pois, somente escapando da morte e regressando dos mortos é possível adquirir as capacidades para se instituir como a outra face do absoluto. Há, assim, no poder e no vivente, uma parte que deriva do espectro — uma parte fantasmagórica.

A figura humana é plástica por definição. O sujeito humano por excelência é aquele capaz de se tornar outro, outro alguém que não ele mesmo, uma nova pessoa. É aquele que, compelido à perda, à destruição e ao aniquilamento, faz surgir desse acontecimento uma nova identidade. O que lhe confere sua estrutura simbólica é a figura animal da qual é, sob vários aspectos, uma vaga silhueta. A figura humana não contém em si apenas a estrutura do animal, mas também o seu espírito.[1] O poder noturno é aquele capaz de, quando preciso, assumir uma existência animal, abrigar um animal, de preferência carnívoro. A forma ou a figura plena é sempre o emblema de um paradoxo. O mesmo se passa com o corpo, essa instância privilegiada da aberração. Todo corpo está fundamentalmente fadado à desordem e à discórdia. O corpo também é, em si, uma potência que de bom grado se cobre com uma máscara. Pois, para ser domesticado, a face da potência noturna deve ser previamente coberta, isto é, desfigurada, restituída ao seu estatuto de horror. Deve ser possível não reconhecer nela nada de humano — objeto petrificado da morte, mas cujo traço inerente é incluir os órgãos ainda moventes da vida. A face da máscara duplica a face de carne e se transforma numa superfície viva e figurativa, pois esta é justamente a definição derradeira do corpo — rede de imagens e de reflexos heterogêneos, densidade compacta, líquida, óssea e sombria, forma concreta da desproporção e do deslocamento sempre a ponto de extravasar o real.

---

1. Gilles Deleuze, *Francis Bacon, lógica da sensação*, Rio de Janeiro, Jorge Zahar, 2007, capítulo 4.

O farrapo humano

Corpo, carne e alimento formam um todo indissociável. O corpo só é corpo porque potencialmente serve de alimento, porque é vianda, substância comestível: "O soldado se imobilizou como um poste de carne cáqui", escreve Sony Labou Tansi.[2] E descreve esta cena em que refeição e sacrifício se tornam a mesma coisa: "O Guia Providencial retirou a faca [da garganta do farrapo-pai] e voltou à sua carne [...] que cortou e comeu com a mesma faca ensanguentada", antes de se levantar e arrotar ruidosamente.[3] Essa constante passagem entre o corpo do supliciado, a sua carne, o seu sangue e a carne da refeição nos afasta consideravelmente de uma simples festa. Aqui, trata-se de derramar o sangue, abrir feridas, infligir danos.[4] Aliás, para a tranquilidade do poder, "matar de tempos em tempos" não seria afinal uma questão de necessidade?[5] Neste caso, o inimigo é conduzido nu até o Guia Providencial: "Ou você me diz ou eu o como cru".[6] Comer cru requer uma destruição sistemática do corpo: "Ele se pôs a retalhar a golpes cegos a parte superior do corpo do farrapo-pai, desmantelou o tórax, depois os ombros, o pescoço, a cabeça; logo não restava mais que um ridículo tufo de cabelo flutuando no vazio amargo, os pedaços retalhados formavam no chão uma espécie de cupinzeiro, o Guia Providencial os esparramou com largos chutes ao léu, antes de arrancar o tufo de cabelo da sua suspensão invisível; usou todas as suas forças, primeiro com uma mão, depois com as duas, o tufo cedeu

2. Sony Labou Tansi, *La Vie et demie, op. cit.*, p. 11.
3. *Ibid.*, p. 12.
4. *Ibid.*, p. 12-13.
5. *Ibid.*, p. 283.
6. *Ibid.*, p. 37.

e, levado pelo seu próprio entusiasmo, o Guia Providencial caiu de costas, bateu a nuca contra as vidraças...".[7]

O corpo recebe uma nova forma, mas pela via da destruição das formas anteriores: "Muitos dos dedos dos seus pés permaneceram na câmara de tortura, ele tinha audaciosos retalhos no lugar dos lábios e, no das orelhas, dois enormes parênteses de sangue morto, os olhos tinham desaparecido no imenso inchaço do rosto, deixando entrar dois raios de luz negra em dois grandes fossos de sombra. Perguntávamo-nos como podia uma vida teimar em se manter por debaixo de destroços tais que deles a própria forma humana já se havia evadido. Mas a vida dos outros é dura. A vida dos outros é obstinada".[8] O Guia come a carne sangrenta à qual tomaram o cuidado de acrescentar óleo, vinagre e três doses de uma aguardente local. Suas questões são formuladas sob a forma de rugido. Os instrumentos privilegiados são os utensílios de mesa: "O garfo tocara o osso, o doutor sentiu a dor se acender e depois se apagar, então se acender e depois se apagar. O garfo afundou nas costelas, instilando a mesma onda de dor".[9]

Mas o que é um farrapo, senão aquilo que foi, mas que agora não passa de uma figura degradada, arruinada, irreconhecível, estragada, uma entidade que perdeu sua autenticidade, sua integridade? O farrapo humano é aquilo que, a despeito de apresentar aqui e ali uma aparência humana, está tão desfigurado que se encontra, ao mesmo tempo, no aquém e no cerne do humano. É o infra-humano. Reconhece-se o farrapo pelo que sobra dos seus órgãos — a garganta, o sangue, a respiração, o ventre, da ponta do esterno à virilha,

---

7. *Ibid.*, p. 16.
8. *Ibid.*, p. 36-37.
9. *Ibid.*, p. 37.

as tripas, os olhos, as pálpebras. Mas o farrapo humano não deixa de ter vontade. Nele restam só os órgãos, mas resta também a fala, último sopro de uma humanidade devastada, mas que, até as portas da morte, se recusará a ser reduzida a um monte de carne, a morrer de uma morte indesejada: "Não quero morrer desta morte".[10]

Depois de o farrapo proceder à retenção da fala, passa-se à dissecação: "O farrapo-pai logo foi partido em dois na altura do umbigo". Depois seccionado, o corpo revela seus mistérios cavernosos. As tripas fazem sua aparição. Em seguida, o órgão da fala, a boca, é literalmente "arrombada".[11] Não existe mais corpo enquanto tal ou enquanto unidade intrínseca. A partir de agora, existem uma "parte inferior" e uma "parte superior". Mas, mesmo cortado em dois, o supliciado continua a proferir uma recusa. Não para de repetir a mesma frase: "Não quero morrer desta morte".

A transformação do corpo em carne exige um grande dispêndio de energia. O autocrata precisa enxugar o suor e descansar. Dar a morte é um ato que cansa, mesmo quando intercalado com prazeres: fumar um cigarro. O que enfurece o assassino é a obstinação de sua vítima em não "aceitar a morte" que lhe é oferecida e em desejar a qualquer custo outra morte, que se possa dar a si mesmo. O supliciado recusa ao poder o poder de lhe dar a morte de sua escolha: "Ele mordia [...] o lábio inferior, uma violenta ira lhe inflava o peito, fazendo girar seus olhinhos fechados sem rumo pelo rosto. No momento seguinte, pareceu se acalmar, virou-se lentamente em torno da parte superior do corpo suspenso no vazio, contemplou com uma ponta de compaixão este lodo

10. *Ibid.*, p. 13.
11. *Ibid.*, p. 14.

de sangue negro que lhe pavimentava a base".[12] O poder pode dar a morte. Ainda assim, é preciso que o supliciado aceite recebê-la. Pois, para morrer de fato, é preciso ainda aceitar não apenas a dádiva da morte, mas também a forma do morrer. Aquele que dá a morte, por oposição ao que a recebe, é desde logo confrontado com os limites da sua vontade. Precisa experimentar diversos instrumentos da morte: armas de fogo, sabres, veneno (uma morte com champanhe), equiparar morte e prazer, passar do universo da carne ao das bebidas — a morte um momento de embriaguez.

O mundo noturno é dominado por forças antagônicas empenhadas num conflito total. A cada força sempre se contrapõe uma outra capaz de desfazer o que a primeira estabeleceu. O poder é reconhecido por sua capacidade de se inserir em seus súditos, de os "montar", de deles se apossar, inclusive do seu corpo e sobretudo do seu "duplo". Esse apossamento faz do poder uma força. É inerente à força desalojar o eu daquele que foi sujeitado por essa força, tomar o lugar desse eu e agir como se fosse a senhora desse eu, do seu corpo e do seu duplo. Desse ponto de vista, a força é sombra. E, em primeira linha, a sombra de uma morte que foi domesticada e subjugada. O poder é espírito de morte, sombra de um morto. Como espírito do morto, procura roubar a cabeça de seus súditos — de preferência, de modo tal que ignorem tudo o que lhes ocorrer; tudo o que virem, ouvirem, disserem e fizerem.

A *priori*, não há diferença nenhuma entre a vontade do poder noturno e a vontade dos mortos. O poder noturno deve sua existência e sua continuidade a uma série de transações com os mortos, dos quais se torna receptáculo e que,

12. *Ibid.*, p. 14-15.

em contrapartida, são transformados em receptáculos de sua vontade. Essa vontade consiste, antes de mais nada, em saber quem é seu inimigo. Seu lema é: "Conhecerás teu inimigo e vencerás teu irmão, parente e rival atiçando contra eles terríveis forças maléficas". Para isso, o poder noturno deve constantemente dar de comer aos espíritos dos mortos, verdadeiros cães vadios que não se contentam com um pedacinho qualquer de alimento, mas exigem nacos de carne e osso. Desse ponto de vista, o poder noturno é uma força habitada pelo espírito do morto. Ao mesmo tempo, essa força se esforça para se assenhorar do espírito do defunto que o possui e com quem fez um pacto.

Essa questão do pacto com os mortos, da apropriação de um morto ou, ainda, do espírito do outro mundo é, em grande medida, a questão central da história da escravidão, da raça e do capitalismo. O mundo do tráfico dos negros é idêntico ao mundo da caça, da captura, da colheita, da venda e da compra. É o mundo da extração bruta. O capitalismo racial é o equivalente de uma vasta necrópole. Ele se baseia no tráfico dos mortos e das ossadas humanas. Evocar e convocar a morte exige que se saiba dispor dos restos ou relíquias dos corpos daqueles que matamos, capturando o seu espírito. Esse processo de captura e de sujeição dos espíritos e das sombras daqueles que foram mortos constitui, na verdade, o trabalho do poder noturno. Pois só há poder noturno se o objeto e o espírito do morto que está no interior do objeto tiverem sido alvo de uma apropriação feita de forma correta e exata. Esse objeto pode ser um fragmento do crânio, a falange do dedo mindinho ou qualquer outro osso do esqueleto. Mas, de maneira geral, as ossadas do morto devem ser amalgamadas com pedaços de madeira, cascas de árvores, plantas, pedras, restos de animais. O espírito do morto deve penetrar esses objetos amalgamados, isto é, deve viver nesses objetos para que o pacto possa ser consumado e para que as potências invisíveis possam ser acionadas.

Do escravo e do espectro

Voltemo-nos agora para *The Palm-Wine Drinkard* e *My Life in the Bush of Ghosts,* de Amos Tutuola,[13] dois textos primordiais que abordam a figura do espectro e a temática das sombras, do real e do sujeito. Pode-se dizer que é da natureza da sombra e do reflexo ligar o sujeito ou a pessoa humana à sua própria imagem ou ao seu duplo. A pessoa que se identificou com a sua sombra e assumiu o seu reflexo sempre se transforma. Ela se projeta ao longo de uma irredutível linha fugidia. O *eu* se une à sua imagem como a uma silhueta, numa relação puramente ambígua do sujeito com o mundo dos reflexos. Situada na penumbra da eficácia simbólica, a parte de sombra é esse domínio no limiar do mundo visível. Das diversas propriedades que formam o que chamamos de a parte de sombra, duas em especial merecem ser mencionadas. A primeira é o poder (de que dispõem *os que veem a noite*) de convocar, provocar o retorno e a aparição do espírito do morto e também de sua sombra. A segunda é o poder, de que dispõe o *sujeito iniciado,* de sair de si e de se tornar espectador de si mesmo, da provação que é sua vida, incluindo eventos como a sua morte e

---

13. Amos Tutuola, *The Palm-Wine Drinkard* e *My Life in the Bush of Ghosts*, Grove Press, Nova York, 1994. Esses dois textos foram publicados juntos na edição de 1994. Foi a paginação dessa edição que utilizamos neste capítulo. Todas as traduções são minhas e foram feitas livremente. *The Palm-Wine Drinkard* foi traduzido para o português em duas versões, uma brasileira e outra luso-angolana, em 1952 e 1980, respectivamente: *O bebedor de vinho de palmeira*, tradução de Eliane Fontenelle, Nova Fronteira, Rio de Janeiro, 1952; *O bebedor de vinho de palma*, tradução de Maria Helena Rodrigues, Inald/Edições 70, Luanda/Lisboa, 1980).

o seu funeral. O sujeito iniciado assiste ao espetáculo de sua própria duplicação, adquirindo, de passagem, a capacidade de se separar de si e de se objetivar enquanto se subjetiva. Possui uma aguda consciência do fato de que o que ele vê do lado de lá da matéria e da cortina do dia é a si próprio — mas um si duplicado de seu reflexo.

O poder autônomo do reflexo, por sua vez, deve-se a duas coisas. Primeiro, à possibilidade que tem o reflexo de escapar às amarras que estruturam a realidade sensível. Sendo o reflexo um duplo fugaz, que jamais fica imóvel, seria impossível tocá-lo. É possível apenas *se tocar*. Esse divórcio entre o ver e o tocar, esse flerte entre o tocar e o intocável, essa dualidade entre o que reflete e o refletido estão na base do poder autônomo do reflexo, entidade intangível, porém visível; esse negativo que é o fosso entre o eu e sua sombra. Resta o brilho. Com efeito, não existe reflexo sem um certo modo de lançar a luz contra a sombra e vice-versa. Sem esse jogo, não pode haver nem ressurgimento nem aparição. Em grande medida, é o brilho que permite abrir o retângulo da vida. Uma vez aberto esse retângulo, a pessoa iniciada pode finalmente ver, como às avessas, o lado de trás do mundo, a outra face da vida. Ela pode, finalmente, ir ao encontro da face solar da sombra — potência real e em última instância.

A outra propriedade da sombra é seu poder de *horror*. Esse poder nasce da inquietante realidade que constitui essa entidade, que parece não se assentar em nenhum terreno tangível. Afinal, qual terreno e qual geografia a sustentam? Sabine Melchior-Bonnet responde, tratando, naquilo que lhe concerne, do espelho na tradição ocidental: "O sujeito está a um só tempo ali e alhures, captado numa ubiquidade e profundidade perturbadoras, a uma distância incerta: vê-se num espelho, ou melhor, a imagem parece surgir por detrás da tela material, de modo que aquele que se olha pode se perguntar se vê a própria superfície ou se vê através dela". E acrescenta: "O reflexo faz surgir para lá do espelho a sensação de um além-mundo imaterial e convida o olhar para uma travessia das aparências".[14] Ora, estritamente falando, atravessar as aparências não é apenas ultrapassar a cisão entre o olhar e o tocar. É também correr o risco de uma autonomia da psique em relação à corporeidade, a expropriação do corpo sendo acompanhada pela inquietante possibilidade de emancipação do duplo fictício, que adquire, ao fazer isso, uma vida própria — uma vida dedicada ao obscuro trabalho da sombra: a magia, o sonho e a adivinhação, o desejo, a inveja e o risco da loucura inerentes a toda e qualquer relação de si consigo mesmo. Por fim, existe o poder de fantasia e de imaginação. Como acabamos de apontar, qualquer jogo de sombra se baseia na constituição de um fosso entre o sujeito e sua representação, um espaço de arrombamento e de dissonância entre o sujeito e seu duplo fictício refletido pela sombra. O sujeito e o reflexo podem se sobrepor, mas a duplicação nunca pode ser uniforme. Dessemelhança e duplicidade fazem parte, portanto, das qualidades essenciais do poder noturno e do modo como ele se relaciona com a vida e o vivente.

Quebremos o espelho em torno da escrita de Tutuola. O que vemos? O espetáculo de um mundo em movimento, em constante renascer, feito de vincos e retrações, paisagens, figuras, histórias, cores, abundante visualidade, sons e ruídos. Um mundo imaginal, poder-se-ia dizer.[15] Mas, sobretudo, um

14. Sabine Melchior-Bonnet, *Histoire du miroir*, Imago, Paris, 1994, p. 113-114.

15. O adjetivo "imaginal" e a expressão "mundo imaginal" foram propostos pelo filósofo e teólogo francês Henry Corbin para descrever uma instância de mediação entre o mundo sensível e o mundo inteligível. Ver Henry Corbin, "*Mundus Imaginalis* ou L'imaginaire et l'imaginal", *Cahiers Internationaux du Symbolisme*, vol. 6, 1964, p. 3-26. [N.T.]

mundo habitado por seres e coisas que passam por aquilo que não são e que, por vezes, são efetivamente tomados por aquilo que pretendem ser, sendo que em nada o são. Mais do que um espaço geográfico, o domínio fantasmal pertence simultaneamente ao campo órfico e ao campo visual, ao campo das visões e das imagens, das criaturas estranhas, de fantasmas delirantes, de máscaras surpreendentes — um comércio permanente com signos que se entrecruzam, se contradizem, se anulam, se renovam e se perdem no seu próprio movimento. Talvez seja por isso que escapa à síntese e à geometria. Havia, escreve Amos Tutuola, "várias imagens, incluindo a nossa; todas estavam situadas no centro do átrio. Foi-nos dado ver nesses lugares que as nossas próprias imagens eram, mais que fielmente, feitas à nossa semelhança e apresentavam uma cor branca. Nós nos surpreendemos ao nos deparar com nossas imagens nesses lugares... [...] Perguntamos à Mãe Fiel o que ela fazia com todas essas imagens. Respondeu que serviam para a lembrança; para conhecer todos aqueles que ela ajudara a escapar de suas dificuldades e tormentos".[16]

É também um mundo que se sente e que se cria no instável, na evanescência, no excedente, uma espessura inexaurível, o estado de alerta permanente, a teatralização generalizada. Penetra-se o domínio fantasmal, isto é, o mundo no limiar da vida, como que pela borda. O domínio fantasmal é um palco onde se consumam constantemente eventos que não parecem se adensar a ponto de fazer história. A vida se desenrola ali como um espetáculo em que o passado se encontra no futuro, e o futuro num presente indefinido. Já não há vida que não esteja fendida e mutilada — o reino das cabeças sem corpo, dos corpos sem cabeça, dos soldados mortos que são

16. Amos Tutuola, *op. cit.*, p. 248-249.

despertos e que têm substituídas por outras as cabeças porventura cortadas. Essa vasta operação de substituição não está isenta de perigos, sobretudo quando, em consequência de um erro, a cabeça de um fantasma é colocada no lugar da cabeça de outra pessoa: "[Foi assim que me vi com] esta cabeça, que não só emanava um odor pestilencial, mas emitia dia e noite todo tipo de ruídos. Estivesse eu falando ou calado, esta cabeça proferia palavras que não eram minhas. Ela desvelava todos os meus segredos, fossem meus planos de fuga para uma outra cidade ou o meu desejo de reencontrar o caminho para a minha cidade natal".[17] No tronco do corpo, que permanecia o mesmo, vem-se juntar o órgão de um outro qualquer, uma prótese que fala, mas de uma maneira que faz girar o corpo em espiral, no vazio, criando assim a desordem e abolindo qualquer noção de segredo e de intimidade. A conjunção de um corpo propriamente seu e de uma cabeça que pertence a outro qualquer faz do sujeito o enunciador de uma fala da qual não tem o menor controle.

Entrando pela borda, somos projetados num horizonte movediço, no coração de uma realidade cujo centro está em todos os lugares e em lugar nenhum; e onde cada acontecimento engendra outros. Os acontecimentos não têm necessariamente origens reconhecíveis. Alguns são puras lembranças encobridoras.[18] Outros advêm de modo imprevisto, sem causa aparente. Alguns têm um começo, mas não necessariamente

---

17. *Ibid.*, p. 108-109.

18. No original, *souvenirs-écrans*. Correspondem às lembranças encobridoras (*Deckerinnerungen*) freudianas, modalidade específica de memória da infância, que encobre e mascara uma lembrança reprimida. Para a primeira formulação do termo, ver Sigmund Freud, "Über Deckerinnerungen", *Gesammelte Werke*, vol. 1, S. Fischer Verlag, Frankfurt, 1953, p. 531-554 ["Lembranças encobridoras", *Obras Completas de Sigmund Freud*, vol. 3, Imago, Rio de Janeiro, 1974, p. 287-304]. [N.T.]

um fim. Outros ainda são interrompidos, adiados, para serem retomados muito tempo depois, noutros lugares e noutras circunstâncias, de acordo com outras modalidades e não necessariamente seguindo as mesmas sequências ou tendo os mesmos atores, mas numa declinação indefinida de perfis e figuras inapreensíveis e em meio a agenciamentos tão complicados que estarão sempre sujeitos a revisões.

O poder noturno cerca sua presa por todos os lados, lança-se sobre ela e a constringe até o ponto da fratura e da asfixia. Sua violência é, antes de mais nada, de ordem físico-anatômica: meios corpos cortados em todos os sentidos, tornados incompletos pela mutilação e pela ausência de simetria resultante, corpos estropiados, pedaços perdidos, fragmentos dispersos, ranhuras e chagas, a totalidade abolida, em suma, o desmembramento generalizado. Há uma segunda ordem da violência fantasmal, que decorre da sua hediondez. Com efeito, no corpo do poder fantasmal fervilha uma multiplicidade de espécies vivas: abelhas, mosquitos, serpentes, centopeias, escorpiões, moscas. Dele emana uma pestilência que é incessantemente alimentado por excrementos, urina, sangue, em suma, pelos dejetos das presas que o poder fantasmal não cessa de esmagar.[19] O poder fantasmal também opera por captura. A forma mais ordinária é a captura física. Consiste simplesmente em amarrar e amordaçar o sujeito como a um condenado, até o reduzir à imobilidade. Ei-lo paralisado, espectador da sua impotência. Outros modos de captura passam pela projeção de uma luz cujas nudez e crueza acometem os objetos, apagam-nos, recriam-nos e mergulham o sujeito num estado quase alucinatório: "Como ele projetou o facho de luz dourado sobre o meu corpo e como eu me vi, pensei

19. *Ibid.*, p. 29.

que me havia transformado em ouro, tanto cintilava a luz sobre o meu corpo. Decidi então ir até ele por causa dessa luz dourada. Mas conforme avançava na sua direção, o fantasma de cobre acendeu sua luz acobreada e projetou-a a seu turno sobre meu corpo [...]. Meu corpo se tornou tão luminoso que fui incapaz de tocá-lo. Como eu preferia a luz acobreada à luz dourada e conforme eu avançava defronte a esta última, fui impedido por uma luz prateada que inesperadamente se pôs a inundar meu corpo. Essa luz prateada era branca como a neve e trespassou-me o corpo de uma ponta à outra. Nesse dia soube o número de ossos no meu corpo. Mas logo que me pus a contar meus ossos, esses três fantasmas projetaram sobre mim as três luzes ao mesmo tempo, de tal maneira que não conseguia mais andar nem para a frente e nem para trás. Por isso, comecei a girar como uma roda, no exato momento em que experimentei todas essas luzes como uma mesma e única luz".[20]

A luz espelha seu brilho e sua onipotência sobre o corpo convertido, em tais circunstâncias, num facho luminoso e numa matéria porosa e translúcida. Essa fluidificação tem por consequência a suspensão das suas funções preênseis e motoras e uma legibilidade mais pronunciada da sua estrutura óssea. A luz também faz emergir da sombra formas novas. Combinando de forma inaudita cores e esplendor, ela institui uma outra ordem de realidade. Cores e esplendor não apenas transfiguram o sujeito. Elas o mergulham num turbilhão quase infernal, até se transformar numa roleta: o joguete de potências antagônicas que o dividem, a ponto de o fazerem soltar gritos de terror. Outros modos de captura provêm da hipnose e do enfeitiçamento. É o caso do

20. *Ibid.*, p. 25-26.

canto acompanhado de percussão. Existem tambores que ressoam como se vários estivessem sendo batidos de uma só vez. O mesmo ocorre com determinadas vozes e danças. Alguns dançarinos são capazes de arrastar consigo qualquer espectador de suas proezas, inclusive os espíritos dos mortos. E mais ainda, o tambor, o canto e a dança constituem verdadeiras entidades vivas, com um poder contagiante e irresistível. Essas três entidades reunidas produzem uma concatenação de sons, ritmos e gestos, criam meio mundo de espectros, precipitando, de passagem, a volta dos mortos. Sons, ritmos e gestos são multiplicáveis ao infinito, segundo o princípio da disseminação. Os sons, sobretudo, pelo seu desenvolvimento singular e por conta do envolvimento de uns com os outros, de uns nos outros, têm um poder de enlevo que os conecta à matéria alada. Mas têm também o poder de suscitar e até ressuscitar, pôr de pé. O pôr de pé é em seguida substituído pelo ritmo ao qual se associa o gesto. Ritmos e gestos também existem em grande número. Vidas subitamente arrancadas do calabouço da morte e do túmulo são tratadas, no espaço de um instante, pelo som, pelo ritmo e pela dança. No ato de dançar, elas perdem provisoriamente a lembrança de suas cadeias. Abandonam os gestos habituais e se libertam, por assim dizer, dos seus corpos, no afã de apagar as figuras mal esboçadas e assim prolongar, por meio de uma pluralidade de linhas entremeadas, a criação do mundo: "Quando "Tambor" se pôs a se bater, todos os que já estavam mortos havia centenas de anos se levantaram e vieram se fazer testemunhas de "Tambor" a se bater a si mesmo; e quando "Canto" se pôs a cantar, todos os animais domésticos desta nova cidade, os animais selvagens e as serpentes foram pessoalmente ver "Canto"; e quando "Dança" se pôs a dançar, todas as criaturas da selva, os espíritos, as criaturas da montanha e dos rios vieram à cidade para ver quem estava dançando. Quando esses três entraram nessa ao mesmo tempo, toda a gente dali, todos os que se haviam erguido das tumbas, os animais, as serpentes, os espíritos e outras criaturas sem nome dançaram juntos, com esses três, e foi nesse dia que percebi que as serpentes dançavam melhor que os humanos e as outras criaturas".[21]

Toda a energia aprisionada no corpo, sob a terra, nos rios, nas montanhas, no mundo animal e vegetal é liberada de uma vez e nenhuma dessas entidades mais tem equivalente ou referente identificável. Em troca, deixam de ser referentes do que quer que seja. Não são mais que sua própria totalidade originária num palco em que o cerimonial dos mortos, o aguilhão da dança, o açoite do tambor e o ritual da ressurreição se dissolvem numa ambivalência e numa dispersão geral de todas as coisas imagináveis, como que subitamente entregues ao próprio arbítrio. Sequência telúrica, de fato, por meio da qual o que estava enterrado é arrancado do sono.

Há também o ruído. A violência fantasmal também consiste numa arte de fazer ruído que quase sempre remete a operações específicas de controle e de vigilância. Um ruído quase sempre chama outro, que, por sua vez, geralmente desencadeia um corre-corre. Ruído em excesso pode acarretar a surdez. A violência fantasmal também é de natureza caprichosa. O capricho, neste caso, não consiste somente no exercício do arbítrio. Ele remete a duas possibilidades distintas. A primeira consiste em rir do infortúnio do sujeito. A segunda consiste em virar tudo do avesso, associar cada coisa a muitas outras que não necessariamente se lhe assemelhem. Trata-se de dissolver a identidade de cada coisa numa infinidade de

21. *Ibid.*, p. 263-264.

identidades sem vínculo direto com a original. Deste ponto de vista, a violência fantasmal se baseia na negação de qualquer singularidade essencial. Isso acontece quando, na presença dos seus hóspedes, o senhor começa a transformar seu cativo em criaturas de diversas espécies. Primeiro, transforma-o num macaco. É quando se mete a trepar nas árvores frutíferas e a colher frutos para eles. Pouco depois, é transformado em leão, depois em cavalo, depois em camelo, depois numa vaca e num zebu com a cabeça enfeitada de chifres. Por fim, é trazido de volta à forma inicial.[22]

Da vida e do trabalho

Num tal universo, o escravo aparece, não como uma entidade feita de uma vez por todas, mas como um sujeito *no trabalho*. O próprio trabalho é uma atividade permanente. A própria vida se desenrola como um fluxo. O sujeito da vida é um sujeito no trabalho. Nesse *trabalho pela vida* são mobilizados vários registros de ação. Um deles consiste em emboscar o portador do perigo ou da morte. O trabalho pela vida consiste, portanto, em capturar a morte e trocá-la por outra coisa. A captura exige que se recorra a subterfúgios. O agente eficaz é aquele que, na impossibilidade de matar no primeiro golpe, se revela o mais esperto. Depois de ter armado a cilada, é preciso atrair o outro até ela, dando provas de inteligência e astúcia. A meta sempre é imobilizá-lo, enrolando seu corpo nas redes. No centro do trabalho pela vida se encontra, evidentemente, o corpo, esse teste de evidência ao qual se vinculam subsequentemente uma quantidade de propriedades, uma quantidade, um algarismo.

22. *Ibid.*, p. 36.

O corpo em si não é dotado, porém, de nenhum sentido que lhe seja intrínseco. Estritamente falando, na dramática da vida, o corpo em si não significa nada. É um entrelaçamento ou um feixe de processos que, em si, não têm nenhum sentido imanente. A visão, a motricidade, a sexualidade, o toque não têm nenhuma significação primordial. Sendo assim, sempre existe uma parcela de coisidade em toda corporeidade. O trabalho pela vida consiste precisamente em evitar que o corpo caia na coisidade absoluta; consiste em evitar que seja por completo um mero objeto. Mas somente um modo de existência permite conseguir isso: o modo de existência ambíguo, uma maneira de brincar tateando sobre o avesso das coisas e de brincar de faz de conta diante de si e dos outros. O corpo, neste caso, é uma realidade anatômica, um conjunto de órgãos que têm, cada um, funções específicas. Nessa condição, ele não sedia nenhuma singularidade, a ponto de que pudéssemos declarar de uma vez por todas e em absoluto: "Eu possuo o meu corpo". Ele certamente me pertence, mas essa pertença não é absoluta; eu efetivamente posso alugar partes do meu corpo a outras pessoas.

A capacidade de se dissociar do próprio corpo é, portanto, o preâmbulo necessário a qualquer trabalho pela vida. Graças a essa operação, o sujeito pode, se preciso for, adornar a vida com um brilho emprestado. Pode falsear sua existência, desprender-se dos signos da servidão, participar da mascarada dos deuses ou então, sob a máscara de um touro, raptar virgens. De fato, aquele que num dado momento se dissocia de partes do seu corpo pode, num outro momento, recuperá-las tão logo se tenha concluído o ato de permuta. Isso não implica dizer que haveria partes do corpo que seriam uma espécie de excedente e que poderiam ser dilapidadas. Significa apenas que não é preciso ter consigo todas as partes do próprio corpo a cada instante. Desde logo, a virtude primordial do corpo não reside na irradiação simbólica da qual ele seria o foco. Tampouco reside em sua constituição enquanto zona privilegiada de expressão do sentido. Reside, sim, nas potencialidades dos seus órgãos tomados em conjunto ou separadamente, na reversibilidade dos seus fragmentos, no aluguel e na restituição mediante um preço. Mais que a ambivalência simbólica, é, pois, a parte da instrumentalidade que é preciso ter presente. O corpo está vivo na medida em que seus órgãos se exprimem e funcionam. São estes elementos, esse emprego dos órgãos, sua maleabilidade e sua potência relativamente autônoma, que fazem com que só haja corpo fantasmático. O sentido do corpo está estreitamente ligado a essas funções no mundo e a esse poder fantasmal.

Mas um corpo precisa ser capaz de se mover. Um corpo é feito, antes de mais nada, para se mover, para andar. É por isso que só existe sujeito itinerante, que vai de um lugar a outro. A viagem enquanto tal pode não ter um destino preciso: pode-se também entrar e sair à vontade. Pode ser que existam etapas já fixadas previamente. O caminho, porém, nem sempre conduz ao lugar desejado. O que importa, pois, não é o destino, mas sim o que se atravessa ao longo do caminho, a série de experiências das quais se é ator e testemunha e, sobretudo, a parte imprevista, aquilo que acontece quando menos se poderia esperar. Trata-se, portanto, de prestar mais atenção ao caminho em si e aos itinerários do que à destinação. Daí a importância da estrada.

A outra capacidade exigida no trabalho pela vida é a capacidade de metamorfose. O sujeito pode-se metamorfosear em quaisquer circunstâncias. É o caso, por exemplo, em situações de conflito e de adversidade. O ato de metamorfose por excelência consiste em sair constantemente de si, ir além de si, antecipar-se ao outro, num movimento angustiante, centrípeto e tanto mais aterrorizante porque a possibilidade de voltar a si nunca está garantida. Nesse contexto em que a existência está restrita a poucas coisas, a identidade só pode ser vivida de modo fugaz, pois não se adiantar a si mesmo é literalmente correr o risco de ser morto. A permanência num ente específico só pode ser provisória. É preciso saber desertar esse ente a tempo, camuflá-lo, reiterá-lo, cindi-lo, restitui-lo ao cerne de uma existência em que o turbilhão o disputa com a vertigem e a circularidade. Existem também circunstâncias da vida no decorrer das quais, apesar de sua insaciável avidez de existir, o vivente está condenado a assumir, não a sua figura individual e singular, mas a identidade de um morto: "Ele estava contente, para além de qualquer evidência: pensava ter acabado de descobrir, na minha pessoa, o corpo do seu falecido pai. Decidiu então me carregar sobre sua cabeça [...]. Quando irrompeu na cidade, todos os fantasmas dali quiseram saber que fardo era aquele que ele trazia e que o fazia suar tanto [...]. Ele respondeu que se tratava do corpo do seu falecido pai [...] ao que os fantasmas da cidade responderam num coro de alegria e o seguiram até sua residência. [...] Chegamos à sua casa e toda a sua família [...] pensou que eu era efetivamente o corpo do seu pai falecido. Fizeram o sacrifício numa cerimônia devida. [...] Depois disso, pedimos a um fantasma, carpinteiro do seu estado, para fabricar um robusto caixão. Ele o trouxe ao fim de uma hora. Ouvi falar do caixão e, nesse momento, percebi que tentavam me enterrar vivo. Esforcei-me então para lhes dizer que eu não era em nada o pai morto, mas não conseguia falar. [...]. Foi então que eles me puseram no caixão tão logo o carpinteiro, tendo concluído o seu trabalho, o trouxe. Meteram lá dentro escorpiões e o fecharam [...]. Eu supostamente deveria me alimentar de escorpiões na minha jornada para o outro mundo. Cavaram em seguida um túmulo atrás da palhota e ali me sepultaram".[23]

O pai está morto, pois, e, em princípio, não deixou nenhuma réplica exata de si mesmo. Esse vazio, criado pela ausência deste traço essencial que é o cadáver do morto, é vivido como uma imensa lacuna no real. O traço representado pelo corpo do morto é de fato essencial na composição do significante que é a sua morte. Sem esse traço, o morto e sua morte se inscrevem numa estrutura de ficção. Pois é o cadáver que confere ao real da morte sua obscura autoridade. A ausência desse traço abre caminho à possibilidade, para o sujeito vivo, de ser testemunha do seu próprio enterro. Para atingir esse estágio, deve ter sido arrancado à sua própria escansão e ter sido capturado no imaginário de um outro. Por mais que proteste, não há nada que possa ser feito a respeito. Ele é tomado por um outro qualquer, de quem deve assumir a história e sobretudo o fim, mesmo contra a sua vontade e por mais que não deixe de protestar sua singularidade. Inexorável, o processo prossegue até sua conclusão na sepultura. O sujeito está plenamente ali, entregue a si mesmo. Não é acolhido numa ubiquidade qualquer. A morte surge, entretanto, numa espécie de tela material que abole a identidade pertencente à vítima enterrada às pressas e que a faz desaparecer numa identidade que não é a sua. Pelas graças de um gênio perverso, o morto é objetivado por meio da superfície de um sujeito vivo, sob uma forma em nada espectral, mas palpável, apesar de opaca, verdadeiramente material.

O morto acede ao estatuto de signo pela mediação do corpo de um outro, numa cena teatralmente trágica que faz

23. *Ibid.*, p. 91-92.

cada um dos protagonistas afundar na irrealidade de uma aparência incessantemente reanimada e de um emblemático espelhamento de identidades. Dali em diante, o objeto (o cadáver) e o seu reflexo (o sujeito vivo) se sobrepõem. Por mais que o sujeito insista em negar ser o morto, ele já não se pertence mais. Agora, sua alcunha é *assumir o lugar de.* Em sua vertiginosa urgência e em seu poder de abstração, o demônio impassível do morto efetivamente se apoderou dele. Ainda que o corpo do falecido não seja, estritamente falando, o mesmo que o corpo daquele a quem fazem, a contragosto, passar por ele, para o morto, o desaparecido se encontra agora em dois lugares ao mesmo tempo, sem que seja o mesmo nos dois lugares. O sujeito vivo e designado à sepultura se tornou, por sua vez, um outro alguém, mesmo continuando a ser o mesmo. Não é que se tenha dividido. Não é que aquele a quem ele é obrigado a imitar possua, a rigor, qualquer dos seus atributos. Tudo ocorre efetivamente no torpor das aparências. Em grande medida, tanto o morto quanto o vivo perderam a propriedade das suas mortes e das suas vidas. Estão agora, a despeito deles mesmos, unidos a entidades corporais que fazem de cada um deles um elemento primitivo e indiferenciado. Por um estranho desígnio, o significante é destruído, esmigalhado e consumido pelo significado, e vice-versa. Um não pode mais se remover do outro, e reciprocamente.

Por fim, há o fardo que se carrega, também neste caso, amiúde contra a própria vontade: "[Ele] nos suplicou para que o ajudássemos a carregar seu fardo. [...] Não sabíamos o que havia no saco, que, por sinal, estava cheio. Ele nos deu a entender que não nos podíamos de modo nenhum desenvencilhar do fardo antes de chegar à cidade. Não nos deixou testar o peso do fardo, o que nos teria permitido saber se estava além das nossas capacidades. [...] Quando, por fim, com a ajuda da minha mulher, coloquei o fardo sobre a cabeça, tive a sensação de se tratar do corpo morto de um homem. Era muito pesado, mas podia carregá-lo facilmente. [...] No entanto, estávamos longe de saber o que levávamos conosco. De fato, tratava-se do cadáver do príncipe da cidade em que entrávamos. O príncipe em questão tinha sido morto numa fazenda, por engano, pelo nosso companheiro de circunstância, que andava agora à procura de alguém que o pudesse substituir como culpado. [...] Naquele manhã bem cedo, o rei ordenou que nos vestíssemos com nossas melhores roupas; que nos puséssemos a cavalo e que passeássemos pela cidade durante sete dias, para que pudéssemos desfrutar da nossa vida derradeira neste mundo. Ao fim dos sete dias, o rei nos mataria, em retribuição pela morte do seu filho".[24]

A mesma relação de entrelaçamento entre o morto e o vivo opera aqui, com a única exceção de que o vivo deve carregar o cadáver do morto, mesmo sem ser de modo algum o assassino. O rastro da morte e da responsabilidade é traçado pelo fardo. O portador do fardo é obrigado a assumir a forma, mas não a matéria, do assassino. Tudo isso se passa em meio a um campo de contrastes, onde as diferentes vivências se ligam, não pela via do caos, mas pela da duração. Cada *vivência*[25]

24. *Ibid.*, p. 272.

25. No original, *vécu*, correspondente à tradução do termo alemão *Erlebnis*, tão caro à tradição fenomenológica. O amplo emprego em francês dessa forma substantiva do particípio de *vivre* teve o registro dicionarizado a partir de 1919, época da recepção da obra de Edmund Husserl. Ver Edmund Husserl, "Ideen zu einer reinen Phänomenologie und phänomenologischen Philosophie. Buch 1, Allgemeine Einführung in die reine Phänomenologie", *Jahrbuch für Philosophie und phänomenologische Forschung* 1, 1, 1913, p. [1]-323 [*Idées directrices pour une phénoménologie*, tradução de Paul Ricoeur, Gallimard, Paris, 1985]. Para o verbete "Erleben/Erlebnis", o *Dicionário dos intraduzíveis* destaca a opção feita por José Ortega y Gasset por *vivencia* na tradução da obra de Husserl ao espanhol e remete à discussão feita por Jorge Semprún sobre as opções de tradução de *Erlebnis* ao francês e ao

consiste, em primeira linha, num aglomerado de elementos heterogêneos aos quais somente a forma temporal, apesar de sua própria fragmentação, é capaz de dar coerência. Sendo assim, a vida não passa de uma sequência de instantes e de durações quase paralelas, carente, portanto, de unidade genérica. De qualquer modo, saltos contínuos de uma vivência a outra, de um horizonte a outro. Toda a estrutura da existência é tal que, para viver, é preciso eludir constantemente a permanência, pois esta é portadora de precariedade e expõe à vulnerabilidade. A instabilidade, a interrupção e a mobilidade, por outro lado, oferecem possibilidades de fuga e de evasão.

Mas também a fuga e a evasão acarretam perigo: "Ele estava a ponto de me agarrar e a sua mão já me roçava a cabeça. Foi então que apanhei o *juju* [fetiche] que ele tinha costume de esconder, mas que eu tinha descoberto antes de deixar a sua

---

espanhol: "Em alemão diz-se *Erlebnis*. Em espanhol: *vivencia*. Mas não há palavra francesa para captar de uma só vez a vida como experiência de si mesma. Temos que empregar perífrases. Ou empregar a palavra vivido, que é aproximativa. E contestável. É uma palavra chocha e frouxa. Antes de mais nada, e sobretudo, é passivo, o vivido. E depois, é no passado. Mas a experiência da vida, que a vida faz dela mesma, de si mesmo enquanto está vivendo, é ativa. E é no presente, necessariamente. Quer dizer que ela se alimentado passado para se projetar no futuro". Cf. Jorge Semprún, *A escrita ou a vida*, tradução de Rosa Freire d'Aguiar, Cia. das Letras, São Paulo, 1995, p. 139. Ver "Erleben/Erlebnis", em Barbara Cassin (ed.), *Vocabulaire européen des philosophie: dictionnaire des intraduisibles*, Seuil/Le Robert, Paris, 2004, p. 369 e segs. [com a tradução brasileira no prelo da Autêntica Editora em parceria com a Editora UnB, a obra é acessível também em inglês *Dictionary of Untranslatables: A Philosophical Lexicon*, Princeton University Press, Cambridge, 2014, p. 279-281]. Traduções correntes adotadas para o termo em português incluem "vivido", "vivência" e "experiência vivida". No quadro da bibliografia de referência utilizada pelo autor neste livro, Frantz Fanon, por exemplo, utilizou a forma original alemã *Erlebnis* em diversas passagens de *Peau noire, masques blancs* (p. 117, 118, 121), em cuja edição brasileira sugere o tradutor em nota à p. 129 a opção por "vivência", que é efetivamente utilizada na sequência do termo *Erlebnis* na p. 133. Noutras duas passagens da mesma obra, Fanon utilizou com destaque o termo *expérience vécue* (p. 10, 123), "experiência vivida" na tradução brasileira (p. 30, 134), expressão adotada inclusive como título do capítulo 5 do livro (p. 90 do original e 103 da tradução). [N.T.]

casa. Servi-me dele e, de súbito, fui transformado em vaca com chifres na cabeça em vez de cavalo. Infelizmente, antes de o utilizar, esqueci-me de que não teria como recuperar a minha forma original de pessoa humana [...]. Transformado em vaca, tornei-me mais possante e desatei a correr mais depressa que ele. Mas ele não desistia e me perseguia ferozmente até o momento em que se cansou. Justo no momento em que ele ia finalmente me deixar sozinho, vi-me diante de um leão faminto que caçava naquele canto, à procura de uma presa. O leão se pôs no meu encalço. Corri uma distância de cerca de duas milhas e me vi nas mãos de pastores que se apossaram de mim, pensando ter encontrado uma de suas vacas perdidas havia muito tempo. Assustado com o barulho dos pastores, o leão deu meia-volta. Foi quando os pastores me puseram com as outras vacas que estavam pastando. Eles pensaram que eu era uma de suas vacas perdidas. E eu era incapaz de me transformar e de recuperar a minha forma humana".[26]

Concluamos. Primeiramente, no paradigma fantasmal, não existe reversibilidade nem irreversibilidade do tempo. Só o que conta é a enrolamento da experiência. As coisas e os eventos se enrolam umas nos outros. Se as histórias e os eventos têm um começo, não necessariamente têm um fim propriamente dito. Podem, certamente, ser interrompidos. Mas uma história ou um evento pode prosseguir numa outra história ou num outro evento, sem que haja necessariamente uma filiação entre ambos. Os conflitos e as lutas podem ser retomados no ponto em que pararam. Pode-se também retomá-los a montante ou pode-se ainda assistir a novos começos, sem que se sinta a necessidade de continuidade, por mais que a sombra das histórias e dos eventos antigos sempre paire

26. *Ibid.*, p. 42.

sobre o presente. Aliás, o mesmo evento pode ter dois começos distintos. Ao longo desse processo, passa-se constantemente de fases de dissipação a fases de enriquecimento da vida e do sujeito. Por conseguinte, tudo funciona segundo o princípio do inacabamento. Desde logo, a relação entre o presente, o passado e o futuro já não é nem da ordem da continuidade nem da ordem da genealogia, mas do enrolamento de séries temporais praticamente desconexas, ligadas uma à outra por uma multiplicidade de fios tênues.

Em segundo lugar, agir como sujeito num contexto marcado pela violência de tipo fantasmal significa ser capaz, em quaisquer circunstâncias, de "introduzir fragmentos em fragmentações sempre novas".[27] Compreende-se que no campo fantasmal, só poderia haver sujeito esquizofrênico. O esquizofrênico, dizem Gilles Deleuze e Félix Guattari, passa de um código ao outro, embaralha todos os códigos, "num deslizamento rápido, conforme as questões que se lhe apresentam, jamais dando seguidamente a mesma explicação, não invocando a mesma genealogia, não registrando da mesma maneira o mesmo acontecimento, e até aceitando o banal código edipiano, quando este lhe é imposto e ele não está irritado, mas sempre na iminência de voltar a entulhá-lo com todas as disjunções que esse código se destina a excluir".[28] Nessas condições em que, segundo uma expressão nietzschiana, "tudo se divide, mas em si mesmo, e na qual o mesmo ser está em toda parte, de todos os lados, em todos os níveis, *apenas com diferenças de intensidade*",[29] a única maneira de permanecer vivo é viver em ziguezagues.

27. Gilles Deleuze e Félix Guattari, *O anti-Édipo. Capitalismo e esquizofrenia 1*, tradução de Luiz B. L. Orlandi, Ed. 34, São Paulo, 2010, p. 18.
28. *Ibid.*, p. 29.
29. *Ibid.*, p. 205.

Em terceiro lugar, enquanto sujeito fantasmal, o escravo não tem nem forma única nem conteúdo modelado de uma vez por todas. Tanto a forma quanto o conteúdo mudam constantemente, ao sabor dos acontecimentos da vida. Mas o desdobramento da existência só acontece se o sujeito se apoiar num reservatório de lembranças e de imagens com ar de terem sido fixadas de uma última vez por todas. Ele se apoia nelas no mesmo momento em que as transgride, as esquece, e as situa na dependência de algo diferente delas próprias. O trabalho pela vida consiste, por conseguinte, em sempre se afastar da lembrança no momento exato em que nela nos apoiamos a fim de lidar com as guinadas da vida. Mal se tendo delineado os esboços da vida, o sujeito fantasmal já precisa a cada instante escapar de si mesmo e se deixar levar pelo fluxo do tempo e dos acidentes. Ele se produz no acaso, por meio de uma cadeia de efeitos eventualmente calculados, mas que nunca se materializam nos termos exatos de antemão previstos. É, pois, nesse inesperado e nessa absoluta instabilidade que ele se cria e se inventa.

Talvez seja essa a razão por que, no meio da noite, o sujeito pode-se deixar levar pelo canto da lembrança, este que tão amiúde se enterra sob os escombros da infelicidade, ficando assim impedido de conferir à existência um caráter de embriaguez e de eternidade. Porém, libertado pelo tabaco, eis que repentinamente suprime tudo o que limitava o horizonte do sujeito, projetando-o então no infinito mar de luz que torna possível esquecer a tristeza: "Ele enfiou na minha boca um cachimbo fumarento de quase uns seis pés de comprimento. No cachimbo cabia, de uma só vez, uma meia tonelada de tabaco. Depois designou um fantasma cuja função era reabastecer o cachimbo sempre que fosse preciso. Mal acendeu o cachimbo, todos os fantasmas se puseram a dançar em pequenos grupos à minha volta. Cantavam, batiam palmas, faziam soar as sinetas. O rufar do tambor por um dos tocadores [...] era tal que todos pulavam de alegria. Cada vez que a fumaça do cachimbo saía da minha boca [...] todos rompiam em gargalhadas — um riso tão estridente que qualquer pessoa o podia ouvi claramente num raio de duas milhas. E a cada vez que o tabaco chegava a ponto de se acabar, o fantasma encarregado de rechear o cachimbo corria a abarrotá-lo de tabaco fresco [...]. Ao cabo de algumas horas passadas a fumar o cachimbo, fui tomado pela intoxicação, sob o efeito do vapor do tabaco, como se tivesse acabado de tomar uma bebida forte [...]. Foi então que, esquecendo todas as minhas mágoas, pus-me a entoar canções da minha terra. Essas melodias, a tristeza me havia impedido de cantá-las desde o meu ingresso no mundo dos fantasmas. Mal ouviram esses cânticos, os fantasmas já se puseram a dançar [...]".[30]

30. Amos Tutuola, *op. cit.*, p. 74-75.

Capítulo 6

CLÍNICA DO SUJEITO

Tudo começa, assim, por um ato de identificação: "Eu sou um negro". O ato de identificação constitui a resposta a uma pergunta que nos fazemos: "Quem sou eu, afinal?"; ou que nos é feita: "Quem é você?" Neste segundo caso, trata-se de uma resposta a uma intimação. Em ambos os casos, trata-se de revelar a própria identidade, de torná-la pública. Mas revelar a identidade é também se reconhecer (autorreconhecimento), é saber quem se é e dizê-lo, ou melhor, proclamá-lo, ou ainda, dizê-lo a si mesmo. O ato de identificação é também uma afirmação de existência. "Eu sou" significa, desde já, eu existo.

O senhor e o seu negro

Mas o que é então um "negro", esse *ente* do qual se diz que eu sou a *espécie*? "Negro" é, antes de mais nada, uma palavra. Uma palavra remete sempre a alguma coisa. Mas a palavra tem também uma consistência própria, uma densidade própria. Uma palavra existe para evocar alguma coisa na consciência daquele a quem é endereçada ou que a ouve. Quanto mais densidade e consistência tiver, mais a palavra provocará uma sensação, um sentimento ou um ressentimento naquele a quem se destina. Existem palavras que ferem. A capacidade das palavras de ferirem faz parte do seu peso próprio. Supõe-se que "negro" seja também e acima de tudo um nome. Aparentemente, todo nome abarca uma sina, uma condição relativamente genérica. "Negro" é portanto o nome que me foi dado por alguém. Não o escolhi originalmente. Herdo esse nome por conta da posição que ocupo no espaço do mundo. Quem está marcado com o nome "Negro" não se engana quanto a essa proveniência externa.

Tampouco se engana quando se trata de experimentar o seu poder de falsificação. Desse ponto de vista, é um "negro" aquele que não pode olhar diretamente o outro nos olhos. É um "negro" aquele que, encurralado contra uma parede sem porta, ainda assim acredita que tudo acabará por se abrir. Ele então bate, suplica e bate de novo, na esperança de que lhe abram uma porta que não existe. Muitos acabaram por se acomodar a essa realidade e por se reconhecer na sina que o nome lhes impingiu. Como o nome é feito para ser carregado, acabaram assumindo algo do qual originalmente não foram os criadores. Tal como a palavra, o nome só existe se for ouvido e assumido por quem que o carrega. Ou melhor, só existe nome quando quem que o carrega sente os efeitos do seu peso em sua consciência. Há nomes que carregamos como um insulto permanente e outros que carregamos por hábito. O nome "negro" deriva de ambos. Por fim, mesmo que determinados nomes possam ser lisonjeiros, o nome "negro" foi, desde sempre, uma forma de coisificação e de degradação. Seu poder era extraído da capacidade de sufocar e estrangular, de amputar e castrar. Aconteceu com esse nome o mesmo que com a morte. Uma íntima relação sempre vinculou o nome "negro" à morte, ao assassinato e ao sepultamento. E, óbvio, ao silêncio a que deveria necessariamente ser reduzida a coisa — a ordem de se calar e de não ser visto.

"Negro" — não se pode esquecer — também se supõe ser uma cor. A cor da escuridão. Desse ponto de vista, o "negro" é quem vive a noite, na noite, cuja vida se faz noite. A noite é seu invólucro primordial, o tecido em que se forma sua carne. É sua insígnia e sua indumentária. Essa permanência na noite e essa vida enquanto noite são o que o torna invisível. O outro não o vê porque não há em suma nada para ver. Ou, se o vê, não enxerga nada além de sombra e trevas — praticamente nada. Envolto em sua noite pré-natal, o próprio negro não se enxerga. Ele só enxerga que, ao bater com todo o seu corpo contra uma parede sem porta, arremessando-se com todas as forças e exigindo que lhe seja aberta uma porta que não existe, cedo ou tarde ele acabará recaindo para trás sobre a calçada.[1] Desprovido de espessura a ponto de ser mera película, tampouco vê nada. Aliás, a respeito de sua cor, seu olhar não passa de um olhar amniótico e mucoso. É essa a função talismânica da cor — aquilo que, surgindo no fundo do olhar, afinal se impõe como sintoma e destino, ou então como um nó na trama do poder. A cor negra possui, desse ponto de vista, propriedades atmosféricas. A primeira se manifesta sob a forma de uma recordação arcaica, remetendo a uma herança genealógica que ninguém é realmente capaz de modificar, uma vez que o negro não pode mudar sua cor. A segunda é um exterior dentro do qual o negro foi encerrado e transformado nesse outro que para sempre me será desconhecido. Ou a revelação do negro, se a houver, somente se fará à custa de uma ocultação. Portanto, a cor negra não tem sentido. Só existe por referência a um poder que a inventa, a uma infraestrutura que a suporta e a contrasta com outras cores e, por fim, a um mundo que a nomeia e axiomatiza.

O nome "negro", aliás, remete a uma relação, a um vínculo de submissão. No fundo, só existe "negro" em relação a um "senhor". O "senhor" possui seu "negro". E o "negro" pertence a seu "senhor". Todo negro recebe sua forma de seu mestre. O mestre dá forma a seu negro, e este toma essa

---

1. Ver Lazare, *Au pied du mur sans porte*, Les Solitaires Intempestifs, Besançon, 2013, p. 11-12.

forma pela via da destruição e da explosão de sua forma anterior. Fora dessa dialética da posse, do pertencimento e da explosão, não existe "negro" enquanto tal. Toda sujeição concretizada implica constantemente essa relação de propriedade, de apropriação e de pertencimento a outro alguém que não seja a si mesmo. Na dialética do negro e seu senhor, duas figuras por excelência da sujeição são os grilhões e a coleira. A coleira é esse tipo de corda que se ata ao pescoço de quem não é livre. Aquele que não é livre equivale àquele a quem não se pode dar a mão e que, consequentemente, deve ser arrastado pelo pescoço. A coleira é o significante por excelência da identidade servil, da condição servil, do estado de servidão. Vivenciar a servidão é ser colocado à força na zona de indiferenciação entre o homem e o animal, nesses lugares em que se observa a vida humana a partir da postura do animal — a vida humana que assume a forma da vida animal até o ponto em que se torna impossível distingui-las, até o ponto em que já não se sabe o que do animal é mais humano do que o homem e o que do homem é mais animal que o animal.

Foi esse nome maldito que buscaram recuperar, entre outros, Marcus Garvey e Aimé Césaire, com o objetivo de fazer dele o tema de um debate intrinsecamente infinito.

Luta de raças e autodeterminação

Enquanto durou a escravidão, a *plantation* constituía a engrenagem essencial de uma ordem selvagem na qual a violência racial cumpria três funções. Por um lado, visava debilitar a capacidade dos escravos de assegurar sua reprodução social, na medida em que nunca teriam condições de reunir os meios indispensáveis a uma vida digna desse nome. Por outro lado, essa brutalidade tinha uma dimensão somática. Buscava imobilizar os corpos, quebrá-los, se necessário. Por último, investia contra o sistema nervoso e tendia a drenar as capacidades de suas vítimas criarem um mundo simbólico próprio. Suas energias sendo dispendidas, na maior parte do tempo, em tarefas de subsistência, eram forçados a viver suas vidas sob a égide perene da repetição. Mas o que caracterizava as relações entre o senhor e seus escravos era acima de tudo o monopólio que o senhor pretendia ter sobre o futuro. Ser negro, e portanto escravo, era não ter futuro próprio, nenhum que fosse seu. O futuro do negro era sempre um futuro delegado, que ele recebia de seu senhor como uma dádiva, a alforria. Eis por que no cerne das lutas dos escravos estava invariavelmente a questão do futuro enquanto horizonte vindouro a ser alcançado por conta própria e graças ao qual seria possível se autoproduzir como sujeito livre, responsável perante a si mesmo e perante ao mundo.

Assim, para Marcus Garvey, definir-se pela carência já não bastava. O mesmo se passava com as formas de identificação secundária ou derivada (isto é, a identificação por intermédio do senhor). Na sequência do trabalho negativo da destruição, o negro deveria tornar-se outro, fazer-se empreendedor de si mesmo e se transformar num sujeito capaz de se projetar no futuro e de se dedicar a um desejo. Para fazer nascer uma nova pessoa humana e conferir algo de consistência à sua existência, ele precisava se autoproduzir, não como repetição, mas como *diferença irresolúvel e singularidade absoluta*. Da perda e da destruição, haveria de surgir uma potência de formação, substância viva criadora de uma nova forma no mundo. Apesar de sensível à ideia da necessidade, Garvey evitou reduzir o desejo à necessidade. Pelo contrário, tentou redefinir o próprio objeto do desejo negro — o desejo de se governar por si mesmo. A esse desejo, que era ao mesmo tempo um projeto, ele deu um nome: o projeto africano de "redenção".[2]

A implementação de um tal projeto de redenção exigia uma leitura atenta do tempo do mundo, este mundo habitado pela espécie humana, composta por várias raças, cada uma delas concitada a permanecer pura. Cada raça controlava seu destino no quadro de um território sobre o qual era chamada a exercer plenos direitos de soberania. A Europa pertencia aos brancos, a Ásia aos amarelos e a África aos africanos. Ainda que distintas, cada raça era dotada das mesmas capacidades e possibilidades. Por natureza, nenhuma era compelida a exercer seu senhorio sobre as outras. Sendo cíclica a história do mundo, qualquer dominação era provisória. No início dos anos 1920, Garvey estava convencido de que um reajustamento político do mundo estava em curso. Esse processo se alimentava da insurgência dos povos oprimidos e das raças dominadas que lutavam contra as potências globais por reconhecimento e respeito. Uma corrida pela vida estava sendo disputada. Nesse processo brutal e impiedoso, não havia lugar para os povos não organizados, pouco ambiciosos e incapazes de proteger e defender os próprios interesses. Se não se organizassem, tais povos estavam sob a ameaça do extermínio puro e simples. O projeto de redenção exigia também uma teoria do evento. Para Garvey, o evento por excelência era chamado a se produzir, por definição, num futuro cuja hora exata ninguém conhecia, mas cuja proximidade era evidente. No caso dos negros, o objeto da espera era o advento de um "império africano", indispensável para que a raça negra pudesse desfrutar de uma existência política e econômica no mundo. O evento estava na ordem do dia e se

2. Ver Marcus Garvey, *Philosophy and Opinions, op. cit.*

aproximava com seu avanço. A política da sentinela consistia em acompanhar ou mesmo em precipitar seu advento, preparando-se para ele.[3]

Garvey preconizava, assim, um vasto movimento de deserção, ou ao menos uma *retirada organizada*. Estava convencido de que o Ocidente estava fadado ao declínio. O desenvolvimento tecnológico, paradoxalmente, havia aberto o caminho a uma civilização obstinada em se destruir a si mesma. Sem se apoiar em qualquer fundamento espiritual que fosse, não tinha condições de durar indefinidamente. Nas condições da época, o negro era, para Garvey, um sujeito em grande medida desterritorializado. "No caso do negro, não reconheço nenhuma fronteira nacional", afirmava. "Enquanto a África não for livre, o mundo inteiro é minha província".[4] A respeito da geopolítica do mundo, profundamente marcada pela corrida das raças pela vida, esse sujeito desterritorializado não tinha como assegurar, na ausência de uma pátria, sua proteção ou mesmo sobrevivência enquanto raça distinta. Não tinha como se tornar um homem autêntico, ou seja, *um homem como todos os outros*, capaz de dispor daquilo a que todo homem tem o direito de dispor e capaz também de exercer sobre si mesmo, sobre os outros e sobre a natureza o tipo de autoridade que compete, por natureza e de direito, a todo homem digno desse nome. Ruína e desastre, era esse, portanto, o futuro de qualquer negro fora da África.[5]

A África de Garvey se mantém, sob vários aspectos, como uma entidade mítica e abstrata, um significado pleno e um significante aparentemente transparente — e foi isso que,

3. *Ibid.*, p. 10-14.
4. *Ibid.*, p. 37.
5. *Ibid.*, p. 53.

paradoxalmente, produziu a sua força. No texto de Garvey, dizer a África era embarcar no encalço de um rastro, em busca da substância do signo — substância essa que precedia tanto o signo em si quanto a forma em que era chamado a se manifestar. A história da humanidade era uma história da luta de raças. A raça humana era composta por uma raça de senhores e uma raça de escravos. Dessas, era a raça dos senhores que era capaz de produzir a lei para si mesma e que podia impor a sua lei aos outros. A África, aos olhos de Garvey, era o nome de uma promessa — a promessa de uma reviravolta da história. A raça dos escravos poderia, num futuro próximo, voltar a ser uma raça de senhores, caso se dotasse de seus próprios instrumentos de poder. Para que se concretizasse essa distinta possibilidade, o negro das Américas e das Índias Ocidentais devia abandonar os lugares inóspitos aos quais fora relegado e voltar a ocupar o seu habitat natural. Uma vez lá, longe dos que o haviam outrora escravizado, poderia finalmente recobrar sua própria força e fazer brilhar o seu gênio. E, desenvolvendo uma nacionalidade negra africana, eximir-se-ia do ódio dos outros e da vingança, em vez de nisso se consumir a si mesmo.

A elevação em humanidade

Ao longo de toda a vida, Césaire lutou, com força e acuidade, energia e lucidez, um misto de clareza e escuridão, com as armas milagrosas da poesia e aquelas não menos honrosas da política, tendo os olhos fixos ora no imperecível, ora no efêmero, aquilo que passa e retorna ao pó. Procurou obstinadamente preservar um lugar de permanência, de onde a mentira do nome pudesse ser exposta, a verdade pudesse ser reavivada e o indestrutível se pudesse manifestar. Razão pela qual seu pensamento vulcânico foi, simultaneamente, o pensamento da interrupção, da insurreição e da esperança. O alicerce desse pensamento da luta e da insurgência foi, por um lado, a afirmação da irredutível pluralidade do mundo ou, como ele gostava de dizer, das "civilizações"; e, por outro, a convicção de que "o homem onde quer que esteja tem direitos enquanto homem".[6] O que esse pensamento colocou em evidência foi a esperança de uma relação humana com a diferença — vínculo incondicional de humanidade, tanto mais imperativa com a evidência da face sem nome com que nos batemos e do inexorável momento de violência que nos impele a desnudar essa face, a violar esse nome e a lhe cancelar a sonoridade. O que ele colocou em julgamento foram o racismo e o colonialismo, duas formas modernas desse estupro e desse ato de supressão, duas figuras da animalidade presente no homem, da união do humano com o bestial que nosso mundo está longe de ter abandonado por completo. Por fim, o terror que o habitou é o de um sono sem despertar, de um sono sem novo dia, sem sol nem amanhã.

E, já que estamos nisso, a obsessão de Césaire não eram somente as Antilhas, essa região que ele costumava chamar não de "francesa", mas de "caribenha". Tampouco era somente a França, de cuja Revolução — evento verdadeiramente inaugural em seu pensamento — ele dizia que havia gerado o impasse em relação à "questão colonial", isto é, quanto à possibilidade de uma sociedade sem raças. Foi também o Haiti (um país que, dizia ele, "supostamente conquistou a sua liberdade", mas era mais miserável que uma colônia). Foi o Congo de Lumumba e, por essa via, a África (onde

---

6. Aimé Césaire e Françoise Vergès, *Nègre je suis, nègre je resterai. Entretiens*, Albin Michel, Paris, 2005, p. 69.

a independência tinha levado a um "conflito entre nós mesmos"). Foi a América negra (que ele jamais deixou de invocar e de proclamar uma "dívida de reconhecimento"). Foi, como ele mesmo nunca cansou de repetir, "o destino do homem negro no mundo moderno".[7]

Como é possível tratar com seriedade essa preocupação declarada em relação ao que ele chama de o "homem negro"? Antes de mais nada, evitando neutralizar a carga polêmica de tal preocupação e do desconhecido a que ele se refere, aceitando ao mesmo tempo que tudo isso seja capaz de nos desconcertar. É preciso acolher essa preocupação, não para circunscrever Césaire a uma concepção carcerária da identidade, menos ainda para restringir seu pensamento a uma forma de tribalismo racial, mas justamente para que ninguém possa se furtar às difíceis questões que ele tornou suas, que jamais deixou de colocar a todos e que, no fundo, continuam até hoje sem resposta, a começar pela questão do colonialismo, da raça e do racismo. Ainda recentemente dizia: "A questão é o racismo; é o recrudescimento do racismo no mundo inteiro; são os focos de racismo que se reacendem aqui e acolá. [...] É esta a questão. É com isto que devemos nos preocupar. Seria, agora, o momento de baixarmos a guarda e nos desarmarmos?"[8] O que quer dizer Césaire, então, quando proclama sua preocupação com o destino reservado ao "homem negro" no mundo moderno? O que ele entende por "homem negro"? Por que não dizer simplesmente "ser humano"?

Ressaltemos, de saída, que, ao fazer da raça o ponto de partida de sua crítica da política, da modernidade e da própria

7. Aimé Césaire, *Discurso sobre a Negritude*, tradução de Ana Maria Gini Madeira, Nandyala, Belo Horizonte, 2010, p. 107.
8. Aimé Césaire, *Discurso sobre a Negritude*, p. 113. As citações seguintes provêm do mesmo discurso.

ideia do universal, Césaire se inscreve plenamente numa tradição crítica intelectual negra encontrada tanto entre os afro-americanos quanto em meio a muitos outros pensadores anglófonos caribenhos e também africanos. Em Césaire, contudo, a preocupação com o "homem negro" não desemboca na *secessão* do mundo, mas na afirmação de sua *pluralidade* e na necessidade de sua declosão.[9] Afirmar que o mundo é plural, militar por sua declosão, significa dizer que a Europa não é o mundo, mas apenas uma parte dele. É fazer contrapeso ao que Césaire chamou de "reducionismo europeu" — que entende ser "este sistema de pensamento ou, melhor ainda, a tendência instintiva de uma civilização eminente e prestigiosa a abusar de seu prestígio para provocar um vazio à sua volta ao reconduzir abusivamente a noção de universal às suas próprias dimensões, em outras palavras, pensando o universal a partir dos seus próprios postulados e através das suas próprias categorias". E indicar as consequências que isso acarreta: "Cortar o homem do humano e isolá-lo, definitivamente, num orgulho suicidário ou mesmo numa forma racional e científica de barbárie."

Afirmar que o mundo não se reduz à Europa é reabilitar a singularidade e a diferença. Nesse aspecto, e a despeito do que tenha sido dito, Césaire se aproxima muito de Senghor. Ambos recusam as visões abstratas do universal. Afirmam

---

9. Termo desenvolvido por Jean-Luc Nancy em sua obra homônima, na qual preconiza um movimento de desconstrução da tradição cristã ocidental. Por contraposição ao processo histórico de "eclosão", que abrange a expansão territorial e o enclausuramento espacial associados à cristianização do Novo Mundo e à modernidade europeia, a declosão seria o desenclausuramento decorrente de um processo de desterritorialização e de abertura absolutas em relação ao mundo, na direção daquilo que antecedeu a construção histórica e espacial do cristianismo e do Ocidente. Ver a respeito Jean-Luc Nancy, *A declosão* (*Desconstrução do Cristianismo*, 1), tradução de Fernanda Bernardo, Palimage, Coimbra, 2016. [N.T.]

que o universal sempre é declinado no registro da singularidade. Segundo eles, o universal é precisamente o lugar de uma multiplicidade de singularidades, em que cada uma delas é apenas aquilo que é, ou seja, singular naquilo que a liga a outras singularidades e delas a separa. Para nenhum dos dois existe universal absoluto. Só existe universal enquanto comunidade das singularidades e das diferenças, repartição que é a um só tempo partilha e separação. Aqui, a preocupação com o "homem negro" só tem sentido porque abre caminho a uma outra imaginação da comunidade universal. Nesta era de guerra infinita e de múltiplos retornos do colonialismo, uma crítica como essa ainda está longe de se ter esgotado. Torna-se, aliás, indispensável nas condições contemporâneas, seja em questões ligadas à cidadania, à presença de estrangeiros e de minorias entre nós, às figuras não europeias do devir humano, ao conflito dos monoteísmos ou então à globalização.

Num outro plano, a crítica da raça feita por Césaire sempre foi inseparável da crítica do colonialismo e do pensamento que o sustentava. O que é, no seu princípio, a colonização? — ele se perguntou em seu *Discurso sobre o Colonialismo* (1955). Não é "nem evangelização, nem empresa filantrópica, nem vontade de recuar as fronteiras da ignorância, da doença, da tirania, nem propagação de Deus, nem extensão do Direito".[10] Equação desonesta, é filha do apetite, da cupidez e da força — as mentiras, os tratados violados, as expedições punitivas, o veneno instilado nas veias da Europa, o asselvajamento, tudo aquilo que faz o colonizador se descivilizar, mergulhar no embrutecimento, despertar para os instintos ocultos, para a cobiça, para a violência, para o ódio racial e para o relativismo

10. Aimé Césaire, *Discurso sobre o colonialismo, op. cit.*, p. 14.

moral. Daí o fato de "que ninguém coloniza inocentemente, nem ninguém coloniza impunemente; que uma nação que coloniza, que uma civilização que justifica a colonização — portanto, a força — é já uma civilização doente, uma civilização moralmente ferida que, irresistivelmente, de consequência em consequência, de negação em negação, chama o seu Hitler".[11] E acrescentou: "[O] colonizador, para se dar boa consciência se habitua a ver no outro o animal, se exercita a tratá-lo como animal, tende objetivamente a transformar-se, ele próprio, em animal".[12] Levar Césaire a sério implica continuar a perseguir na vida de hoje os sinais que indicam esses retornos do colonialismo ou sua reprodução e sua repetição nas práticas contemporâneas — sejam elas práticas de guerra, formas de menosprezo e de estigmatização das diferenças ou, mais diretamente, formas de revisionismo, que, a pretexto do fracasso dos regimes pós-coloniais, procuram justificar *ex post* aquilo que foi, antes de tudo, como sugeriu Tocqueville, um governo grosseiro, venal e arbitrário.

Afinal, é preciso continuar a se interrogar sobre os sentidos do termo "negro" que Senghor e Césaire reabilitaram no auge do racismo imperial. É, aliás, significativo que, no fim da vida, Césaire se tenha sentido compelido a lembrar a Françoise Vergès: "Negro sou, negro ficarei".[13] A tomada de consciência do seu ser negro data do princípio dos anos 1930, quando encontrou, em Paris, Léopold Senghor e os escritores

---

11. *Ibid.* p. 21. O que o Ocidente não perdoa a Hitler, afirma ele, "não é o crime em si, o crime contra o homem, não é a humilhação do homem em si, é o crime contra o homem branco, a humilhação do homem branco e o ter aplicado à Europa processos colonialistas a que até aqui só os árabes da Argélia, os 'coolies' da Índia e os negros da África estavam subordinados", *Ibid.* p. 18.

12. *Ibid.* p. 23-24.

13. Aimé Césaire e Françoise Vergès, *op. cit.*

afro-americanos Langston Hughes, Claude McKay, Countee Cullen, Sterling Brown e, mais tarde, Richard Wright e muitos outros. Essa conscientização foi provocada pelo questionamento premente e angustiante que se fez toda uma geração de pensadores negros no entreguerras a respeito da condição negra, de um lado, e das possibilidades do tempo, de outro. Césaire a sintetizou da seguinte maneira: "Quem somos neste mundo branco? Que podemos esperar e que devemos fazer?". Para a pergunta "Quem somos neste mundo branco?", tem uma resposta desprovida de ambiguidade: "Somos negros".[14] Afirmando de maneira tão peremptória sua "negritude", ele afirma uma diferença que nada é capaz de simplificar, que não se deve tentar esconder e da qual não nos devemos desviar declarando-a indizível.

Mas o que entende ele por "negro", essa remissão, ou ainda, esse nome que Fanon diz, em *Pele negra, máscaras brancas*, não passar de uma ficção? E o que devemos nós entender por essa palavra hoje em dia? Para ele, esse nome remete, não a uma realidade biológica ou a uma cor de pele, mas a "uma das formas históricas da condição humana".[15] Mas essa palavra também é sinônimo "de luta tenaz pela liberdade e de [indômita] esperança".[16] Para Césaire, o termo "negro" significa, portanto, algo de essencial, que de modo algum deriva da idolatria racial. Por estar repleto de provações (que Césaire faz questão absoluta de jamais esquecer) e por constituir a metáfora por excelência do "pôr à parte", esse nome

14. Aimé Césaire, "Nègre je suis, nègre je resterai. Propos recueillis par Françoise Vergès", *Le Nouvel Observateur* 2141, 17-23 de novembro de 2005.

15. Aimé Césaire, *Discurso sobre a Negritude, op. cit.*, p. 108.

16. *Ibid.* No original, Césaire adjetiva a esperança com o termo *indomptable,* que encontraria correspondência mais próxima em "indômita", "indomável" ou "irrefreável" do que em "indubitável", como consta da edição brasileira. [N.T.]

exprime da melhor maneira, e *a contrario*, a busca daquilo que ele chama de uma "mais ampla fraternidade" ou, ainda, um "humanismo à medida do mundo".[17]

Dito isso, só é possível falar de humanismo à medida do mundo na linguagem do que está por vir, daquilo que sempre se situará mais adiante de nós e que, como tal, sempre será privado de nome e de memória, mas não de razão — aquilo que, como tal, sempre escapará à repetição porque sempre será radicalmente diferente. Assim, é preciso procurar a universalidade do nome "negro" não do lado da repetição, mas do lado da *diferença radical, sem a qual a declosão do mundo é impossível*. É em nome dessa *diferença radical* que é preciso reimaginar "o negro" como a figura daquele que está a caminho, que está pronto a se pôr a caminho, que experimenta o arrancamento e a estranheza. Mas, para que essa experiência de jornada e de êxodo tenha um sentido, é preciso que ela reserve à África uma parte essencial. É preciso que ela nos reconduza à África ou, pelo menos, que faça um desvio pela África, esse duplo do mundo cujo momento ainda há de chegar.

Césaire sabia que o momento da África chegaria, que precisávamos antecipá-lo e nos preparar para ele. Foi essa reinscrição da África no registro da vizinhança e do extremamente longínquo, da presença outra, daquilo que interdita qualquer permanência e qualquer possibilidade de residência que não sejam oníricas — foi essa forma de habitar a África que lhe permitiu resistir às sereias da insularidade. Afinal, talvez tenha sido a África que, ao lhe permitir compreender que existem forças bem profundas no homem que superam o interdito, tenha conferido ao seu pensamento um caráter vulcânico.

17. Aimé Césaire, *Discurso sobre o Colonialismo*, *op. cit.* p. 63.

Mas como reler Césaire sem Fanon? A violência colonial que Fanon testemunhou, especialmente na Argélia, e diante de cujas consequências traumáticas ele se esforçou em oferecer o tratamento médico adequado, manifestava-se sob a forma do racismo cotidiano e, sobretudo, da tortura que o exército francês empregava contra os revolucionários argelinos.[18] O país pelo qual quase perdeu a vida durante a Segunda Guerra Mundial cuidava agora de reproduzir os métodos nazistas na condução de uma guerra selvagem e anônima contra um outro povo ao qual negava o direito à autodeterminação. Fanon dizia com frequência que essa guerra havia assumido "o aspecto de um autêntico genocídio"[19] ou então de uma "empresa de extermínio".[20] A guerra "mais espantosa",[21] "mais alucinante que um povo travou contra a opressão colonial",[22] ocasionou a instauração na Argélia de uma "atmosfera sangrenta, cruel".[23] Ela levou, numa ampla escala, à "generalização de práticas desumanas",[24] em decorrência da qual muitos colonizados tiveram a impressão de assistir "a um verdadeiro apocalipse".[25] No decorrer dessa luta de morte, Fanon tomou o partido do povo argelino. De imediato, a França deixou de reconhecê-lo como um dos seus. Ele havia "traído" a nação. Tornou-se um "inimigo" e, muito tempo ainda depois de sua morte, era tratado como tal.

Após a derrota na Argélia e a perda de seu império colonial,

18. Ver Frantz Fanon, *Os condenados da terra, op. cit.*, capítulo 5.

19. *Ibid.*, p. 213.

20. *Ibid.*, p. 71.

21. *Ibid.*

22. Frantz Fanon, *L'An V..., op. cit.*, p. 261.

23. Frantz Fanon, *Os condenados..., op. cit.*, p. 213.

24. *Ibid.*

25. *Ibid.*

a França se retraiu ao Hexágono.[26] Acometida pela afasia, mergulhou numa espécie de inverno pós-imperial.[27] Tendo reprimido seu passado colonial, fixou-se na "boa consciência", esqueceu-se de Fanon e, em grande medida, deixou escapar algumas das novas viagens globais do pensamento que marcaram o último quarto do século XX. Foi notadamente o caso do pensamento pós-colonial e da crítica da raça.[28] No resto do mundo, entretanto, muitos dos movimentos que lutam pela emancipação dos povos continuaram a invocar esse nome herético. Para muitas organizações comprometidas com a causa dos povos humilhados, que combatem pela justiça racial ou por novas práticas psiquiátricas, citar Fanon significa invocar uma espécie de "excesso perene", de "suplemento" ou de "resto inapreensível", que, no entanto, permite dizer "algo de terrivelmente atual" acerca do mundo.[29]

Num mundo dividido hierarquicamente, onde e no qual, apesar de ser o objeto de piedosas declarações, a ideia de uma condição humana comum continua longe de ser admitida na prática, diversas formas de *apartheid*, de exclusão, de destituições estruturais substituíram as antigas divisões propriamente coloniais. Como resultado, na maior parte do tempo, processos globais de acumulação por expropriação,

26. Expressão utilizada para se referir ao território continental francês, aludindo à regularidade da forma geográfica assumida pela combinação dos três segmentos lineares correspondentes às fronteiras terrestres e dos três limites marítimos do país. [N.T.]

27. Ann Stoler, "Colonial Aphasia: Race and Disabled Histories in France", *Public Culture*, vol. 23, nº 1, 2010, p. 121-156.

28. Achille Mbembe, "Provincializing France?", *Public Culture*, vol. 23, nº 1, 2010, p. 85-119.

29. Miguel Mellino, "Frantz Fanon, un classique pour le présent", *Il Manifesto*, 19 de maio de 2011. Disponível em <www.mondialisation.ca/frantz-fanon-un-classique-pour-le-pr-sent/24920>.

novas formas de violência e iniquidades engendradas por um sistema econômico mundial cada vez mais brutal se generalizaram, abrindo caminho a inúmeras figuras inéditas da precariedade e comprometendo a capacidade de muitos de continuarem a ser senhores da própria vida. Mas reler Fanon hoje em dia implica, antes de mais nada, captar a exata medida de seu projeto a fim de melhor prolongá-lo. Pois se seu pensamento ressoou como o toque do Ângelus e inundou sua época com uma vibração brônzea, foi porque, como resposta explícita à lei de ferro do colonialismo, precisava lhe opor uma implacabilidade e uma força perfurante na mesma medida.[30] O seu foi, essencialmente, um *pensamento em situação*, nascido de uma experiência vivida, em curso, instável, cambiante; uma experiência-limite, arriscada, na qual, com a consciência aberta, o sujeito reflexivo punha em jogo a própria história, a própria vida, o próprio nome, em nome de um povo por vir, em vias de nascer. Assim, na lógica fanoniana, pensar significava se encaminhar com outros rumo a um mundo que surgiria de um processo interminável e irreversível de criação conjunta, na luta e por meio da luta.[31] Para que surgisse esse mundo comum, a crítica precisava irromper com a força de um obus capaz de romper, atravessar e alterar a parede mineral e rochosa e os ligamentos interósseos do colonialismo. Foi essa energia que fez do pensamento de Fanon um *pensamento metamórfico*.

30. A rica imagem alusiva do autor relaciona o bronze dos sinos ao metal cuja rigidez caracterizaria o rigor do regime colonial. Por conta de uma etimologia que remete à reputação do bronze na Antiguidade como material firme e resistente, antes do domínio da metalurgia em ferro e aço, no francês se utiliza a expressão "lei de bronze" (*loi d'airain*) para transmitir a ideia de um regime austero e implacável, enquanto no português o material que compõe a imagem correspondente é o ferro. [N.T.]
31. "Nós nos pusemos de pé e agora avançamos. Quem será capaz de nos fazer voltar à servidão?", Frantz Fanon, *L'An V...*, *op. cit.*, p. 269.

O grande estrondo

Reler Fanon hoje significa também assumir como nossas e nas circunstâncias que são as nossas algumas das questões que ele insistia em colocar no seu tempo e que estavam relacionadas com a possibilidade de cada ser humano e de cada povo se erguer, de caminhar com os próprios pés, de escrever com seu trabalho, suas mãos, sua face e seu corpo sua parte da história deste mundo que todos temos em comum e do qual todos somos partes interessadas e herdeiros.[32] Se existe efetivamente na obra de Fanon algo que nunca envelhecerá, é exatamente esse projeto de elevação coletiva em humanidade. Essa busca irrefreável e implacável da liberdade exigia, a seu ver, a mobilização de todas as reservas de vida. Ela envolvia cada sujeito humano e cada povo num formidável trabalho sobre si e numa luta de morte, com engajamento pleno e a ser assumido como tarefa própria, sem a possibilidade de ser delegada a outros.

Nessa vertente quase sacrificial de seu pensamento, impunha-se o dever de sublevação e de insurreição, acompanhado de perto pelo dever de violência — termo estratégico do léxico fanoniano, que, na esteira de muitas leituras apressadas e não raro levianas, suscitou inúmeros mal-entendidos. Não seria, assim, de todo irrelevante recuperar brevemente as condições históricas que serviram de pano de fundo a Fanon ao desenvolver sua concepção de violência. A esse respeito, talvez seja preciso lembrar duas coisas. Primeiro, que a violência na obra de Fanon é um conceito tão político quanto *clínico*. É tanto a manifestação clínica de uma "doença" de

---

32. "Sou um homem e é todo o passado do mundo que devo recuperar", Frantz Fanon, *Pele negra...*, *op. cit.*, p. 187.

CLÍNICA DO SUJEITO

natureza política quanto uma prática de ressimbolização na qual está em jogo a possibilidade da reciprocidade e, portanto, de uma relativa igualdade diante do arbítrio supremo que é a morte. Desse modo, por meio da violência escolhida em vez de sofrida, o colonizado opera um retorno a si mesmo. Ele descobre que "a sua vida, a sua respiração, os batimentos do seu coração são os mesmos do colono" ou ainda que "a pele de colono não vale mais que a pele de nativo".[33] Ao fazer isso, ele se recompõe, requalifica-se e reaprende a medir em função do seu real valor o peso de sua vida e as formas de sua presença no seu corpo, na sua fala, no outro e no mundo.

No plano conceitual, é portanto no ponto de intersecção entre *a clínica do sujeito e a política do paciente* que se implanta o discurso fanoniano sobre a violência em geral e a violência específica do colonizado. Na verdade, para Fanon, o político e o clínico têm em comum serem, ambos, lugares psíquicos por excelência.[34] Nesses lugares *a priori* vazios que a fala vem animar se estabelece a relação com o corpo e com a linguagem. Tanto num como também noutro se tornam visíveis dois eventos decisivos para o sujeito: de um lado, a alteração radical e quase irreversível da relação consigo mesmo e com o outro, engendrada pela situação colonial,[35] e, de outro, a extraordinária vulnerabilidade da psique confrontada com os traumas do real. Mas a relação entre esses dois universos está longe de ser estável. De resto, Fanon de modo algum

33. Bernard Doray, "De notre histoire, de notre temps: à propos de *Frantz Fanon, portrait* d'Alice Cherki", *Sud/Nord*, nº 14, p. 145-166. Disponível em <https://www.cairn.info/revue-sud-nord-2001-1-page-145.htm>.

34. Jacques Postel e Claudine Razanajao, "La vie et l'œuvre psychiatrique de Frantz Fanon", *L'Information psychiatrique*, vol. 51, nº 10, dezembro de 1975.

35. Sobre os paradoxos e possibilidades de uma política do amor em Fanon, ver Matthieu Renault, "'Corps à Corps'. Frantz Fanon's Erotics of National Liberation", *Journal of French and Francophone Philosophy*, vol. 19, nº 1, 2011.

confunde a política da clínica e a clínica do político. Ele oscila constantemente de um polo ao outro. Ora encara a política como uma forma da clínica e a clínica como uma forma da política; ora ressalta o caráter incontornável bem como o fracasso da clínica, ou seus impasses, sobretudo nos casos em que o trauma da guerra, a destruição circundante, a dor e os sofrimentos produzidos de modo geral pela lei bestial do colonialismo fragilizam as capacidades do sujeito ou do paciente para entrarem no mundo da linguagem humana.[36] A violência revolucionária é o abalo que faz explodir tal ambivalência. Mas Fanon mostra que, apesar de ser uma fase-chave da passagem ao estatuto de sujeito político, no momento vívido do seu surgimento, ela ocasiona, por sua vez, lesões psíquicas consideráveis. Se a violência propriamente subjetivada durante a guerra de libertação pode se converter em fala, ela é igualmente capaz de chumbar a linguagem e de produzir, para os sobreviventes dessa guerra, mutismo, obsessões alucinatórias e traumas.

Como dissemos, a França praticou na Argélia uma "guerra total", que suscitou, por parte da resistência argelina, uma resposta igualmente total. Na provação dessa guerra e do racismo que era um dos seus motores, Fanon se convenceu de que o colonialismo era uma força fundamentalmente necropolítica, animada na origem por uma pulsão genocida.[37] E uma vez que toda situação colonial era, antes de mais nada, uma situação de violência potencialmente exterminadora, que, para se reproduzir e se perpetuar, precisava ser conversível numa ontologia e numa genética, só era possível assegurar sua destruição por

36. Olivier Douville, "Y a-t-il une actualité clinique de Fanon?", *L'Évolution psychiatrique*, vol. 71, nº 4, 2006, p. 709.
37. Frantz Fanon, *L'An V*..., p. 266. Ver também "Pourquoi nous employons la violence", *loc. cit.*, p. 413 e segs.

meio de uma "práxis absoluta".[38] Foi, em grande parte, em decorrência dessa constatação que Fanon desenvolveu suas reflexões sobre três formas da violência: a violência colonial (cujo momento de incandescência é a Guerra da Argélia), a violência emancipadora do colonizado (cuja etapa derradeira é a guerra de libertação nacional) e a violência nas relações internacionais. A seu ver, a violência colonial tinha uma tripla dimensão. Era uma violência *instauradora,* na medida em que presidia à instituição de um modo de sujeição cuja origem se situava na força, cujo funcionamento se baseava na força e cuja duração no tempo era garantida pela força. A originalidade da colonização, sob esse aspecto, consistia em disfarçar de estado civil aquilo que, originariamente e em seu funcionamento cotidiano, era regido pelo estado de natureza.

A violência colonial era, além disso, uma violência *empírica.* Ela restringia a vida cotidiana do povo colonizado a um modo ao mesmo tempo reticular e molecular. Feito de linhas e de nós, essa trama era decerto física — os arames farpados do longo período dos centros de internação e dos campos de reagrupamento durante a contrainsurreição. Mas procedia também de acordo com um sistema de fios cruzados, ao longo de uma linha de visada espacial e topológica, incluindo não apenas as superfícies (horizontalidade), mas também as profundidades (verticalidade).[39] De resto, varreduras, execuções extrajudiciais, expulsões e mutilações tinham como alvo o indivíduo, de quem era preciso captar as pulsações e controlar as condições respiratórias.[40] Essa violência molecular

38. Frantz Fanon, *Os condenados...*, *op. cit.*, p. 66.
39. *Ibid.*, p.72, n. 7.
40. "Não foi só o terreno que foi ocupado. [...] O colonialismo [...] se instalou no próprio âmago do indivíduo [...] e ali realizou um árduo trabalho de pilhagem, de expulsão de si mesmo, de mutilação racionalmente praticada. [...] São o país global,

se havia infiltrado até na língua. Ela esmagava com seu peso todos os cenários da vida, inclusive o da fala. Ela se manifestava sobretudo nos comportamentos cotidianos do colonizador diante do colonizado: agressividade, racismo, desprezo, intermináveis rituais de humilhação, condutas homicidas — aquilo que Fanon chamava de "política do ódio".[41]

A violência colonial era, por fim, uma violência *fenomênica*. Nesse sentido, afetava tanto os domínios sensoriais quanto os domínios psíquico e afetivo. Era uma fonte de distúrbios mentais difíceis de tratar e de curar. Excluía qualquer dialética do reconhecimento e era indiferente a qualquer argumento moral. Atingindo o tempo, um dos principais enquadramentos mentais de qualquer subjetividade, fazia com que os colonizados corressem o risco de perder o recurso a quaisquer vestígios mnemônicos, justamente aqueles que permitiam "fazer da perda algo além de um abismo hemorrágico".[42] Uma de suas funções era não somente esvaziar o passado do colonizado de qualquer substância, mas, pior ainda, precluir seu futuro.[43] Atingia também o corpo do colonizado, provocando contraturas, retesamentos e dores musculares. Sua psique não era poupada, já que a violência visava nada mais nada menos que a sua descerebração. Foram essas chagas, essas lesões e

---

a sua história e a sua pulsação cotidiana que são contestados [...]. Nessas condições, a respiração do indivíduo é uma respiração observada, ocupada. É uma respiração de combate", Frantz Fanon, "As mulheres na revolução", Anexo in *L'An V...*, *op. cit.*, p. 300.

41. Frantz Fanon, *L'An V...*, p. 414, ou, por vezes, o "círculo do ódio", em *Os condenados...*, p. 70.

42. Olivier Douville, *loc. cit.*

43. No original, *forclore*, termo tomado por Jacques Lacan de empréstimo ao vocabulário jurídico, como correlato do *verwerfen* freudiano, para se referir a um mecanismo psicótico que acarreta a exclusão de um significante do horizonte simbólico do indivíduo. Em português se utilizam alternativamente as formas "forcluir", "foracluir" ou "precluir". [N.T.]

esses talhos a estriar o corpo e a consciência do colonizado que Fanon, na prática, tentou pensar e tratar.[44] Segundo Fanon, essa violência tripla (chamemo-la de soberana) — feita na realidade de "violências múltiplas, diversas, reiteradas, cumulativas"[45] — era vivida pelo colonizado no nível dos músculos e do sangue. Elas não só obrigavam o colonizado a encarar sua vida como uma "luta permanente contra uma morte atmosférica".[46] Na verdade, ela conferia ao conjunto de sua vida um ar de "morte incompleta".[47] Mas, sobretudo, desencadeava nele uma cólera interior, a do homem "encurralado", obrigado a contemplar com os próprios olhos a realidade de uma "existência propriamente animal".[48]

Toda a obra de Fanon é um depoimento em defesa dessa existência maltratada e devastada. É uma busca obstinada dos vestígios de vida que persistem nesse grande estrondo, estado inaudito por excelência; nesse corpo a corpo com a morte, que apenas anuncia o parto de novas formas de vida.[49] Com ele, o crítico, a um só tempo ator e testemunha ocular dos eventos que narra, torna-se um com o mundo que brota das entranhas da luta, e se põe a escutá-lo. Sua fala, semelhante a um filamento levado à incandescência, serve a um só tempo de atestado e depoimento à justiça. De resto, testemunhar

44. "E teremos de tratar por muitos anos ainda as feridas múltiplas e às vezes indeléveis deixadas em nossos povos pela derrota colonialista", em Frantz Fanon, *Os condenados...*, *op. cit.*, p. 211.

45. Frantz Fanon, *L'An V...*, *op. cit.*, p. 414.

46. *Ibid.*, p. 115.

47. *Ibid.*, p. 361.

48. *Ibid.*, p. 414. Ver também "Pourquoi nous employons la violence", *loc. cit.*, p. 413-418.

49. Matthieu Renault, "Vie et mort dans la pensée de Frantz Fanon", *Cahiers Sens Public*, nº 10, 2009, p. 133-145. Disponível em <https://www.cairn.info/revue-cahier­s-sens-public-2009-2-page-133.htm>.

em situação colonial é antes de tudo prestar conta de vidas mergulhadas numa interminável agonia. É "caminhar passo a passo ao longo da grande ferida feita no povo e no solo argelino".[50] Era preciso, afirmava, "metro por metro, interrogar a terra argelina", "medir a fragmentação" e "o estado de dispersão" resultantes da ocupação colonial.[51] Era preciso escutar os órfãos "que circulam espavoridos e famintos", de "um marido levado pelo inimigo e que volta com o corpo coberto de equimoses, a vida vacilante e o espírito inerte".[52] Uma atitude dessas exigia se manter atento às cenas de luto, nesses lugares de perda e de dilaceramento, onde às lamentações de outrora se sucederam novos padrões de conduta. Na provação da luta, já não se chora, já não se grita, já não se faz como antes, constatou ele. Doravante, "[c]erram-se os dentes e reza-se em silêncio. Um passo além são os gritos de alegria que saúdam a morte de um *moudjahid* morto no campo de honra".[53] E dessa transfiguração do sofrimento e da morte surge uma nova "comunidade espiritual".[54]

A violência emancipadora do colonizado

Para Fanon, uma diferença de estatuto separa, portanto, a violência colonial da violência do colonizado. Esta, de início, não é ideológica. É o exato oposto da violência colonial. Antes de se voltar conscientemente contra o esmagamento colonial durante a guerra de libertação nacional, manifesta-se sob a

50. Frantz Fanon, *L'An V...*, *op. cit.*, p. 351 [cf. Frantz Fanon, "A família argelina", *loc. cit.*, p. 138].
51. *Ibid.* [*ibid.*]
52. *Ibid.* [*ibid.*, p. 138-139].
53. *Ibid.*, p. 349-350 [*ibid.*, p. 137].
54. *Ibid.*, p. 351 [*ibid.*, p. 139].

forma de pura descarga — violência *ad hoc,* reptiliana e epilética, gesto assassino e afeto primário que o homem "encurralado", "posto contra a parede", "faca na goela ou, para sermos mais precisos, o eletrodo nas partes genitais"[55] executa, pretendendo com isso, de maneira confusa, "dar a entender que está preparado para defender a sua vida".[56]

Como transformar essa efervescência energética e esse banal instinto de conservação numa fala política plena e inteira? Como os revirar numa contravoz afirmativa face à lógica de morte de que a potência ocupante se utiliza? Como fazer deles um gesto emancipador dotado dos atributos de valor, razão e verdade? Tal é o ponto de partida das reflexões de Fanon sobre a violência do colonizado, aquela que ele já não sofre, que já não lhe é imposta e da qual já não é a vítima mais ou menos resignada. Pelo contrário, trata-se agora dessa violência que o colonizado escolhe *ofertar* ao colono. Fanon descreve essa doação na linguagem do "trabalho" — "práxis violenta", "reação à violência primordial do colonialista".[57] Essa violência é produzida como uma energia que circula, na qual "cada um se transforma em elo violento da grande cadeia, do grande organismo [violento]", nessa "argamassa preparada em meio ao sangue e à cólera".[58] Recusa violenta de uma violência imposta, constitui um momento fundamental de ressimbolização.[59] O objetivo desse trabalho é produzir a vida. Mas esta "só pode surgir do cadáver em decomposição do colono".[60] Trata-se afinal de *dar a morte* àquele que

---

55. Frantz Fanon, *Os condenados...*, *op. cit.*, p. 71 e 43.
56. Frantz Fanon, "Pourquoi nous employons la violence", *loc. cit.*, p. 415.
57. Frantz Fanon, *Os condenados*, *op. cit.*, p. 73.
58. *Ibid.*
59. Bernard Doray, *La Dignité: les debouts de l'utopie*, La Dispute, Paris, 2006.
60. Frantz Fanon, *Os condenados...*, *op. cit.* p. 73.

se habituou a jamais a receber, mas a sempre a ela submeter outrem, sem limites e sem contrapartida.

Fanon tem consciência do fato de que, ao fazer a escolha pela "contraviolência", o colonizado abre a porta à possibilidade de uma bem funesta reciprocidade — o "vaivém do terror".[61] No entanto, considera que, num contexto extremo, no qual qualquer distinção entre poder civil e poder militar foi abolida e a lei de distribuição das armas na sociedade colonial foi profundamente modificada, a única maneira de o colonizado voltar à vida é impor, pela violência, uma redefinição das modalidades de distribuição da morte. A nova permuta que daí decorre segue, contudo, desigual. Os "ataques aéreos ou os canhoneios da frota" não ultrapassarão "em horror e importância as respostas do colonizado"?[62] Aliás, o recurso à violência não permite automaticamente o restabelecimento de uma relativa equivalência entre a vida de um colono e a de um colonizado. "Sete franceses mortos ou feridos no desfiladeiro de Sakamody" não provocarão muito mais "a indignação das consciências civilizadas" do que "o saque dos aduares Guergour, da *dechra* Djerah [ou] o massacre das populações que tinham precisamente motivado a emboscada"?[63]

Seja como for, o que confere à violência do colonizado sua dimensão ética é sua estreita relação com a temática dos

---

61. *Ibid.*, p. 70.

62. *Ibid.*

63. *Ibid.* Na recepção francófona dos termos provenientes do árabe magrebino, *douar* (دوار) – donde aduar, no português – remete originariamente a um conjunto de tendas erguidas em caráter provisório de acordo com os ciclos do pastoreio e, por extensão de sentido, passou a designar as aglomerações populacionais fundadas com base no parentesco comum pela linhagem paterna e também uma fração territorial da administração comunal, enquanto *dechra* (دشرة) indica uma aldeia sedentária com habitações densamente aglomeradas. [N.T.]

tratamentos e da cura — tratamentos oferecidos aos feridos nos hospitais militares da guerrilha, aos prisioneiros que não são abatidos em seus leitos hospitalares à maneira típica das tropas coloniais, às vítimas da tortura cuja personalidade dali em diante ficou destroçada, às argelinas que enlouqueceram depois dos estupros e até mesmo aos torturadores assombrados pelo fantasma de suas vítimas.[64] Mais do que sarar as atrocidades coloniais, a violência do colonizado remete a três coisas. Em primeiro lugar, a uma intimação dirigida a um povo encurralado pela história e colocado numa posição insustentável. O povo em questão se vê de algum modo convocado a exercer sua liberdade, a se encarregar de si mesmo, a se nomear, a brotar para a vida ou, pelo contrário, a assumir sua má-fé. É intimado a fazer uma escolha, a arriscar sua existência, a se expor, a "investir em bloco suas reservas e seus recursos mais ocultos"[65] – condição para alcançar a liberdade. A disposição a assumir esse risco é integralmente sustentada por uma fé inabalável no poder das massas e por uma filosofia da vontade — a de se tornar homem em meio a outros homens.

Mas a teoria fanoniana da violência só tem sentido no quadro de uma teoria mais geral, a da *elevação em humanidade*. No contexto colonial que é o cenário original do pensamento de Fanon, a *elevação em humanidade* consiste, para o colonizado, em se transportar, por força própria, rumo a um lugar mais alto do que aquele que lhe foi consignado em função da raça ou em decorrência da sujeição. O homem amordaçado, posto de joelhos e condenado a berrar, recobra-se a si mesmo, sobe a ladeira e se alça à sua própria altura e à dos outros homens,

---

64. *Ibid.*, capítulo 5.
65. Frantz Fanon, *L'An V...*, *op. cit.*, p. 261.

pela violência, se necessário — aquilo que Fanon chamava a "práxis absoluta"[66]. Ao fazê-lo, reabre, para si mesmo e para a humanidade inteira, começando por seus carrascos, a possibilidade de um diálogo novo e livre entre dois sujeitos humanos iguais, no mesmo lugar onde, outrora, a relação opunha primordialmente um homem (o colono) e seu objeto (o colonizado). De repente, não há mais negro nem branco. Existe um só mundo, finalmente livre do fardo da raça e do qual cada um se torna herdeiro.

Se ele propôs um saber, tratava-se afinal de um saber em situação — o saber das experiências de racialização e de sujeição; o saber das situações coloniais de desumanização e o saber dos meios para lhe dar um fim. Quer se tratasse de "tocar a miséria do negro" face à estrutura racista da ordem social ou de dar conta das transformações induzidas pela guerra de libertação da Argélia, esse saber era integral e abertamente partidário. Não visava nem a objetividade nem a neutralidade. "Não quis ser objetivo. Aliás, não é bem isso: melhor seria dizer que não me foi possível ser objetivo", declarava.[67] Tratava-se, antes de mais nada, de acompanhar na luta todos aqueles que o colonialismo havia ferido, descerebrado e transformado em loucos — e, onde isso fosse ainda possível, de tratar e de curar.

Tratava-se também de um saber que ligava indissociavelmente a crítica da vida e a política da luta e do trabalho necessários para escapar à morte. De seu ponto de vista, a luta tem por objeto produzir a vida, e, nesse sentido, a "violência absoluta" desempenhava uma função desintoxicante e instituinte. É de fato pela violência que "a 'coisa' colonizada se

66. Frantz Fanon, *Os condenados...*, *op. cit.*, p. 66.
67. Frantz Fanon, *Pele negra... op. cit.* p. 86.

faz [homem]" e que se criam homens novos, "uma nova linguagem, uma nova humanidade".[68] Em contrapartida, a vida se assemelha a um combate sem fim.[69] Estritamente falando, a vida é aquilo que a luta tiver produzido. A luta enquanto tal possui uma tripla dimensão. Em primeiro lugar, visa destruir aquilo que destrói, amputa, desmembra, cega e provoca medo e raiva. A seguir, tenta tratar e, eventualmente, curar aqueles e aquelas que o poder feriu, estuprou, torturou, encarcerou ou, simplesmente, fez enlouquecer. Sua função participa, portanto, do processo geral da cura. Por fim, busca sepultar todos os que tombaram, "abatidos pelas costas".[70] Desse ponto de vista, desempenha uma função de sepultamento. Em torno destas três funções surge claramente o elo entre o poder e a vida. O poder, nessa perspectiva, só é poder enquanto se exerce sobre a vida, no ponto de distribuição entre a saúde, a doença e a morte (o sepultamento).

A luta de que trata Fanon se desenrola num contexto em que o poder — neste caso, o poder colonial — tende a reduzir aquilo que se passa por vida na extrema penúria do corpo e da necessidade. Fanon descrevia nos seguintes termos essa extrema penúria do corpo e da necessidade: "As relações do homem com a matéria, com o mundo, com a história, são, no período colonial, relações com a alimentação".[71] Para um colonizado, afirmava, "viver não é de modo algum encarnar valores, inserir-se no desenvolvimento coerente e fecundo de um mundo". Viver é simplesmente "não morrer". Existir "é manter a vida". E acrescentou: "Porque a

68. Frantz Fanon, *Os condenados...*, *op. cit.*, p. 27 e 26.

69. *Ibid.*, p. 73.

70. Frantz Fanon, "Pourquoi nous employons la violence", *loc. cit.*, p. 417.

71. Frantz Fanon, *Os condenados...*, *op. cit.* As citações seguintes provêm das p. 265-266.

única perspectiva é esse estômago cada vez mais encolhido, cada vez menos exigente, é certo, mas que, ainda assim, é preciso contentar." Aos olhos de Fanon, essa anexação do homem pela força da matéria, a matéria da morte e a matéria da necessidade, constitui, estritamente falando, o tempo de "antes da vida", a "grande noite" da qual é preciso sair.[72] Reconhece-se o tempo de antes da vida pelo fato de que, sob seu império, o colonizado não faz questão de dar um sentido à vida, mas antes "de dar sentido à sua morte"[73]. A essa "saída da grande noite", Fanon atribuía todos os nomes: a "libertação", o "renascimento", a "restituição", a "substituição", a "aparição", a "emergência", a "desordem absoluta" ou ainda "caminhar todo o tempo, a noite e o dia", "pôr de pé um homem novo", "encontrar outra coisa", um sujeito novo que surge inteiro da "argamassa do sangue e da cólera" — um sujeito quase indefinível, sempre restante, como um lapso que resiste à lei, à divisão e à ferida.

Assim, para Fanon, a crítica da vida se confundia com a crítica do sofrimento, do medo e da necessidade, do trabalho e da lei — especialmente a lei da raça, aquela que escraviza, esmaga o pensamento e esgota tanto o corpo quanto o sistema nervoso. Confundia-se também com a crítica da medida e do valor — condição prévia para uma política da igualdade e da universalidade. Mas esta política da igualdade e da universalidade — outros nomes da verdade e da razão — só seria possível sob a condição de querer e de reclamar o "homem que está à tua frente", sob a condição de aceitar que esse homem "seja mais do que um corpo".[74] Reler Fanon

---

72. *Ibid.*, p. 271.
73. Frantz Fanon, "Pourquoi nous employons la violence", *loc. cit.*, p. 415.
74. Frantz Fanon, *Em defesa da revolução africana*, *op. cit.*, p. 20.

hoje em dia é, por um lado, aprender a restituir sua vida, seu trabalho e sua linguagem à história que o viu nascer e que ele, pela luta e pela crítica, se esforçou em transformar. É também, por outro lado, traduzir na língua da nossa época as grandes questões que o obrigaram a se erguer, a se afastar de suas origens, a caminhar com outros, companheiros numa estrada nova que os colonizados precisavam traçar com a própria força, com a própria inventividade e com sua vontade irredutível. Se é necessário reatualizar nas condições contemporâneas essa união da luta com a crítica, então é inevitável que precisemos pensar a um só tempo com e contra Fanon, cientes de que a diferença entre ele e alguns de nós é que, para ele, pensar é fundamentalmente se arrancar a si mesmo. É colocar a própria vida na balança.

Dito isso, nosso mundo já não é exatamente o mesmo que o seu — a bem da verdade, tampouco é tão outro. Afinal de contas, as guerras neo e paracoloniais se reavivam. As formas de ocupação se metamorfoseiam, com a sua quota de torturas, de Campos Delta,[75] de prisões secretas, de combinação de militarismo, contrainsurreição e pilhagem remota de recursos. A questão da autodeterminação dos povos pode ter mudado de cenário, mas continua a se colocar em termos tão fundamentais quanto à época de Fanon. Num mundo que se rebalcaniza em torno de enclaves, de muros e de fronteiras cada vez mais militarizadas, onde segue veemente a fúria em arrancar às mulheres seu véu e onde o direito à mobilidade é cada vez mais restrito para inúmeras categorias racialmente tipificadas, o grande apelo de Fanon para uma declosão do mundo não tem como não ressoar amplamente. Isso se nota,

---

75. *Camp Delta* foi o nome dado ao conjunto das instalações carcerárias permanentes construídas na base militar americana de Guantánamo. [N.T.]

aliás, na medida em que se organizam nos quatro cantos da Terra novas formas de luta — celulares, horizontais, transversais — típicas da era digital.

De resto, se devemos algo a Fanon, é justamente a ideia de que existe, em todo ser humano, algo que não pode domar, que não se deixa amansar, que a dominação — pouco importa sob quais formas — não é capaz nem de eliminar, nem de conter, nem de reprimir, pelo menos não totalmente. Desse algo, Fanon se esforçou para apreender as modalidades de surgimento num contexto colonial que, a bem da verdade, já não é exatamente o nosso, por mais que o seu duplo, o racismo institucional, continue a ser a nossa Besta. Por isso que sua obra foi, para todos os oprimidos, uma espécie de lignito fibroso, uma arma de sílex.

A nuvem de glória

Essa arma de sílex ganha, em Nelson Mandela, uma forma propriamente figural. O *apartheid*, não tendo sido de todo uma forma ordinária de dominação colonial e de opressão racial, suscitou, por sua vez, a aparição de uma classe de homens e de mulheres em nada ordinários, destemidos, que, ao preço de sacrifícios assombrosos, precipitaram sua abolição. Se, de todos, foi Mandela quem se tornou o nome, foi porque, a cada encruzilhada em sua vida, soube enveredar, muitas vezes pressionado pelas circunstâncias e outras tantas voluntariamente, por caminhos inesperados. Sua vida poderia ser resumida em poucas palavras: um homem constantemente alerta, sentinela desde o início, e cujas voltas, tão inesperadas quanto miraculosas, contribuíram ainda mais para a sua mitologização. Na origem do mito não está apenas o anseio pelo sagrado e a sede de mistério. O mito somente começa a florescer com a proximidade da morte, essa forma elementar da partida e do arrebatamento.

Mandela já precocemente passara por isso, ao se converter ao nacionalismo como outros se convertem a uma religião, e a cidade das minas de ouro, Joanesburgo, tornar-se-ia o teatro principal de seu encontro com o destino. Começava então um longuíssimo e doloroso caminho da cruz, feito de privações, repetidas prisões, perseguições arbitrárias, múltiplas audiências em tribunais, estadias regulares nos cárceres, com seu rosário de torturas e seus rituais de humilhação, períodos mais ou menos prolongados de vida clandestina, inversão dos mundos diurno e noturno, disfarces mais ou menos eficazes, uma vida familiar desintegrada, casas ocupadas e logo abandonadas — o homem na luta, perseguido, o fugitivo sempre de partida, guiado apenas pela certeza de um amanhã, o dia do regresso.[76]

Ele assumiu riscos enormes. Com a própria vida, vivida intensamente, como se tudo estivesse sempre a recomeçar e como se cada vez fosse a última. Mas também com a de muitos outros. Por pouco escapou à pena de morte. Foi em 1964. Com outros acusados no mesmo processo, estava preparado para a sentença capital: "Consideramos essa possibilidade. Se devíamos desaparecer, melhor que fosse numa nuvem de glória. Era bom saber que nossa execução representaria nossa última oferenda ao nosso povo e à nossa organização." Essa visão eucarística estava, no entanto, isenta de qualquer anseio pelo martírio. Ao contrário de todos os outros, de Ruben Um Nyobè, passando por Patrice Lumumba, Amílcar Cabral, Martin Luther King e tantos outros, escapou ao seu

---

76. Nelson Mandela, *Conversas que tive comigo*, tradução de Ângela Lobo de Andrade, Nivaldo Montingelli Jr. e Ana Deiró, Rocco, Rio de Janeiro, 2010.

destino. Foi na prisão perpétua que experimentou verdadeiramente esse desejo de vida, no limite do trabalho forçado e do exílio. A prisão tornou-se o lugar de uma extrema provação, a do confinamento e do regresso do homem à sua mais simples expressão. Nesse lugar de penúria máxima, Mandela aprendeu a habitar a cela como alguém vivo que fosse forçado a desposar um caixão.[77]

No decorrer de longas e atrozes horas de solidão, quase à beira da loucura, redescobriu o essencial, aquilo que jaz no silêncio e nos detalhes. Tudo lhe falará de novo: a formiga que corre não se sabe para onde; a semente enterrada que morre para voltar a se erguer, criando a ilusão de um jardim no meio do concreto, do cinzento dos miradouros e das pesadas portas metálicas que se fecham com grande estrondo; uma ponta de qualquer coisa; o silêncio dos dias mornos, que, de tão iguais, parecem nunca passar; o tempo interminavelmente extenso; a lentidão dos dias, o frio das noites de inverno e o vento que carpe de desespero como uma coruja atormentada não se sabe pelo quê; a fala rara; o mundo para lá dos muros, do qual já nem sequer murmúrios se ouvem; o abismo que se tornou Robben Island e as marcas da prisão no rosto, desde então esculpido pela dor, nesses olhos mirrados pela luz do sol refletida no quartzo, nessas lágrimas que não rolam, a poeira por sudário nesse rosto transformado em espectro fantasmagórico e nos seus pulmões, nos dedos dos seus pés e nesses embrulhos indigentes que lhe servem de sapatos, mas, por cima disso tudo, esse sorriso alegre e encantador, essa postura altiva, briosa,

77. Ver Sarah Nuttall e Achille Mbembe, "Mandela's Mortality", em Rita Barnard (ed.), *The Cambridge Companion to Mandela*, Cambridge University Press, Cambridge, 2014, p. 267-290.

ereta, de punho cerrado, pronto a abraçar de novo o mundo e a fazer soprar a tempestade.

Despojado de quase tudo, lutou arduamente para não ceder o resto de humanidade que seus carcereiros tentam a qualquer preço lhe arrancar e exibir como derradeiro troféu. Reduzido a viver com quase nada, despojado de quase tudo, aprendeu a poupar tudo, mas também a cultivar um profundo desprendimento em relação às coisas da vida profana. Ao ponto de, mesmo sendo prisioneiro e estando confinado entre duas paredes e meia, não se deixar converter em escravo de ninguém. Negro de carne e osso, Mandela viveu à beira do desastre. Penetrou a noite da vida, até o limiar das trevas, em busca de uma ideia afinal muito simples: como viver livre da raça e da dominação que carrega o mesmo nome. Suas escolhas o levaram à beira do precipício. Ele fascinou o mundo, porque regressou vivo do país da sombra, força que irrompe na noite de um século decadente e já sem capacidade para sonhar.

Tal como os movimentos operários do século XIX, ou as lutas das mulheres, a nossa modernidade foi assombrada pelo *desejo de abolição*, outrora sustentado pelos escravos. É a esse sonho que darão continuidade, no início do século XX, as grandes lutas pela descolonização, que assumiram, desde suas origens, uma dimensão global. Seu significado nunca foi unicamente local. Sempre foi universal. Mesmo quando mobilizavam atores locais, num país ou num território nacional bem circunscrito, partiam sempre de solidariedades forjadas numa escala planetária e transnacional. Foram essas lutas que, a cada vez, permitiram a ampliação ou a universalização de direitos que, até então, se mantiveram como apanágio de uma raça.

Democracia e poética da raça

Estamos, portanto, longe de viver numa era pós-racial, em que as questões de memória, justiça e reconciliação estivessem desprovidas de objeto. Seria possível, no entanto, falar de uma era pós-Césaire? Sim, sob a condição de envolver num abraço íntimo o significante "negro", não com a intenção de com ele se deleitar, mas sim de melhor confundi-lo e, com isso, melhor se afastar dele, melhor conjurá-lo e melhor reafirmar a dignidade inata de todo ser humano, a própria ideia de uma comunidade humana, de uma mesma humanidade, de uma semelhança e de uma proximidade humana essencial. As fontes profundas desse trabalho de ascese se encontram no melhor das tradições políticas, religiosas e culturais afro-americanas e sul-africanas. É o caso, por exemplo, da religião profética dos descendentes de escravos ou da função utópica tão característica do trabalho de criação artística. Pois para as comunidades cuja história por muito tempo foi sobretudo de degradação e de humilhação, a criação religiosa e artística amiúde representou a última linha de defesa contra as forças da desumanização e da morte. Essa dupla criação marcou profundamente a práxis política. No fundo, sempre foi o seu invólucro metafísico e estético, visto que uma das funções da arte e da religião é justamente preservar a esperança de sair do mundo tal como foi e tal como é, de renascer para a vida e de renovar a festa.

Nesse sentido, a obra de arte nunca teve por função principal simplesmente representar, ilustrar ou narrar a realidade. Sempre foi da sua natureza embaralhar e mimetizar de uma só vez as formas e as aparências originais. É verdade que, enquanto forma figurativa, ela mantinha relações de semelhança com o original. Mas, ao mesmo tempo, ela redobrava constantemente esse mesmo original, ela o deformava, dele se afastava e, acima de tudo, ela o conjurava. De fato, na maior parte das tradições estéticas negras, só havia obras de arte onde, uma vez realizado esse trabalho de conjuração, a função ótica, a função tátil e o mundo das sensações se encontrassem reunidos num mesmo movimento visando revelar o duplo do mundo. Assim, no tempo de uma obra, era a vida cotidiana que era colocada em cena, livre das regras convencionais, sem entraves nem culpa.

Se existe, portanto, um traço característico da criação artística é que, na origem do ato de criação, estão sempre uma violência representada, um sacrilégio e uma transgressão mimetizada, dos quais se espera que façam com que o indivíduo e a sua comunidade saiam do mundo tal como foi e tal como é. Essa esperança de liberação das energias escondidas ou esquecidas, a esperança de uma eventual inversão das potências visíveis e invisíveis, esse sonho secreto de ressurreição dos seres e das coisas, são justamente o fundamento antropológico e político da arte negra clássica. Em seu centro se encontra o corpo, peça essencial do movimento dos poderes, lugar privilegiado do desvelamento desses poderes e símbolo por excelência da dívida constitutiva de toda comunidade humana, dívida esta que herdamos involuntariamente e que nunca podemos saldar totalmente.

A questão da dívida é outro nome para a vida. Isso ocorre porque o objeto central da criação artística, ou mais exatamente o espírito de sua matéria, sempre foi a crítica da vida e a mediação das funções que resistem à morte. Cabe ainda precisar que nunca se tratou de uma crítica da vida no abstrato, mas sempre de uma meditação sobre as condições que fazem da luta para estar vivo, manter-se em vida, sobreviver, em suma, levar uma vida humana, a questão estética

— e portanto política — por excelência. Eis por que, quer se tratasse da escultura, da música, da dança, da literatura oral ou do culto das divindades, sempre se tratou de despertar as potências adormecidas, de renovar a festa, esse canal privilegiado da ambivalência, esse teatro provisório do luxo, do acaso, do dispêndio, da atividade sexual, e metáfora de uma história por vir. Nunca houve, pois, nada de tradicional nessa arte, ainda mais porque sempre foi disposta de forma que manifestasse a extraordinária fragilidade da ordem social. Uma arte, portanto, que nunca deixou de reinventar os mitos, de contornar a tradição, de miná-la no próprio ato que parecia instituí-la e ratificá-la. Sempre se tratou de uma arte por excelência do sacrilégio, do sacrifício e do dispêndio, que multiplica os novos fetiches com vistas a uma desconstrução generalizada da existência — justamente pela via do jogo, do lazer, do espetáculo e do princípio da metamorfose. É esse suplemento tão utópico e metafísico quanto estético que uma crítica radical da raça poderia oferecer à democracia.

De resto, a luta enquanto *práxis de libertação* sempre encontrou no cristianismo parte de seus recursos imaginários. O cristianismo a que se refere aqui não é, em primeira linha, a Igreja — que se institui antes de tudo como uma instância de controle dogmático, no lugar exato onde se abre o vazio. Tampouco se trata de um certo discurso sobre Deus cuja função foi muitas vezes traduzir "a impotência sempre maior do homem para ir ao encontro do seu próprio desejo".[78] Por cristianismo, os escravos e seus descendentes entendem um evento de verdade em meio a uma espécie de estranha cisão no próprio campo de uma verdade sempre em

---

78. Jacques Lacan, "La psychanalyse est-elle constituante pour une éthique qui serait celle que notre temps nécessite?", *Psychoanalyse*, nº 4, 1986.

vias de se abrir, de *ad-vir* – a futuridade. Entendem a declaração de princípio segundo a qual "alguma coisa aconteceu; um evento se produziu; a língua se desatou; agora é possível ver com os próprios olhos, ouvir com os próprios ouvidos e testemunhar na própria língua e para todas as nações". Esse evento é ao mesmo tempo advento. É um "aqui", um "ali", um "agora", que sinaliza ao mesmo tempo um instante, um presente, mas sobretudo a possibilidade do Jubileu, espécie de plenitude dos tempos, quando todos os povos da Terra serão finalmente reunidos em torno de algo infinito, que nada seria então capaz de limitar.

Mas, do cristianismo, é sobretudo o triplo motivo da encarnação, da crucificação e da ressurreição, do sacrifício e da salvação, que mais atinge a crítica de origem africana[79]. Meditando sobre a história de Felipe e o eunuco, em 1882, Edward W. Blyden vê no sofrimento do Filho do Homem uma antecipação das provações com as quais viria a ser confrontada a raça negra. O Deus da salvação faz uma aposta encarnando-se no corpo negro submetido à brutalidade, à espoliação e à violência. A aposta é a de um sentido ainda por vir, em aberto. A seu ver, o evento da Cruz revela uma concepção de Deus e de sua relação com a humanidade sofredora — uma relação de justiça, de gratuidade e de reconhecimento incondicional. Nesses dois momentos, que são a morte violenta do Cristo e sua ressurreição, revela-se a absoluta singularidade de uma transformação da condição humana — transformação a que é convidada a raça negra, que, para se fazer digna da Salvação, deve-se tornar uma comunidade de fé, de convicção e de reciprocidade.[80]

79. Ver James Baldwin, *The Cross of Redemption*, Pantheon, Nova York, 2010.
80. Edward W. Blyden, *op. cit.*, p. 174-197.

Para Martin Luther King, por exemplo, pela via da crucificação, Deus adquire sua verdade de homem que enfrenta sua dilaceração absoluta.[81] Em contrapartida, o homem e Deus podem agora se nomear um no outro e um para o outro. Convertendo o negativo em ser, é a própria morte que o Cristo desfaz. A questão que atormenta o cristianismo afro-americano é saber se o Cristo morre verdadeiramente no lugar do negro. Liberta-o verdadeiramente de sua morte, evitando que ele compareça diante dela? Ou então atribui ao momento da morte um significado profundo que rompe radicalmente com o caráter prosaico de uma vida anônima levada sob a cruz do racismo? Em Cristo, a morte deixa de ser aquilo que de mais radicalmente insubstituível existe? É esse o sentido derradeiro da provação da Cruz, a "loucura" e o "escândalo" dos quais, mais uma vez, Paulo fala. A proclamação do Cristo pode-se resumir nestas poucas palavras: "Posso agora ser arrancado à experiência concreta de minha morte. Morrer pelo outro (dom absoluto) já não pertence à ordem da impossibilidade. Não há mais insubstituibilidade da morte. O que existe é o devir infinito da vida, a reconciliação absoluta da salvação e do trágico, na reciprocidade absoluta e na apoteose do espírito". Nessa perspectiva, a verdade última do morrer se encontra na ressurreição, isto é, na possibilidade infinita da vida. A questão da ressurreição dos mortos, do regresso ou da restituição dos mortos à vida, pelo fato de fazer brotar a vida ali de onde a morte a suprimiu, tudo isso constitui a força do cristianismo para além da instituição eclesial propriamente dita. É uma das razões pelas quais a figura do Cristo, em seu projeto de doação total para o outro,

---

81. Martin Luther King, "Lettre de la geôle de Birmingham", in *Je fais un rêve*, Bayard, Montrouge, 2008.

ocupa uma posição tão central na teologia política negra. Essa presença para o outro, e junto do outro, em testemunho do outro, o que é, pois, senão outro nome para uma política do dom, da oblação e da gratuidade?

Dito isso, por quais direitos os negros devem continuar a lutar? Tudo depende do lugar em que se encontram, do contexto histórico em que vivem e das condições objetivas que se lhes apresentam. Tudo depende também da natureza das formações raciais no seio das quais são chamados a existir, quer como minorias históricas cuja presença não se contesta, mas cuja pertença integral à nação se mantém ambígua (caso dos Estados Unidos); quer como minorias que se decide não ver, nem reconhecer, nem escutar enquanto tais (caso da França); ou então como maioria demográfica no exercício do poder político, mas relativamente desprovida de poder econômico (caso da África do Sul). Mas quaisquer que sejam os lugares, as épocas e os contextos, o horizonte dessas lutas continua a ser o mesmo: como pertencer de pleno direito a este mundo que nos é comum? Como passar do estatuto de "sem-parte"[82] ao de "parte interessada"? Como tomar parte na constituição deste mundo e na sua partilha? Enquanto não se puser fim à funesta ideia da desigualdade das raças e da seleção entre diferentes espécies humanas, a luta dos povos de origem africana por aquilo que poderíamos chamar de "igualdade das

---

82. *Sans-parts*, no original. Expressão cunhada por Jacques Rancière para designar aqueles que não têm voz nem visibilidade na definição dos termos de determinada partilha e que não contam entre os legitimados a se expressar politicamente. Sua existência se afirma no ato de negação ou contestação das regras da partilha e das posições legitimadas a realizá-la ou dela participar.. O termo é traduzido para o português como "sem-parte" ou "sem-parcela". Para mais referências, ver Guillaume Gourgues, "Sans part", em Ilaria Casillo *et alii*. (eds.), *Dictionnaire critique et interdisciplinaire de la participation*, GIS Démocratie et Participation, Paris, 2013. Disponível em <www.dicopart.fr/fr/dico/sans-part>. [N.T.]

partes" — e, portanto, dos direitos e das responsabilidades —, continuará a ser uma luta legítima. Terá de ser conduzida, porém, não com o objetivo de se separar dos outros humanos, mas em solidariedade com a própria humanidade — esta humanidade cujas múltiplas faces nos esforçamos, por meio da luta, em reconciliar.

O projeto de um mundo comum baseado nos princípios da "igualdade das partes" e da unidade fundamental do gênero humano é um projeto universal. E já é possível, a quem quiser, detectar no presente sinais (frágeis, por certo) deste mundo por vir. A exclusão, a discriminação e a seleção em nome da raça permanecem, contudo, fatores estruturantes — ainda que frequentemente negados — da desigualdade, da ausência de direitos e da dominação contemporânea, inclusive nas nossas democracias. Além disso, não se pode fingir que a escravidão e a colonização não existiram ou que as heranças dessa triste época foram totalmente liquidadas. A título de exemplo, a transformação da Europa em "fortaleza" e as leis antiestrangeiros que o Velho Continente adotou neste início de século têm suas raízes numa ideologia da seleção entre diferentes espécies humanas que, bem ou mal, ainda se tenta disfarçar.

Assim, enquanto o racismo não tiver sido eliminado da vida e da imaginação do nosso tempo, será preciso continuar a lutar pelo advento de um mundo para além das raças. Mas, para chegar a esse mundo a cuja mesa todos são convidados a se sentar, ainda é preciso se ater a uma rigorosa crítica política e ética do racismo e das ideologias da diferença. A celebração da alteridade só tem sentido se ela se abrir para a questão crucial do nosso tempo, a questão da partilha, do comum e da abertura à exterioridade. É aí que se deposita o peso da História. Será preciso aprender a carregar e a repartir melhor esse fardo. Estamos condenados a viver não apenas com o que produzimos, mas também com o que herdamos. Tendo em vista que não saímos inteiramente de uma mentalidade dominada ainda pela ideia da seleção entre diferentes tipos de humanos, será preciso trabalhar com e contra o passado, de tal maneira que este possa se abrir a um futuro a ser compartilhado com igual dignidade por todos. A questão da produção, a partir da crítica do passado, de um futuro indissociável de uma certa ideia da justiça, da dignidade e do *em comum*, eis o caminho.

Nesse caminho, os novos "condenados da Terra" são aqueles a quem é recusado o direito de ter direitos, aqueles que se avalia que não devam se mover, os que são condenados a viver em todo tipo de estruturas de reclusão — os campos, os centros de triagem, os milhares de locais de detenção que se espalham por nossos espaços jurídicos e policiais. São os rejeitados, os deportados, os expulsos, os clandestinos e outros "sem-documentos" — esses intrusos e essa escória da nossa humanidade que temos pressa em despachar, porque achamos que, entre eles e nós, nada existe que valha a pena ser salvo, visto que eles prejudicam imensamente a nossa vida, a nossa saúde e o nosso bem-estar. Os novos "condenados da Terra" são o resultado de um trabalho brutal de controle e de seleção, cujos pressupostos raciais são bem conhecidos.

Enquanto persistir a ideia de que só se deve justiça aos seus e que existem raças e povos desiguais, e enquanto se continuar a fazer crer que a escravidão e o colonialismo foram grandes feitos da "civilização", a temática da reparação continuará a ser mobilizada pelas vítimas históricas da expansão europeia e da sua brutalidade pelo mundo. Nesse contexto, é necessária uma dupla estratégia. Por um lado, é preciso abandonar o estatuto de vítima. Por outro, é preciso romper com a "boa consciência" e a negação da responsabilidade. É sob essa dupla condição que será possível articular uma política e uma ética novas, baseadas na exigência de justiça. Dito isso, ser africano implica, antes de mais nada, ser um homem livre ou, como nunca deixou de apregoar Frantz Fanon, "simplesmente ser um homem entre outros homens".[83] Um homem livre de tudo e, portanto, capaz de se autoinventar. A verdadeira política da identidade consiste em incessantemente alimentar, atualizar e reatualizar essas capacidades de autoinvenção. O afrocentrismo é uma variante hipostasiada do desejo das pessoas de origem africana de não terem contas a prestar senão a si mesmas. É verdade que o mundo é, antes de tudo, uma forma de relação a si. Mas não há nenhuma relação a si que não passe pela relação com outrem. O outrem é a um só tempo a diferença e o semelhante reunidos. O que precisamos imaginar é uma política do humano que seja, fundamentalmente, uma política do semelhante, mas num contexto em que, cabe admitir, o que partilhamos logo de início são as diferenças. E são elas que, paradoxalmente, precisamos pôr em comum. Isso passa pela reparação, isto é, por uma ampliação da nossa concepção de justiça e de responsabilidade.

83. Frantz Fanon, *Pele negra...*, p. 106.

Epílogo

EXISTE UM SÓ MUNDO

O nascimento do sujeito racial — e, portanto, do negro — está ligado à história do capitalismo.

A mola propulsora inicial do capitalismo foi a dupla pulsão, por um lado, da violação ilimitada de toda forma de interdito e, por outro, da abolição de qualquer distinção entre os meios e os fins. Em seu sombrio esplendor, o escravo negro — o primeiro de todos os sujeitos raciais — foi o produto dessas duas pulsões, a figura manifesta dessa possibilidade de uma violência sem freios e de uma precariedade sem redes de proteção.

Poder de captura, poder de influência e poder de polarização, o capitalismo sempre precisou de *subsídios raciais* para explorar os recursos do planeta. Assim o foi ontem e assim o é hoje, ainda que esteja a recolonizar seu próprio centro e que as perspectivas de um *devir-negro do mundo* nunca tenham sido tão evidentes.

As lógicas de distribuição da violência em escala planetária não poupam mais nenhuma região do mundo, assim como a vasta operação em curso de depreciação das forças produtivas.

Enquanto houver secessão em relação à humanidade, não será possível a economia da restituição, da reparação ou da justiça. Restituição, reparação e justiça são as condições para a elevação coletiva em humanidade. O pensamento acerca do que há de vir é necessariamente um pensamento da vida, da reserva de vida, do que terá de escapar ao sacrifício. Também é necessariamente *um pensamento em circulação, um pensamento da travessia, um pensamento-mundo.*

A questão do mundo — o que ele é, as relações entre suas diversas partes, a extensão de seus recursos e a quem pertencem, como o habitar, o que o move ou o ameaça, para onde vai, suas fronteiras e limites, seu possível fim — tem-nos acompanhado desde o momento em que o ser humano de carne, osso e espírito fez sua aparição sob o signo do negro, isto é, do *homem-mercadoria, homem-metal* e *homem-moeda*. No fundo, tem sido a *nossa* questão. E continuará a ser, pelo menos enquanto dizer o mundo for o mesmo que dizer a humanidade e vice-versa.

Pois, na verdade, existe um só mundo. Ele é um todo composto por mil partes. De todo o mundo. De todos os mundos.

A essa entidade viva e de múltiplas facetas Édouard Glissant deu um nome. O *Todo-Mundo*. Como se quisesse sublinhar a dimensão ao mesmo tempo epifânica e ecumênica do próprio conceito de humanidade — conceito sem o qual o mundo em si, em sua coisidade, nada significa.

É portanto a humanidade inteira que confere ao mundo seu nome. E assim, conferindo seu nome ao mundo, delega-se a ele e dele recebe confirmação de sua própria posição, singular mas frágil, vulnerável e parcial, pelo menos em relação a outras forças do universo — os animais e os vegetais, os objetos, as moléculas, as divindades, as técnicas, os materiais, a terra que treme, os vulcões que se acendem, os ventos e as tempestades, as águas que sobem, o sol que brilha e queima e assim por diante. Portanto, só existe mundo por nomeação, delegação, mutualidade e reciprocidade.

Mas se a humanidade inteira se delega ao mundo e dele recebe confirmação do seu próprio ser, assim como da sua fragilidade, então a diferença entre o mundo dos humanos e o mundo dos não humanos deixa de ser de ordem externa. Opondo-se ao mundo dos não humanos, a humanidade se opõe a si mesma. Pois, afinal, é na relação que mantemos com o conjunto do vivente que se manifesta, em última instância, a verdade daquilo que somos.

Na África Antiga, o símbolo manifesto da epifania que é a humanidade era a semente que se enfia na terra, que morre, renasce e produz tanto a árvore e o fruto quanto a vida. É, em grande medida, para celebrar as núpcias entre a semente e a vida que os africanos antigos inventaram a fala e a linguagem, os objetos e as técnicas, as cerimônias e os rituais, as obras de arte e também as instituições sociais e políticas. A semente deveria produzir a vida num ambiente frágil e hostil, no seio do qual a humanidade encontraria trabalho e descanso, mas que ela também deveria proteger. Esse ambiente precisava constantemente ser reparado. A maior parte dos saberes vernaculares não tinha utilidade senão em relação a esse labor infindável de reparação. Entendia-se que a natureza era uma força em si. Não era possível moldá-la, transformá-la ou dominá-la a não ser em sintonia com ela. Além disso, essa dupla tarefa de transformação e de regeneração participava de uma composição cosmológica cuja função era consolidar sempre mais o campo das relações entre os humanos e os outros viventes com que compartilhavam o mundo.

Compartilhar o mundo com outros viventes, eis a dívida por excelência. Eis, sobretudo, a chave para a durabilidade tanto dos humanos quanto dos não humanos. Nesse sistema de trocas, de reciprocidade e de mutualidade, humanos e não humanos eram o limo uns dos outros.

Édouard Glissant não falava do limo como se fosse mero refugo da matéria — uma substância ou elementos aparentemente mortos, uma parte aparentemente perdida, detritos arrancados de sua fonte e levados pelas águas. Ele via o limo como um resíduo depositado nas margens dos rios, no meio dos arquipélagos, no fundo dos oceanos, ao longo dos vales e ao pé das falésias — por todo lado e, sobretudo, nos lugares áridos e desérticos onde, numa inesperada inversão, do estrume emergem formas inéditas da vida, do trabalho e da linguagem.

A durabilidade do nosso mundo, afirmava ele, deveria ser pensada a partir do avesso da história, a partir do escravo e da estrutura canibal da nossa modernidade, que se instalou na época do tráfico negreiro e dele se alimentou por séculos. O mundo que emerge dessa estrutura canibal é feito de inúmeras ossadas humanas sepultadas sob o oceano e que pouco a pouco se fazem esqueleto e se cobrem de carne. É feito de toneladas de cacos e cotos, de pedaços de palavras que, dispersos, logo se combinam e, a partir dos quais, como num milagre, se reconstitui a língua, no ponto de encontro entre o ser humano e seu animal. A durabilidade do mundo depende de nossa capacidade de reanimar os seres e as coisas aparentemente sem vida — o homem morto, devolvido ao pó pela seca economia, que, pobre de mundo, trafica os corpos e a vida.

O mundo não vai durar, portanto, a menos que a humanidade se empenhe na tarefa de constituição daquilo que bem se poderia chamar de *reservas de vida*. Se a recusa em perecer faz de nós seres de história e permite que o mundo seja mundo, então nossa vocação para durar só se pode realizar quando o desejo de vida se tornar a pedra de toque de um novo pensamento da política e da cultura.

Entre os antigos dogons, esse labor sem fim de reparação tinha um nome — a dialética da carne e da semente. A tarefa das instituições sociais era lutar contra a morte do ser humano e conter sua corrupção, isto é, sua decadência na podridão. A máscara era o símbolo por excelência dessa determinação dos viventes em se proteger contra a morte. Simulacro do cadáver e substituto do corpo perecível, sua função não era apenas comemorar os defuntos, mas também testemunhar a transfiguração do corpo (invólucro perecível) e a apoteose do mundo e de sua imputrescibilidade. É, pois, a regressar à ideia da vida como forma imperecível e imputrescível que o trabalho de reparação nos convida.

Nessas condições, por mais que se ergam fronteiras, muros e enclaves, que se divida, classifique, hierarquize, que se busque subtrair da humanidade aqueles e aquelas que foram rebaixados, que continuam a ser desprezados ou que não se assemelham a nós, ou com quem achamos que nunca vamos nos entender, existe um só mundo e todos temos nossa parcela nele. Este mundo nos pertence a todos igualmente e todos somos seus coerdeiros, mesmo se as maneiras de habitá-lo não sejam as mesmas – e é justamente daí que vem a real pluralidade das culturas e das maneiras de viver. Dizer isso não significa de modo algum ocultar a brutalidade e o cinismo que ainda caracterizam o encontro dos povos e das nações. É simplesmente recordar um dado imediato, inexorável, cuja origem se situa, sem dúvida alguma, no início dos tempos modernos — a saber, o irreversível processo de emaranhamento e de entrelaçamento das culturas, dos povos e das nações.

Existe um só mundo, pelo menos por agora, e esse mundo é tudo o que existe. Consequentemente, o que temos em comum é o sentimento ou, melhor, o desejo de ser, cada um do seu jeito, seres humanos por inteiro. Esse desejo de plenitude de humanidade é algo que todos compartilhamos. O que agora, aliás, nos é cada vez mais comum é a proximidade do longínquo. É o fato de recebermos em partilha, queiramos ou não, este mundo que é tudo o que existe e tudo o que temos.

Para construir este mundo que nos é comum, será preciso restituir àqueles e àquelas que foram submetidos a processos de abstração e de coisificação na história a parte de humanidade que lhes foi roubada. Nessa perspectiva, o conceito de reparação, além de categoria econômica, remete ao processo de recomposição das partes que foram amputadas, a reparação dos laços que foram rompidos, o reinício do jogo de reciprocidade sem o qual não pode haver elevação em humanidade.

Restituição e reparação estão, portanto, no cerne da própria possibilidade de construção de uma consciência comum do mundo, ou seja, da realização de uma justiça universal. Os dois conceitos de restituição e de reparação se baseiam na ideia de que existe uma parcela de humanidade intrínseca de que é depositária cada pessoa humana. Essa parcela irredutível pertence a cada um de nós. Ela faz com que, objetivamente, sejamos a um só tempo distintos uns dos outros e semelhantes. A ética da restituição e da reparação implica, consequentemente, o reconhecimento do que se poderia chamar de a parte do outro, que não é a minha, mas da qual sou o fiador, queira eu ou não. Não é possível acaparar essa parte do outro sem que haja consequências para a ideia de si, da justiça, do direito e da própria humanidade, ou ainda para o projeto do universal, se é que é essa efetivamente sua destinação final.

Reparação, ademais, porque a história deixou lesões e marcas profundas. O processo histórico foi, para grande parte da nossa humanidade, um processo de habituação à morte do outro — morte lenta, morte por asfixia, morte súbita, morte delegada. Essa habituação à morte do outro, daquele ou daquela com quem se crê nada compartilhar, essas formas múltiplas de esgotamento das fontes vivas da vida em nome da raça ou da diferença, tudo isso deixou vestígios muito profundos, quer no imaginário e na cultura, quer nas relações sociais e econômicas. Essas lesões e marcas impedem fazer comunidade. De fato, a construção do comum é inseparável da reinvenção da comunidade.

A questão da comunidade universal se apresenta, pois, por definição, em termos de habitação do aberto, do cuidado prestado ao aberto — o que é inteiramente distinto de uma atitude que busque, em primeira linha, enclausurar, manter-se encerrado naquilo que nos é, por assim dizer, aparentado. Essa forma de *desaparentamento* é o exato oposto da diferença. Na maioria dos casos, a diferença é o resultado da construção de um desejo. Ela resulta também de um trabalho de abstração, de classificação, de divisão e de exclusão — uma atuação do poder que, em seguida, é internalizada e reproduzida nos gestos da vida de todos os dias, inclusive pelos próprios excluídos. Com frequência, o desejo de diferença emerge justamente ali onde se vive mais intensamente uma experiência de exclusão. Nessas condições, a proclamação da diferença é a linguagem invertida do desejo de reconhecimento e de inclusão.

Mas se, de fato, a diferença se constitui no desejo (possivelmente na inveja), esse desejo não é necessariamente desejo de poder. Pode ser inclusive o desejo de ser protegido, de ser poupado, de ser preservado do perigo. Por outro lado, o desejo de diferença tampouco é necessariamente o oposto do projeto do *em comum*. Na verdade, para aqueles que sofreram a dominação colonial ou para aqueles cuja parcela de humanidade foi roubada num determinado momento da história, a recuperação dessa parcela de humanidade muitas vezes passa pela proclamação da diferença. Mas, como se vê em parte da crítica negra moderna, a proclamação da diferença é somente um momento num projeto mais amplo — o projeto de um mundo por vir, de um mundo à nossa frente, cuja destinação é universal, um mundo livre do fardo da raça e livre do ressentimento e do desejo de vingança que toda e qualquer situação de racismo suscita.

Sobre o autor

ACHILLE MBEMBE é um dos maiores pensadores da atualidade. Nascido nos Camarões, é professor de História e de Ciência Política da Universidade de Witwatersrand, em Joanesburgo, África do Sul, bem como da Duke University, nos Estados Unidos. É autor de obras como *De la postcolonie: Essai sur l'imagination politique dans l'Afrique contemporaine* (Karthala, 2000), *Sair da grande noite: Ensaio sobre a África descolonizada* (Mulemba/Pedago, 2014) e *Necropolítica* (n-1 edições, 2018).

Dados Internacionais de Catalogação na Publicação (CIP) de acordo com ISBD

M478c   Mbembe, Achille

        Crítica da razão negra / Achille Mbembe ; traduzido por Sebastião Nascimento. - 2 ed. - São Paulo : n-1 edições, 2022.
        320 p. ; 14cm x 21cm.

        Inclui índice.
        ISBN: 978-65-81097-26-4

        1. Ciências Políticas. I. Nascimento, Sebastião.
II. Título.

                                        CDD 320
2022-2524   CDU 32

Elaborado por Vagner Rodolfo da Silva - CRB-8/9410

Índice para catálogo sistemático

1. Ciências Políticas 320
2. Ciências Políticas 32

n-1

O livro como imagem do mundo é de toda maneira uma ideia insípida. Na verdade não basta dizer Viva o múltiplo, grito de resto difícil de emitir. Nenhuma habilidade tipográfica, lexical ou mesmo sintática será suficiente para fazê-lo ouvir. É preciso fazer o múltiplo, não acrescentando sempre uma dimensão superior, mas, ao contrário, da maneira mais simples, com força de sobriedade, no nível das dimensões de que se dispõe, sempre n-1 (é somente assim que o uno faz parte do múltiplo, estando sempre subtraído dele). Subtrair o único da multiplicidade a ser constituída; escrever a n-1.

Gilles Deleuze e Félix Guattari

n-1edicoes.org